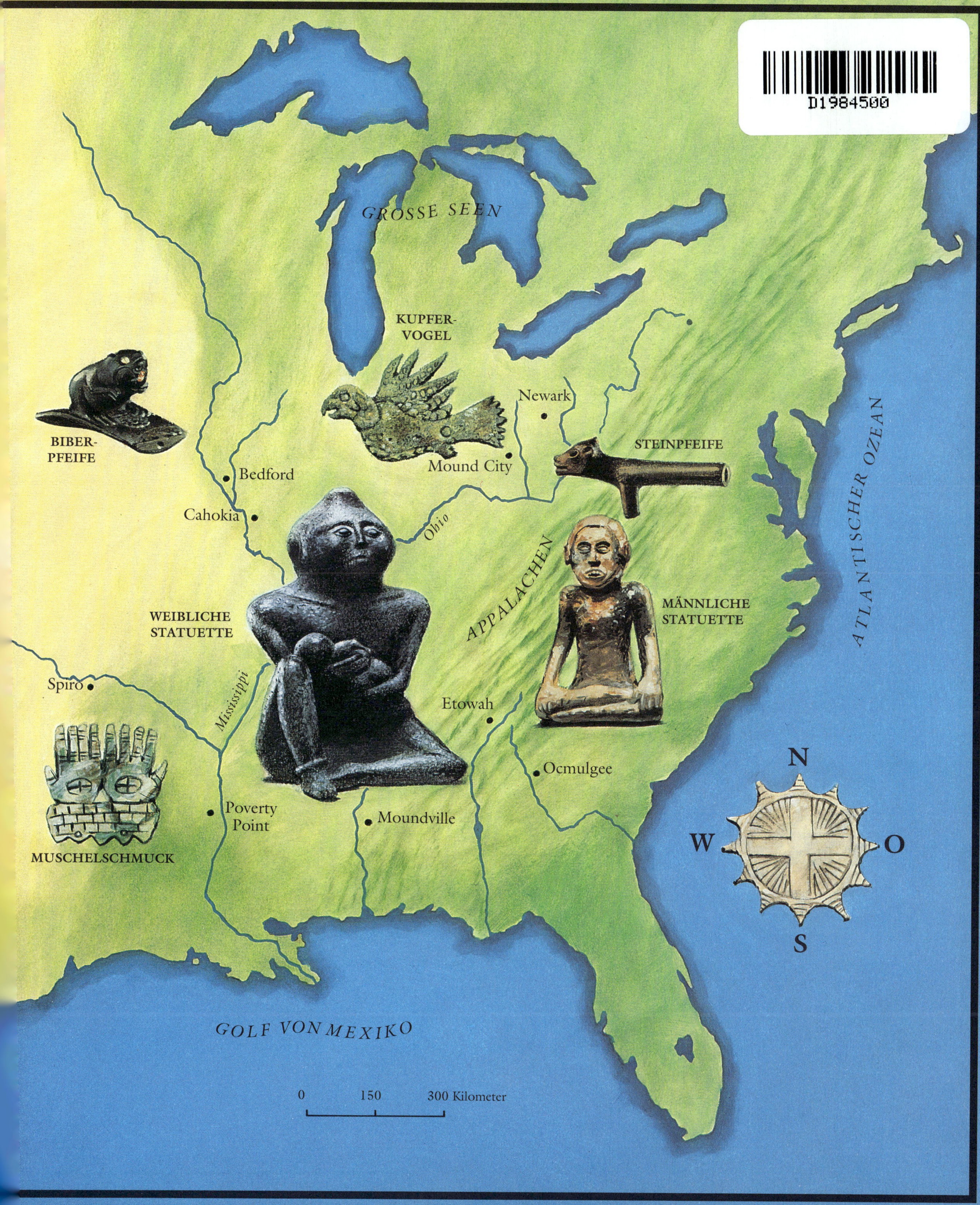
GROSSE SEEN
KUPFER-
VOGEL
BIBER-
PFEIFE
Newark
STEINPFEIFE
Mound City
Bedford
Cahokia
Ohio
APPALACHEN
ATLANTISCHER OZEAN
WEIBLICHE
STATUETTE
MÄNNLICHE
STATUETTE
Spiro
Mississippi
Etowah
Ocmulgee
N
W
O
S
Poverty
Point
Moundville
MUSCHELSCHMUCK
GOLF VON MEXIKO
0
150
300 Kilometer

GEHEIMNISVOLLE INDIANERKULTUREN

TIME-LIFE BÜCHER

UNTERGEGANGENE KULTUREN

Series Editor: Dale M. Brown
Series Administrator: Philip Brandt George

REDAKTIONSSTAB für
Geheimnisvolle Indianerkulturen
Art Director: Barbara M. Sheppard
Picture Editor: Tina S. McDowell
Text Editors: James Lynch (verantwortlich), Charlotte Anker, Robert Somerville
Writer: Darcie Conner Johnston
Associate Editor/Research: Denise Dersin, Patricia A. Mitchell
Assistant Editor/Research: Mary Grace Mayberry
Assistant Art Director: Bill McKenney
Senior Copy Coordinator: Anne Farr
Picture Coordinator: David A. Herod
Editorial Assistant: Patricia D. Whiteford

Besondere Mitarbeiter/innen: Ronald H. Bailey, Donald Dale Jackson, Norman Kolpas, Alan Lothian, Valerie Moolman (Text); Paul Edholm, Aziza Meer, Eugenia S. Scharf (Dokumentation); Roy Nanovic (Register)
Korrespondentinnen:
Elisabeth Kraemer-Singh (Bonn), Christine Hinze (London), Christina Lieberman (New York), Maria Vincenza Aloisi (Paris), Ann Natanson (Rom)
Wertvolle Unterstützung leisteten darüber hinaus: Judy Aspinall (London), Elizabeth Brown, Katheryn White (New York)

DEUTSCHE AUSGABE:
Leitung: Marianne Tölle
Textredaktion: Alžbeta Lettowsky
Computersatz: Barbara Rechmann

Besondere Mitarbeiter/innen (London):
Rachel Gibson (Design), Emma Wishart (Koordination)

Aus dem Englischen übertragen von
Birgit Reß-Bohusch
Dieter Schmitz

Titel der Originalausgabe:
Mound Builders & Cliff Dwellers

Berater:
Dr. Linda S. Cordell, Irvine Curator und Fachbereichsleiterin des Department of Anthropology an der California Academy of Sciences in San Francisco, leitet seit über 16 Jahren archäologische Forschungsprojekte in New Mexico und hat zahlreiche Werke über die Indianerkulturen des amerikanischen Südwestens verfaßt.

Dr. James B. Griffin ist seit 1928 auf dem Gebiet der Archäologie Nordamerikas tätig und Spezialist für die Region östlich der Rocky Mountains. Er war Fachbereichsleiter und Professor des Department of Anthropology an der University of Michigan. Seit 1984 beteiligt er sich an Forschungsprojekten der Smithsonian Institution.

Dr. Bruce D. Smith ist Leiter der Abteilung für Archäologie und Anthropologie am National Museum of Natural History der Smithsonian Institution. Er hat zahlreiche Feldforschungsprojekte geleitet und sich als Autor von Büchern über die Missisipi-Tradition im Osten Nordamerikas einen Namen gemacht.

Martha Potter Otto, die derzeitige Kuratorin für Archäologie der Ohio Historical Society, hat in den letzten 30 Jahren Ausgrabungen an Fundstätten der Adena-, Hopewell- und späteren Waldland-Kulturen in Ohio durchgeführt.

Gilbert R. Wenger hatte in den 33 Jahren, die er für den National Park Service tätig war, 14 Jahre lang das Amt des Chef-Archäologen im Mesa Verde National Park inne. Daneben erteilte er Ute-Indianern Unterricht mit dem Ziel der Pflege und Erhaltung von Anasazi-Stätten auf ihrem Territorium.

ISBN 90-5390-516-2

UNTERGEGANGENE KULTUREN
SPIEL-SPASS-LERNPROGRAMM
LERNEN IST LUSTIG
KINDER ENTDECKEN . . .
BIBLIOTHEK ERSTAUNLICHER FAKTEN UND PHÄNOMENE
GEHEIMNISSE DES UNBEKANNTEN
REISE DURCH DAS UNIVERSUM
SPEKTRUM DER WELTGESCHICHTE
FIT UND GESUND
GESUNDE KÜCHE FÜR GENIESSER
DIE KUNST DES KOCHENS
COMPUTER VERSTEHEN
VERZAUBERTE WELTEN
DIE LÄNDER DER ERDE
DER PLANET ERDE
HANDBUCH DES HEIMWERKERS
DIE WILDNISSE DER WELT

TIME LIFE BÜCHER

Dieser Band gehört zu einer Reihe, die sich mit der Kultur und Geschichte alter Völker befaßt und anhand archäologischer Funde lebendig rekonstruiert, wie sich das Leben in längst vergangenen Welten abgespielt hat.

Einband: Diese ungefähr 600 Jahre alte Sandstein-Statuette bewachte die ewige Ruhe eines verstorbenen Angehörigen des obersten Standes, bei dem es sich um einen Häuptling gehandelt haben könnte. In den majestätischen Mounds, die für die Mississippi-Kultur charakteristisch sind, fanden sich viele solcher Figurinen. Das Klippenhaus im Hintergrund, das die Anasazi um 1200 bei Betatakin in Arizona erbauten, enthält nicht weniger als 135 Räume.

Vorsatzblätter: Illustration von Malcolm Chandler

Zeittafel: Illustration von Paul Breeden

Farbreproduktion: The Lanman Companies, Washington D.C., USA
Satz: Utesch Satztechnik GmbH, Hamburg
Druck und Einband: Arnoldo Mondadori, Verona, Italien

UNTERGEGANGENE KULTUREN

GEHEIMNISVOLLE INDIANERKULTUREN

Von der Redaktion der Time-Life Bücher

TIME-LIFE BÜCHER, AMSTERDAM

INHALT

DAS ERBE DER ADENA- UND HOPEWELL-KULTUR

Das handkolorierte Photo zeigt einen 2000 Jahre alten Erdhügel oder Mound im Süden von Ohio, den die früheren Bewohner dieser Region über den Gräbern ihrer Verstorbenen errichteten. Er gehört zu einer fünf Hektar großen Zeremonialstätte der Hopewell-Indianer, die heute als Mound City bezeichnet wird.

Der Hubschrauberflug über den Coconino National Forest, den Warren Cremer an einem Nachmittag im Sommer 1991 unternahm, sollte ihm in unauslöschlicher Erinnerung bleiben, zumal ihm später war, als hätte die Vorsehung die Hand im Spiel gehabt. Cremer liebte die herbe Schönheit dieser Region, die sich über 700 000 Hektar erstreckte und mit ihren Canyons und Wüsten, den bewaldeten Bergen und der Hochgebirgstundra eine wunderbare Vielfalt an Naturschönheiten bot. Aber in dem Gebiet lagen auch Tausende von prähistorischen Ruinen, hinterlassen von den Ureinwohnern Nordamerikas. Es war ein Zeugnis dieser längst versunkenen Kulturen, das Cremers Flug so unvergeßlich machte.

Die Dämmerung war nicht mehr fern, als sich der Pilot zu einer letzten Runde um einen etwa 350 Meter hohen Felsen aus rotem Sandstein bereit erklärte, der im unteren Drittel seiner schroffen Steilwand eine uralte mehrstöckige Wohnanlage aus Stein beherbergte. Plötzlich erkannte Cremer auf einem Felssims, etwa 180 Meter über dem Klippenhaus, den Eingang zu einer Höhle. Die schrägen Strahlen der Abendsonne fielen auf drei riesige Tongefäße vor der dunklen Öffnung.

Cremer ahnte, daß er eine sensationelle Entdeckung gemacht hatte. „Die Gefäße standen vielleicht schon 700 Jahre da oben", meinte er ehrfürchtig. „Aber die Höhle befand sich an einer Stelle, die weder von unten noch vom 60 Meter höher gelegenen Gipfel eingesehen werden konnte. Ich war vor fünf Jahren schon mal bis auf knapp 50 Meter an den Eingang herangekommen und hatte nichts davon gesehen. Auch

vom Hubschrauber aus hätten wir ihn zu keiner anderen Tageszeit erkennen können – die Lichtverhältnisse waren genau richtig." Cremer verständigte auf der Stelle die Verwaltung des Coconino National Forest.

Bald danach erklomm eine Archäologengruppe mit Seilen und Leitern die Klippe und untersuchte die Fundstätte. Neben den drei rotbraunen, unglasierten Gefäßen am Eingang barg die Höhle zwei weitere Vorratsbehälter aus Ton sowie Körbe und andere Gerätschaften. Die Forscher brauchten nicht lange um festzustellen, daß kein Mensch die Höhle mehr betreten hatte, seit sie von ihren Bewohnern aufgegeben worden war; dennoch sei er das Gefühl nicht losgeworden, sagte Peter Pilles, einer der Archäologen, in Abwesenheit der Hausfrau in eine Küche eingedrungen zu sein.

Obwohl die Fundstätte keinen Schatz im engeren Sinn enthielt, maß Pilles ihr „außergewöhnliche Bedeutung" bei. Die Tonbehälter hatten ein Fassungsvermögen von mehr als 100 Litern und gehörten zu den größten unbeschädigten prähistorischen Gefäßen, die man in Arizona entdeckt hatte. Sie hatten mit großer Sicherheit den Bewohnern des tiefer gelegenen, aus sechs Räumen bestehenden Klippenhauses gehört, die in der Höhle vermutlich Speisen oder Vorräte gelagert und die Gefäße zum Aufbewahren des kostbaren Wassers benutzt hatten.

Die Forscher ordneten die Vorratsbehälter der Keramik der Tuzigoot Plains zu und stellten fest, daß sie zwischen 1250 und 1350 von

Die Aufnahme ganz oben entstand 1991 bei einem Hubschrauberrundflug über dem Coconino National Forest, bei dem Warren Cremer in Arizona drei große Tongefäße im Eingang einer bis dahin unbekannten Klippenhöhle entdeckte. Wie der amerikanische Archäologe Peter Pilles (oben) und andere Wissenschaftler feststellten, gehörten die Gefäße sowie eine Reihe weiterer Haushaltsgegenstände einst den Sinagua-Indianern, einem vorkolumbischen Kulturvolk, das diese Stätte um 1400 n. Chr. verlassen hatte.

Indianern der Sinagua-Kultur angefertigt worden waren. Eine noch ausstehende Analyse der Restsubstanzen in den alten Gefäßen und in der Höhle selbst wird möglicherweise neue Aufschlüsse über den Alltag dieses verschwundenen Volkes liefern. Die Sinagua – der Name kommt aus dem Spanischen und bedeutet „ohne Wasser" – siedelten etwa 800 Jahre in der Region des heutigen Flagstaff. Sie entwickelten verschiedene Züchtungs- und Anbaumethoden, um dem kargen, ariden Boden Bohnen, Mais und Gemüsekürbis abzuringen, und betrieben einen lebhaften Güter- und Gedankenaustausch mit benachbarten Kulturen.

Um 1400 verließen die Sinagua – aus bisher nicht einwandfrei geklärten Gründen – ihre hochgelegenen Siedlungsräume und vermischten sich mit den umliegenden Kulturen. Es wäre falsch zu sagen, daß sie spurlos von der Bildfläche verschwanden, denn ihr genetisches Erbe hat sich bis heute in den Indianerstämmen der Region erhalten. Dennoch waren die Sinagua als eigenständige Kultur längst in Vergessenheit geraten, als Kolumbus Amerika „entdeckte". So bleibt es den Archäologen überlassen, das Rätsel ihres Aufstiegs und Niedergangs zu lösen.

Die Sinagua sind nur eine der zahlreichen Kulturen, die in Nordamerika entstanden, sich ausbreiteten und wieder untergingen, lange bevor die ersten Siedler aus Europa kamen, um die „Neue Welt" in Besitz zu nehmen. Diese prähistorischen Gesellschaften hinterließen keine schriftlichen Zeugnisse, die Aufschluß über ihre Errungenschaften, ihr Brauchtum, ihre Religion oder ihr Alltagsleben geben könnten. Wir wissen nicht einmal, wie sie sich selbst nannten, sondern müssen uns mit den Namen begnügen, die die Archäologen ihnen entweder nach ihrem Lebensraum – wie den Sinagua – oder nach einem Fundort zuweisen, der besonders viele typische Artefakte enthält.

Zum Glück haben diese erstaunlich vielfältigen Kulturgruppen Relikte hinterlassen, darunter manche von monumentaler Größe und zwingender Aussagekraft. Aber auch kleinere Funde erzählen oft faszinierende Geschichten. Tonscherben, Körbe, Schmuck, menschliche Gebeine, aus Stein gefertigte Speerspitzen, Samen und Pollen – ja sogar die erhalten gebliebenen Überreste einer Mahlzeit, die vor vielen Jahrhunderten zubereitet wurde – liefern eine Fülle von Hinweisen, aus denen Archäologen in mühevoller Detektivarbeit ein immer genaueres Bild der Menschen erstellen, die sich hinter diesen Artefakten verbergen.

Aber man mußte kein Archäologe sein, um zu erkennen, daß die heutigen Vereinigten Staaten von Amerika ein breites Spektrum hochentwickelter präkolumbischer Gesellschaften beherbergte. Ihre Spuren sind allgegenwärtig. Bereits im 16. Jahrhundert stießen spanische Schatzsucher wie Hernando de Soto im Südosten und Francisco de

Coronado im Südwesten auf die verlassenen Ruinen einst blühender Siedlungen und Indianerstämme, deren Vorfahren diese Wohnstätten geschaffen hatten. Doch die Konquistadoren hatten Gold im Sinn, nicht die Erforschung alter Kulturen, und so verließen sie das Land mit leeren Händen. Zwei Jahrhunderte später drangen europäische Einwanderer in Wellen von der Atlantikküste nach Westen vor, wo sie unberührte Wildnis erwarteten. Statt dessen kamen sie in ein Land, in dem sie Spuren einer ausgedehnten Besiedlung fanden, die unmöglich auf die wenigen, in dieser Gegend heimischen Indianer zurückgehen konnten. Die Landschaft westlich der Appalachen war von mächtigen Erdaufschüttungen jeglicher Art übersät – Pyramiden, Kegeln, Hügeln, Terrassen, Plateaus und Wällen in Tiergestalt. Ihre genaue Zahl wird sich nie mehr ermitteln lassen, denn viele verschwanden durch die Erosion der Flüsse, unter dem Pflug der Farmer oder der Spitzhacke der Städtebauer, ehe sie jemand registrierte, aber man kann ohne Übertreibung sagen, daß es Hunderttausende waren. Tatsächlich gab es im prähistorischen Amerika mehr Pyramiden als im Ägypten der Pharaonen. Eine davon, die heute noch in Illinois steht, besaß eine größere Grundfläche als die Cheopspyramide. Um 1100 bildete sie den Mittelpunkt einer blühenden, von Holzpalisaden gesäumten Stadt mit genauso vielen Einwohnern wie das damalige London – 12 000 – und Verbindungen zu anderen Siedlungen, die Hunderte von Kilometern entfernt lagen.

Als die ersten Pioniere den trockenen Südwesten des Kontinents erreichten, stießen sie auf bemerkenswerte Zeugnisse völlig anderer Kulturen, die ihre größten Meisterwerke nicht aus gestampfter Erde, sondern aus Stein geschaffen hatten. Gegenstände aus Holz, Leder, Stoff und Federn, die im feuchteren Klima des Östlichen Waldlands verrottet wären, hatten sich hier erhalten und verblüfften die Neuankömmlinge durch ihre Schönheit und meisterhafte Ausführung. Reste von künstlichen Bewässerungsanlagen deuteten darauf hin, daß geschickte Hände die Wüste ringsum einst zu blühendem Leben erweckt hatten.

Spätere archäologische Untersuchungen sollten zeigen, daß die gleichen Menschen, die hier ihre Gärten und Felder bestellt hatten, hervorragende Künstler gewesen waren. Ihre Keramiken zählten zu den schönsten Töpferwaren der Welt, und sie kannten bereits eine einfache Art der Ätztechnik – ein Verfahren, das in Europa erst 400 Jahre später in der Zeit der Renaissance aufkam. Die vorherrschende Kultur der Region, die als Anasazi-Tradition bekannt wurde, war so weit verbreitet und hinterließ ihre Spuren an so vielen Orten, daß bis heute nicht alle entdeckt und verzeichnet sind. Zu ihren größten Leistungen gehörte der Bau von schwindelerregenden Klippenhäusern – darunter ein atemberaubender, fünfstöckiger Wohnkomplex aus dem 12. Jahrhundert, der nicht weniger als 800 Räume enthielt.

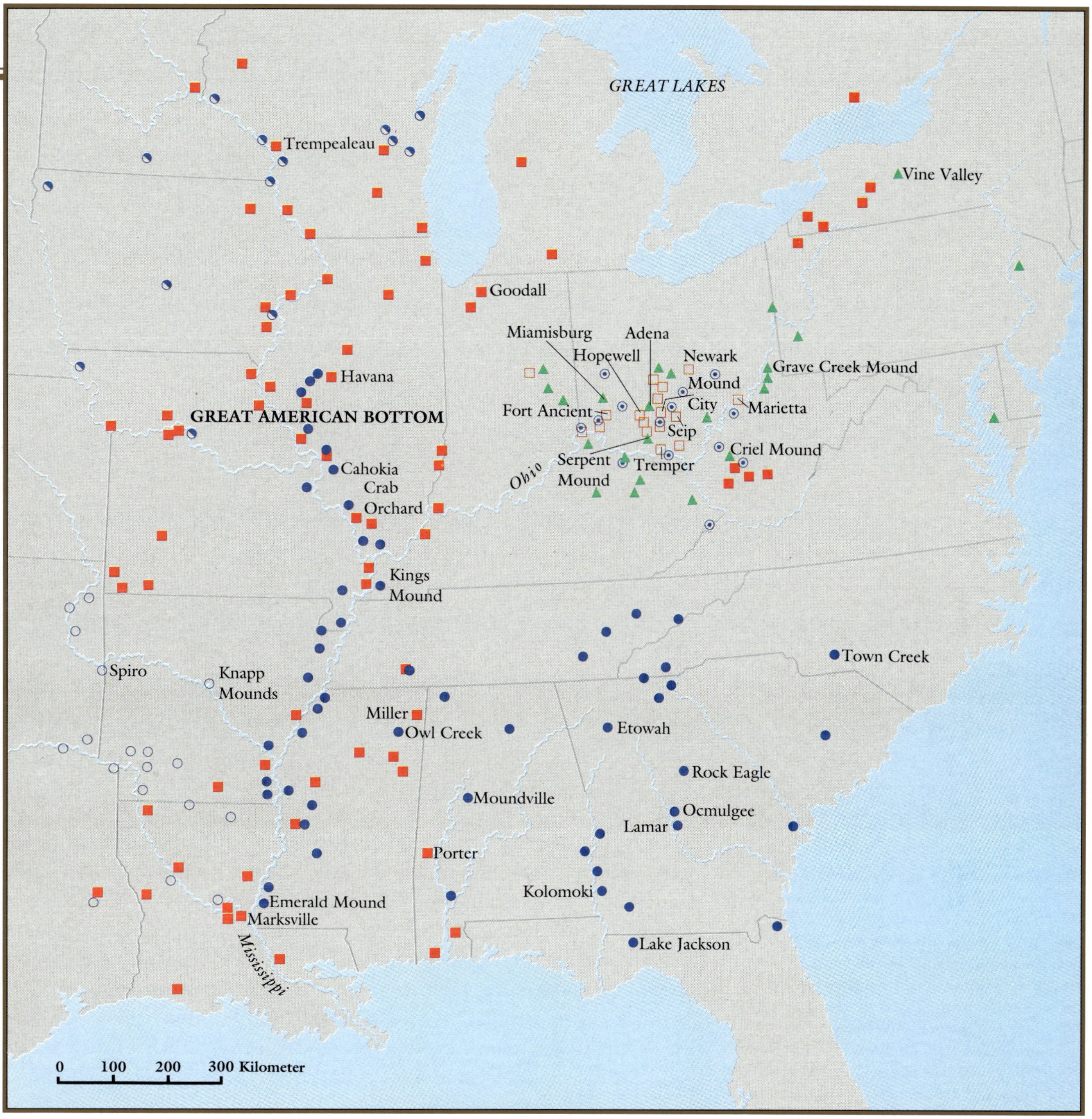

▲ *Adena-Kultur*
■ *Hopewell-Kultur*
□ *Ohio-Hopewell-Kultur*
● *Mississippi-Kultur*
○ *Caddo-Mississippi-Kultur*
◑ *Oneota-Mississippi-Kultur*
⊙ *Fort-Ancient-Kultur*

Die Karte oben zeigt Regionen im Osten Amerikas, in denen drei Gruppen von Hügelerbauern – markiert durch verschiedene Farben und Symbole – in zwei Jahrtausenden ihre Kulturen entwickelten. Sie siedelten vorwiegend in fruchtbaren Fluß- und Stromtälern. Die Adena-Tradition (grün) hatte ihr Zentrum von 500 v. Chr. bis ins 1. nachchristliche Jahrhundert im Tal des Ohio. Ihr Einfluß aber reichte vom nordöstlichen Indiana bis zum Südwesten von Pennsylvania. Die Hopewell-Kultur (rot), die zwischen 50 v. Chr. und 400 n. Chr. florierte, war ebenfalls in Ohio ansässig und bezog Waren und Rohstoffe aus vielen Regionen des nordamerikanischen Kontinents. Von 800 n. Chr. bis zur Invasion der Europäer gedieh die Mississippi-Kultur (blau) mit ihren Tempelhügeln im Bereich des Stromes, der ihr den Namen gab, seiner Nebenflüsse und im Südosten.

Weißgekalkt treten die Konturen dieses Bildnis-Hügels im nordöstlichen Iowa deutlich hervor; insbesondere aus der Luft sind sie klar als die eines Bären zu erkennen. Der Hügel gehört zu den vielen sogenannten „Effigy Mounds", die zwischen 650 und 1200 in Iowa, Wisconsin und Minnesota in Form von Tieren oder auch Menschen entstanden. Wie der Bärenhügel dienten die langgestreckten und konischen Mounds in der Umgebung als Zeremonial- und Begräbnisstätten.

Nicht nur die Steinbauten im Südwesten, sondern auch die zahllosen Monumente aus festgestampftem Erdreich im Osten der Vereinigten Staaten lösten bei den Siedlern Bewunderung aus, ähnlich wie das Staunen, das andere beim Anblick der Tempel, Paläste und Ruinen der Alten Welt empfunden hatten. So schrieb ein Zeitungsredakteur 1848 über eine solche Erdhügel-Fundstätte in Newark, Ohio: „Der Besucher, der diese Anlage erstmals betritt, empfindet unweigerlich Ehrfurcht, fast so, als würde er das Portal eines ägyptischen Tempels durchschreiten."

Den westwärts vordringenden Pionieren erschien das Land jenseits der Alleghenies, eines Gebirgszuges mit klaren Flüssen, fruchtbarem Schwemmland und endlosen Wäldern, zunächst von Menschen unberührt, wenn man einmal von den wenigen umherstreifenden Indianern absah. Als die Siedler jedoch gegen Ende des 18. Jahrhunderts den Mittelwesten erreichten, fanden sie zu ihrer Verblüffung eine Fülle von Erdbauten, von kleineren Kegeln bis zu ausgedehnten, von Schutzwällen umgebenen Komplexen, die an die 80 Hektar Land umfaßten. Allein im Tal des Ohio gab es schätzungsweise 10 000 dieser als Mounds oder Erdhügel bezeichneten Monumente, die zu den größten Gemeinschaftswerken früher Kulturen zählen. Aber schon bald stellte sich heraus, daß sich die Fundstätten über das ganze Gebiet von Kanada und dem Westen des Bundesstaates New York bis nach Nebraska und die Golfküste entlang von Florida bis ins östliche Texas verteilten.

Diese Erdbauten weckten selbstverständlich das Interesse der frühen Siedler. Manche Mounds besaßen die Umrisse von Vögeln, Schlangen oder anderen Tieren. Einige hatten geometrische Formen wie Oktagone, Kreise oder Vierecke. Andere wiederum ähnelten abgeflachten Pyramiden. Auf Bergkuppen erhoben sich festungsähnliche Anlagen mit Rampen, Wällen und Einfriedungen, abwehrend wie stumme Wachtposten, die nach längst vergessenen Feinden ausspähten.

Neugierige Farmer trieben Schächte in die Erdbauten, in aller Regel ohne etwas zu finden. Aber es gab auch Mounds, die sich nicht als unergiebig erwiesen. Viele – insbesondere die kegelförmigen Hügel – enthielten Keramiken, Werkzeug, Schmuck und menschliche Gebeine. Bei den Artefakten handelte es sich offensichtlich um Gegenstände, die man den Toten auf ihre Reise ins Jenseits mitgegeben hatte.

Der große Erdwall am Rande eines Waldes in Iowa stellt einen Vogel im Flug dar. Die meisten Bildnis-Hügel sind nur etwa einen Meter hoch, haben aber eine beträchtliche Länge.

Besondere Verdienste bei der Erforschung der Hügel erwarb sich der spätere Präsident Thomas Jefferson, ein umfassend gebildeter Mann, der sich nicht nur als Staatsmann, sondern auch als Architekt und Naturgelehrter einen Namen machte. In Virginia, wo er geboren und dessen Gouverneur er von 1779 bis 1781 war, untersuchte er einen kleinen Grabhügel, der sich auf seinem Landsitz Monticello befand, und nahm dabei Methoden vorweg, die sich in der Archäologie erst hundert Jahre später durchsetzten sollten. Er legte zunächst einen senkrechten Schnitt durch den Mound an, um sich einen ungefähren Eindruck von seinem Aufbau zu verschaffen, und vermerkte dabei genau die Schichtung der menschlichen Gebeine, auf die er stieß. Die Knochen lagen so wirr durcheinander, „als habe man sie wahllos aus einem Sack oder Korb geschüttet". Seiner Schätzung nach enthielt der Hügel an die tausend Skelette – aber von welchem Volk mochten sie stammen? Jefferson, der sich seit seiner Kindheit mit den indianischen Traditionen befaßt hatte, hegte nicht den geringsten Zweifel daran, daß der Mound, ebenso wie andere Erdbauten in Virginia, ein Werk amerikanischer Indianer war.

Die Resonanz war mäßig: Bei der überwiegenden Mehrheit seiner Landsleute stieß der Politiker mit seiner Überzeugung, daß Mounds in Virginia und weiter im Westen auf Indianer zurückgehen könnten, auf strikte Ablehnung. Viele der Anlagen waren so gigantisch, daß sie nur in straff organisierter Gemeinschaftsarbeit entstanden sein konnten, und da die meisten Siedler des Ohiotales die früheren Bewohner des Landes für primitive Wilde hielten, trauten sie ihnen kulturelle Meisterleistungen wie diese auf gar keinen Fall zu.

Zur gleichen Zeit bewies ein anderer Mann durch eine völlig neue Methode, daß die Mounds zu alt waren, um von den unmittelbaren Vorfahren der in den Wäldern lebenden Indianern zu stammen. Manasseh Cutler, ein Geistlicher aus Massachusetts, traf 1788 in der neugegründeten Siedlung Marietta am Ufer des Ohio ein. Beim Anblick von Bäumen, die auf einem Erdhügel-Komplex von gut 15 Hektar Grundfläche gefällt wurden, kam dem scharfsinnigen

BETRUG AM MAMMOTH MOUND

Der imposante, über 20 Meter hohe Grave Creek Mound, der seit seiner Entdeckung im 18. Jahrhundert Besucher in Scharen anzieht, erhebt sich in Moundsville, West Virginia; er war einst Zentrum eines weitläufigen Komplexes von Hügeln und Wällen, die der Adena- und Hopewell-Tradition zugerechnet werden. An die drei Millionen Korblasten oder mehr als 50 000 Tonnen Erdreich waren nötig, um den symmetrischen Kegel mit seinem Basisdurchmesser von über 70 Metern aufzuschütten.

Aus dem Jahre 1848 stammt der Stich, der den früher als Mammoth Mound bezeichneten Hügel darstellt. Zehn Jahre zuvor führte Abelard Tomlinson, der damalige Besitzer des Geländes, die ersten Ausgrabungen durch. Er legte einen Schacht durch die Kuppe nach unten an und stieß beim Vordringen in die Tiefe auf zwei

Holzgewölbegräber, von denen eines neben menschlichen Gebeinen zahlreiche kunstvolle Grabbeigaben aus Kupfer, Muscheln und Glimmer enthielt. Durch spätere Untersuchungen, bei denen weitere Gräber entdeckt wurden, ließ sich der Hügel eindeutig der späten Adena-Epoche zuordnen.

Berühmter – oder berüchtigter – war Grave Creek allerdings wegen einer kleinen ovalen Sandsteintafel *(unten)*, die Tomlinson angeblich 1838 aus dem Erdreich geborgen hatte. Die Tafel enthielt eine geheimnisvolle Inschrift, deren 25 Lettern abwechselnd dem Alphabet der Kelten, Etrusker, Kanaaniter, Numider, Gallier und Phönizier zugeordnet wurden und 35 Jahre lang die Experten beschäftigten. Ein Philologe, der die Botschaft zu entschlüsseln versuchte, behauptete, sie künde von einem Mord; ein anderer fand eine so absurde Übersetzung, daß die Fachwelt in Gelächter ausbrach. Letzten Endes einigten sich die Wissenschaftler darauf, daß es sich bei dem Ganzen um einen Betrug handelte.

Geschäftstüchtige versuchten von dem Besucherstrom zu profitieren. So gab es vorübergehend in einem der Ausgrabungsschächte ein Museum, auf dem Gipfel einen Saloon und um die Basis eine Rennstrecke. Heute gehört das Monument zu den Attraktionen des Grave Creek State Park.

Mann eine Idee. Es erschien ihm logisch, daß der Wald die Anlage erst zu einem Zeitpunkt hatte überwuchern können, als sie längst verlassen war. Da er wußte, daß man das Alter von Bäumen aus der Anzahl ihrer Jahresringe bestimmen konnte, untersuchte er einige der Stammquerschnitte und stellte fest, daß die Mounds zwischen 400 und 1000 Jahre alt sein mußten. Auch wenn er sich im genauen Alter des Komplexes täuschte, war die Methode des Kirchenmannes für die damalige Zeit wissenschaftlich fundiert und stellte vermutlich die erste archäologische Anwendung der noch in den Kinderschuhen steckenden Baumringdatierung oder Dendrochronologie *(S. 90–91)* dar.

Anfang des 19. Jahrhunderts kursierte in der noch jungen amerikanischen Nation eine Legende über die Mound Builders genannten Hügelerbauer, die den Zeitgeist präzise wiedergab. Eher als an die Tatsache, daß „primitive" Indianer die Erdbauten errichtet hätten, mochten die weißen Pioniere an den Mythos einer hochentwickelten prähistorischen Rasse glauben, die einst die Ebenen und Flußtäler besiedelt und die Monumente geschaffen hatte, aber seit langem ausgestorben war. Gelehrte und Laien, die sich zum Teil auf alte Texte und zum Teil auf die eigene blühende Phantasie stützten, schrieben die Mounds allen nur erdenklichen Völkern zu, die zu irgendeinem Zeitpunkt der Geschichte ein höheres Bauwerk errichtet hatten oder in ihren Schriften davon kündeten. Von Wikingern und Angelsachsen war die Rede, von Griechen, Römern, Persern und Phöniziern, ja sogar von den legendären Zehn Verlorenen Stämmen Israels – nur nicht von den Indianern.

In einigen Versionen hieß es, das verschwundene Volk sei nach Mexiko weitergezogen und habe dort neue Hochkulturen gegründet. In der Regel aber nahm die Geschichte einen dramatischeren Ausgang: Danach hatten barbarische Indianerstämme das Schicksal der Hügelerbauer besiegelt. William Cullen Bryant gab die allgemeine Stimmung wieder, als er 1832 in seinem Gedicht „Die Prärie" schrieb: „Die Rothaut kam – Nomaden, Jäger, wilde Kriegerhorden. Verschwunden die Hügelerbauer . . . Vergangenheit – nur noch Erdwälle über totem Gebein."

Die Spekulationen um die Mounds mündeten in zahlreichen Untersuchungen, die zwar den Mythos nicht aus der Welt schaffen konnten, aber immerhin dazu beitrugen, das Fundament der modernen amerikanischen Archäologie zu errichten. In Circleville – so genannt nach zwei konzentrischen Erdwällen, die das Plateau der Ohio-Siedlung umgaben – betätigte sich der Postmeister Caleb Atwater als laienhafter, aber hervorragender Archäologe. Während ringsum immer mehr Mounds dem Pflug der Farmer zum Opfer fielen, untersuchte und kartierte Atwater systematisch die erhalten gebliebenen Anlagen und veröffentlichte 1820 ein Werk, in dem er sie detailliert beschrieb.

So wissenschaftlich exakt Atwater die Erdhügel vermaß, so romantisch waren seine Vorstellungen über ihr Entstehen. Er vertrat die Ansicht, daß die Hügelerbauer aus Indien stammten, zum Teil deshalb, weil die Bewohner dieses Landes ihre Heiligtümer an den Ufern der Flüsse errichteten. Um seine These zu untermauern, erklärte er, ein aus einem Mound in Tennessee stammendes Tongefäß mit einem dreiköpfigen Idol stelle die in Indien verehrte Götter-Dreigestalt Brahma, Vishnu und Shiva dar. Auch wenn diese Deutung aus heutiger Sicht lächerlich erscheint, rechnen führende Autoritäten auf dem Gebiet der Mound-Kulturen – wie der Harvard-Experte Stephen Williams – Atwater die Sorgfalt, mit der er seine umfassenden Studien durchführte, hoch an.

Zehn Jahre später begann in Philadelphia der bekannte Arzt Samuel G. Morton die Schädel der Hügelerbauer zu untersuchen. Für eine Studie, mit der er herausfinden wollte, ob es rassentypische Unterschiede des Gehirnvolumens gab, legte Morton eine Sammlung von nicht weniger als 968 Menschenschädeln an. Als einer der ersten, der sich mit der physischen Anthropologie befaßte, entwickelte er zehn verschiedene Techniken zur Analyse eines Schädels, unter anderem das Auffüllen mit Senfkörnern, um das Gehirnvolumen zu bestimmen.

Morton verglich acht Schädel, die man in Mounds gefunden hatte, mit sechs Indianer-Schädeln aus jüngerer Zeit. Er folgerte – richtig, wenn auch aufgrund stark vereinfachter Zusammenhänge –, daß sie der gleichen Rasse angehörten. Als Morton diese Erkenntnis in seinem 1839 veröffentlichten Buch *Crania Americana* präsentierte, machte er jedoch gleich wieder einen Teilrückzieher und paßte seine Fakten dem gängigen Mythos an: Hügelerbauer und Indianer gehörten zwar einer Rasse an, die sich jedoch in zwei Gruppen gliederte – die zivilisierten Tolteken, benannt nach den Ureinwohnern Mexikos, denen die Azteken große Bewunderung gezollt hatten, und die Barbaren, zu denen er selbstverständlich die Indianerstämme Nordamerikas zählte.

Während des folgenden Jahrzehnts vollendeten dann zwei außergewöhnliche Amateur-Archäologen eine Geländestudie im Herzen des „Mound Country". Von Chillicothe im Staat Ohio aus erforschten der Lokalredakteur Ephraim C. Squier und der Arzt Edwin H. Davis zwischen 1845 und 1847 mehr als 200 Hügel und an die 100 sonstige Erdaufschüttungen. Sie führten Ausgrabungen in der nahen Nekropole Mound City – einem fünf Hektar großen Areal mit insgesamt 23 Begräbnishügeln – durch, wobei sie festhielten, in welchen Schichten sich Tongefäße, Schmuck und andere Artefakte befanden. Stets bemüht, kritische Distanz zu dem Werk von Caleb Atwater und anderen Forschern zu bewahren, vermaßen sie die Anlagen und fertigten detaillierte Zeichnungen und Höhenlinienkarten an. „Zunächst", so berichtete Squier, „lösten wir uns von allen vorgefaßten Meinungen und gingen so ans Werk, als wüßten wir nicht das Geringste über irgendwelche Spekulationen, die andere vor uns vertreten oder angestellt hatten."

Squier und Davis veröffentlichten ihre Forschungsergebnisse 1848 im ersten Band einer Serie von naturwissenschaftlichen Büchern, die mit Unterstützung der kurz zuvor gegründeten Smithsonian Institution entstanden. Darin bezeichneten sie beispielsweise die geometrischen Erdaufschüttungen als „heilige Stätten", die kultische Aufgaben erfüllt hatten, und sprachen die Vermutung aus, daß die Erbauer hohes technisches Geschick und mathematische Begabung besessen hatten.

Die Zeichnungen sollten sich als ungemein wertvoll erweisen, da viele Erdhügel-Komplexe mittlerweile verschwunden sind. Heute werden die detaillierten, künstlerisch gestalteten Illustrationen *(S. 34–40)* in den erhalten gebliebenen Fundstätten zur Schau gestellt, um den Besuchern ein besseres Bild von den Anlagen zu vermitteln. Aber bereits kurz nach dem Erscheinen von *Ancient Monuments of the Mississippi Valley* erregte das Werk von Squier und Davis solches Aufsehen, daß der neugewählte Präsident Zachary Taylor 1849 dem politisch aktiven Squier zu einem diplomatischen Posten in Mittelamerika verhalf, wo er seine archäologischen Interessen weiterverfolgen konnte.

Trotz alledem hielt sich der Mythos der „Hügelerbauer" hartnäckig am Leben. Selbst Squier kam zu dem Schluß, daß die Erdbauten Kenntnisse verrieten, wie sie die indianischen Jägerstämme Nordamerikas niemals besessen haben konnten. Seiner Ansicht nach übertrafen die Keramiken und sonstigen Kostbarkeiten, die aus den Erdhügeln geborgen wurden, bei weitem die plumpen Produkte „jener feindseligen wilden Horden", wie Squier die Indianer nannte.

Die Diskussion um die strittige Frage ging fast bis zur Jahrhundertwende weiter. Die Mehrheit nicht nur der Gelehrten, sondern auch des einfachen Volkes hielt es mit J. W. Foster, dem bekannten Geologen und Präsidenten der Chicagoer Academy of Sciences, der den Mythos eisern verteidigte. 1873 schrieb Foster, der Gedanke, daß die Indianer, „ein von Verrat und Grausamkeit geprägtes Volk", die Mounds geschaffen hätten, sei „beinahe ebenso absurd wie die Behauptung, daß sie die Pyramiden von Ägypten erbauten".

Am Ende waren es zwei maßgebliche Männer aus Kreisen der Wissenschaft Amerikas, die der Wahrheit zu ihrem Recht verhalfen. John Wesley Powell – ein Veteran des Bürgerkriegs, der 1869 eine aufsehenerregende Expedition durch den Grand Canyon geführt hatte und 1875 zum Leiter des U.S. Geological Survey ernannt worden war – tat sich mit der Smithsonian Institution zusammen. Powells leidenschaftliches Interesse galt den amerikanischen Indianern, und so setzte er

1879 die Gründung des Smithsonian Bureau of Ethnology durch, das er wie den Geological Survey bis zu seinem Tod im Jahre 1902 leitete.

Powell wollte, daß sich das Bureau of Ethnology seinem Namen entsprechend mit den Indianern der Gegenwart befaßte, anstatt abstruse archäologische Kontroversen zu untersuchen. Er selbst war in unmittelbarer Nachbarschaft der Erdhügel von Ohio und Illinois aufgewachsen und hatte sich sogar an Ausgrabungen beteiligt, aber er kannte auch die Indianerkulturen seiner Epoche. Deshalb hegte er kaum einen Zweifel daran, daß die Mounds von den Vorgängern dieser Indianer errichtet worden waren. Als der Kongreß seiner Organisation unter dem Druck der Archäologen 5000 Dollar für die Erforschung der Erdbauten bewilligte, ergriff er die Gelegenheit, die Streitfrage endgültig klären zu lassen und sich dann wichtigeren Projekten zuzuwenden.

Ende 1881 schuf Powell eine eigene Abteilung zur Erforschung der Mounds und unterstellte sie Cyrus Thomas mit dem Auftrag, die schlichte Frage zu klären: „Wurden die Erdbauten von den Indianern errichtet?" Powell glaubte die Antwort bereits zu kennen, und bis zu einem gewissen Grade galt das auch für Thomas. Der frühere Anwalt, Bildungsbeauftragte, Kirchenvorstand, Professor für Naturwissenschaften und Entomologe war ein Mann der alten Schule, der sich selbst als „entschiedenen Verfechter der Existenz einer Hügelerbauer-Rasse" bezeichnete. Es ist ihm hoch anzurechnen, daß er seine vorgefaßte Meinung außer acht ließ, als er damit begann, die Fakten aufzuspüren – um so mehr, da etwa zur gleichen Zeit ein populäres Buch erschien, in dem der frühere Kongreßabgeordnete Ignatius Donnelly mit großer Bestimmtheit erklärte, die Hügelerbauer seien in Wahrheit Überlebende des versunkenen Kontinents Atlantis.

Da Thomas weder die Mittel noch die Arbeitskräfte zur Verfügung standen, um Ausgrabungen an allen Mounds durchzuführen, zugleich aber die Gefahr bestand, daß viele der Monumente in naher Zukunft geplündert oder zerstört sein könnten, überlegte er sich einen Kompromiß, der praktikabel schien. Er ordnete die genaue und gleichzeitige Erforschung von jeweils typischen Erdbauten in verschiedenen Regionen an. Auf dem Höhepunkt des Projekts hatte er sechs Mitarbeiter, die in acht weit voneinander entfernten Bundesstaaten – von Florida bis North Dakota – am Werk waren. Thomas verlangte viel von seinen Helfern und machte die Bezahlung von der Leistung abhängig. So kürzte er den Lohn eines Verwandten, der ihm einen oberflächlichen Bericht ablieferte. Unter seiner Leitung wurden insgesamt mehr als 2000 Mounds in 24 verschiedenen Staaten untersucht und rund 40 000 Artefakte zutage gefördert – all das in einer Spanne von nur vier Jahren.

1894 legte Thomas seinen lange erwarteten, 730 Seiten starken Abschlußbericht vor. Darin wies er ausdrücklich darauf hin, daß der

ARCHIVARE VERGANGENER GRÖSSE

Zu Beginn des Jahres 1845 zog der 23jährige Journalist Ephraim Squier von New York nach Chillicothe in Ohio. Kurz danach tat er sich mit dem ortsansässigen Arzt Edwin Davis zusammen, der zehn Jahre älter war und sein Interesse für die Archäologie teilte. Im Laufe der nächsten beiden Jahre erforschten sie an die 200 Mounds und 100 weitere Erdaufschüttungen und beschrieben ihre Funde in einem Buch mit dem Titel *Ancient Monuments of the Mississippi Valley.* Dieses 1848 von der Smithsonian Institution veröffentlichte Werk ist von unschätzbarem Wert, da viele der darin verzeichneten Monumente inzwischen nicht mehr existieren.

Davis finanzierte ihre Arbeit und kümmerte sich um die Konservierung eines Großteils der Artefakte, die sie aus der Erde holten. Squier bereitete Feldstudien vor, fertigte Zeichnungen von den Fundstätten an und organisierte die Veröffentlichungen. Aber sie konnten sich nicht einig werden, wer nun den höheren Beitrag geleistet hatte; zuletzt verkaufte Davis, der die Objekte als sein Eigentum betrachtete, den größten Teil seiner Sammlung für 10 000 Dollar an einen Engländer, da sich kein amerikanischer Käufer gefunden hatte. Die Stücke sind im British Museum zu besichtigen.

EPHRAIM G. SQUIER

EDWIN H. DAVIS

Mythos einer edlen Rasse von Hügelerbauern alle Untersuchungen und Schlußfolgerungen verzerren und beeinflussen konnte, wenn er sich erst einmal in den Gedankengängen eines Forschers eingenistet hatte. Zum Glück hatte er sich selbst die nötige Objektivität bewahrt: Thomas wies bis ins Detail nach, daß verschiedene Kulturen in verschiedenen Epochen die teilweise stark voneinander abweichenden Mounds errichtet hatten und daß manche Erdbauten im Südosten sogar erst nach der Ankunft der Europäer entstanden waren. „Die direkten Verbindungen zwischen den Indianern und den Hügelerbauern sind so zahlreich und gut dokumentiert", schloß er, „daß man endlich die These akzeptieren sollte, die sie als ein und dasselbe Volk ausweist."

Die Smithsonian-Studie und ähnliche wissenschaftliche Projekte trugen dazu bei, den Mythos zu zerstören. Aber das Geheimnis, wer genau die Erdbauten errichtet hatte und warum, ist bis heute weitgehend ungelöst. Im Laufe des 20. Jahrhunderts haben Archäologen versucht, die ungeschriebene Geschichte der Hügelerbauer und ihrer Vorfahren Stück für Stück zusammenzusetzen. Dieses gewaltige, bis heute nicht abgeschlossene Vorhaben hat ein zusammenhängenderes Bild der Vergangenheit mit faszinierenden Details entstehen lassen – ein Mosaik, in dem allerdings immer noch wichtige Teile fehlen.

Diese Geschichte beginnt vor mindestens 15 000 Jahren, gegen Ende der letzten Eiszeit, als die ersten Einwanderer aus Sibirien über eine zeitweilige Landbrücke nach Alaska kamen und durch eisfreie Korridore zwischen den Gletschern südwärts zogen, wo sie Jagd auf Großwild, darunter das Mammut, machten. Vor etwa 10 000 Jahren waren die riesigen Herden zum größten Teil ausgerottet, und die Nachfahren der Nomadenjäger ernährten sich von der Kleinwildjagd, vom Fischfang und vom Sammeln von Wildpflanzen. Gegen 1000 v. Chr. hatten einige Gruppen im östlichen Teil von Nordamerika drei wesentliche Voraussetzungen für das Entstehen einer Kultur erreicht: Sie fertigten Töpferwaren, betrieben primitiven Ackerbau und hatten einen eigenen Totenkult entwickelt, bei dem die Verstorbenen in sogenannten Kames – abgeflachten, beim Rückzug der Gletscher entstandenen Kiesbuckeln – und anderen natürlichen Erhebungen bestattet wurden.

Mit der Zeit begannen die Indianer der Frühzeit Totenhügel aufzuschütten. Die erste der großen Hügelerbauer-Traditionen tauchte um 500 v. Chr. im Tal des Ohio auf und erhielt von den Archäologen die Bezeichnung Adena. Der Name geht auf einen Besitz bei Chillicothe in Ohio zurück, wo man 1901 bei der Untersuchung eines Mounds auf Artefakte stieß, die typisch für diese Epoche sind. Obwohl sich die Adena-Kultur vorwiegend in einem Radius von 250 Kilometern um

Chillicothe und das Flußtal des Scioto konzentrierte, reichte ihr Einfluß nachweislich bis ins westliche Pennsylvania und nach West Virginia, in das nördliche Kentucky und den Südosten von Indiana.

Ein umfassendes, von der Regierung gefördertes und vor allem in Kentucky durchgeführtes Ausgrabungsprojekt im Rahmen der Arbeitsbeschaffungsmaßnahmen während der großen Wirtschaftskrise der dreißiger Jahre lieferte wertvolle Aufschlüsse über das Bestattungsbrauchtum der Adena-Indianer. Einige der Toten verbrannte man. Andere wurden in provisorische Gräber gelegt oder im Freien aufgebahrt – möglicherweise auf einem Baumgerüst oder einer Zeremonialplattform. Wenn ihr Fleisch verwest oder von Raubvögeln gefressen war, bündelte man die blanken Knochen und begrub sie.

Auch die Gräber selbst wiesen Unterschiede auf. In der Anfangszeit nutzten die Adena-Leute für ihre Toten flache, mit Lehm oder Rinde ausgekleidete Gruben, über die sie dann verschieden gefärbte Erden häuften – eine Symbolik, deren Sinn bis heute ein Rätsel geblieben ist. Später legten sie mit Hilfe von Holzpfosten große Grabgewölbe für mehrere Verstorbene an. Auch diese Bauten wurden mit Erdhügeln bedeckt. Gelegentlich errichtete man über den Gräbern auch Dächer oder hölzerne Rundhütten. Möglicherweise lagen die Toten, von den Lebenden mit vielen Zeremonien geehrt, noch lange Zeit aufgebahrt, eingerieben mit rotem Ocker oder anderen Farbpasten, die ihnen den Anschein des Lebens gaben. Als Höhepunkt des umfangreichen Rituals wurde vermutlich die Hütte niedergerissen und mit Erde abgedeckt.

Charles E. Snow, ein mittlerweile verstorbener Experte der Adena-Kultur, glaubte, daß man die einfachen Stammesangehörigen verbrannte und in den schlichten Einzelgräbern bestattete, während die „hochgestellten Toten" mit großem Aufwand in den Holzgewölben beigesetzt wurden. Der zunehmend komplexe Totenkult und die immer hochwertigeren Grabbeigaben lassen darauf schließen, daß sich die Gliederung in soziale Schichten im Laufe der Zeit stärker ausprägte. Interessant ist übrigens, daß die ranghöchsten Toten auch an der Statur zu erkennen waren. So schien laut Snow bei den Männern der Oberschicht eine Körpergröße von 1,80 Metern nichts Ungewöhnliches zu sein.

Viele der Adena-Mounds bestehen aus mehreren Schichten, da sie im Laufe der Jahrhunderte immer wieder als Grabstätten verwendet wurden. Ein typisches Beispiel dafür ist der Cresap Mound am Ohio zehn Kilometer südlich der treffend benannten Ortschaft Moundsville in West Virginia. Im Sommer 1958 legte Don W. Dragoo vom Carnegie Museum der Stadt Pittsburgh diesen Hügel in einem Wettlauf mit der Zeit frei, denn eine Kohlegesellschaft hatte das Land gekauft, um darauf eine Industrieanlage zu errichten. In 13 Wochen, mehr als dem Doppelten der Zeit, die er veranschlagt hatte, arbeiteten sich die Ausgräber mit

Handspaten und Kellen zentimeterweise in den mit viereinhalb Meter Höhe und rund 20 Meter Basisdurchmesser relativ kleinen Mound vor.

Aber der Aufwand lohnte sich. Dragoo stieß auf die Skelette von mindestens 54 Toten, die sich vor allem an drei Stellen – von einem Meter unter bis vier Meter über der Hügelbasis – konzentrierten. Hohlräume, durch verrottete Holzpfosten im Lehm entstanden, und die Überreste einer Feuerstelle deuteten darauf hin, daß der Mound auf den Ruinen eines Hauses errichtet worden war. Die Bestattungen hatten über einen Zeitraum von mindestens zwei Jahrhunderten – von zirka 200 v. Chr. bis 50 n. Chr. – stattgefunden, und die Gräber selbst reichten von einfachen flachen Gruben bis zu Holzbalkengewölben. Dragoo protokollierte die Schichten sowie die Artefakte, die sie freigaben, und erhielt so ein genaueres Bild von den einzelnen Entwicklungsstadien der

Am Zusammenfluß von Mississippi und Illinois in Missouri, 70 Kilometer nördlich von St. Louis, untersuchen Wissenschaftler und Studenten die nach dem früheren Besitzer des Geländes benannte Koster-Fundstätte. Die Ausgräber, die mittlerweile bis in zehn Meter Tiefe vorgedrungen sind, haben 14 verschiedene Besiedlungszeiträume oder „Horizonte" ausgemacht, die zumeist weiter zurückreichen als in die Adena- und Hopewell-Epoche. Die Schichten dokumentieren insgesamt eine Zeitspanne von 8000 Jahren.

Adena-Kultur. „Ich hatte endlich den bis dahin fehlenden Schlüssel zur Adena-Chronologie", berichtete der Forscher. „Fakten, mit denen ich bis dahin wenig anfangen konnte, gewannen nun eine neue Bedeutung." Der eine Mound lieferte eine lückenlose Aufzeichnung der immer komplexeren Adena-Bestattungsrituale und dokumentierte damit auf engstem Raum die Geschichte dieser Kultur. Die Grabbeigaben in der untersten Schicht bestanden aus behauenen Steinwerkzeugen und Schabern, Knochenahlen und ähnlichen Gebrauchsgegenständen. Spätere Schichten enthielten Schmuckanhänger aus Stein, Armreifen und Ringe aus Kupfer, gravierte Täfelchen oder Silhouetten aus Glimmer – einem Schiefergestein, das sich leicht in dünne Platten spalten läßt – und andere Dinge, die man nur höher gestellten Toten mit ins Grab gab. In der obersten Schicht des Cresap Mound fand sich sogar ein sogenannter Trophäenschädel – ein glattgeriebenes Exemplar, vielleicht von einem besiegten Feind oder einem verehrten Vorfahren – auf dem Schoß eines Skeletts.

Anderswo bargen Forscher aus Hügeln faszinierende Artefakte, die sie mit der Adena-Religion in Verbindung brachten. Ein Kopfschmuck aus Schädelplatte und Geweih eines Hirschs oder Elchs zum Beispiel gehörte vermutlich einem Schamanen, der das Tier verkörperte. Daß Schamanen auch bedrohlichere Rollen spielten, ließ der Oberkiefer eines Wolfs vermuten, den der anerkannte Adena-Experte William S. Webb 1940 aus dem Wright Mound in Kentucky barg. Die Reißzähne des Raubtiers befanden sich noch an ihrem Platz, und der harte Vordergaumen war zu einer Art Spatelgriff geformt. Fast zwei Jahrzehnte später bestätigte sich Webbs Vermutung, daß der Wolfskiefer in den Mund geschoben und als Maske getragen wurde. Bei Ausgrabungen am Ayers Mound in Kentucky entdeckten Wissenschaftler einen ähnlichen Wolfskiefer neben dem Schädel eines erwachsenen

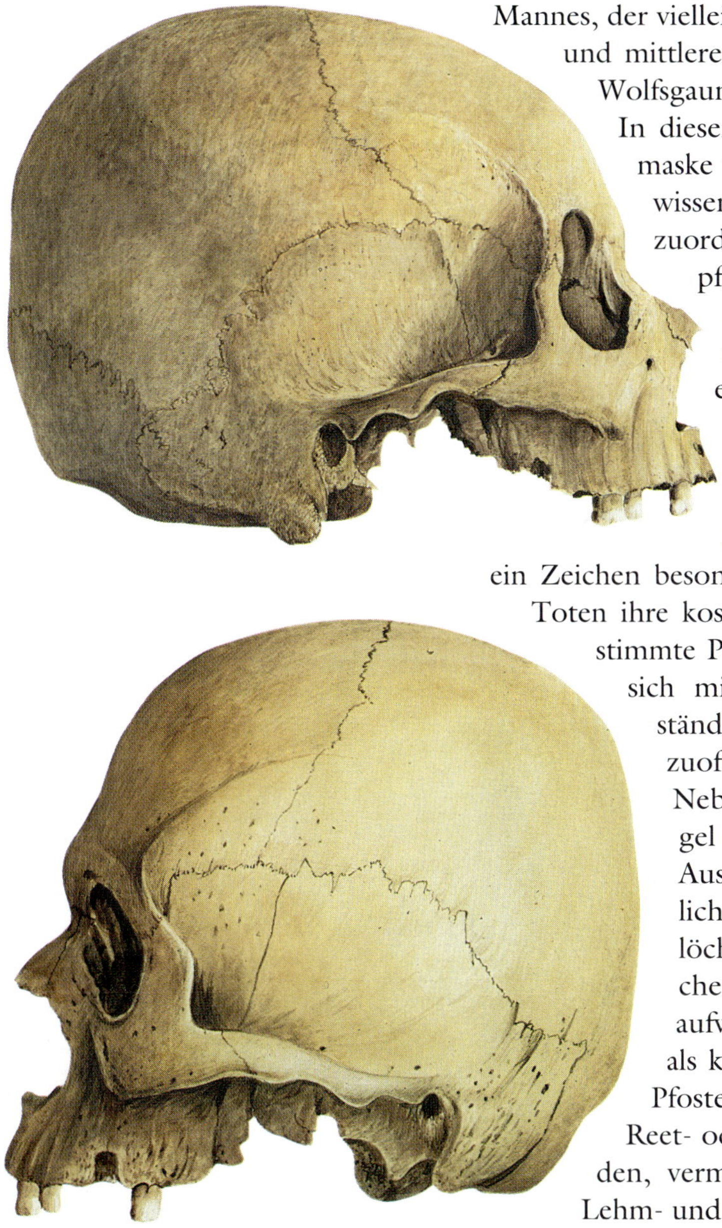

Mannes, der vielleicht ein Schamane gewesen war. Die oberen seitlichen und mittleren Schneidezähne des Toten fehlten, so daß sich der Wolfsgaumen in seinen Mund schieben ließ.

In diesem Fall scheint die Verbindung zwischen der Wolfsmaske und dem Toten gesichert. In vielen anderen dagegen wissen die Archäologen nicht, wem sie geborgene Artefakte zuordnen sollen. Ein gutes Beispiel dafür ist die Tabakspfeife, ein charakteristischer Zeremonialgegenstand der Adena-Kultur. Jedem Mann wurde seine Pfeife mit ins Grab gegeben, vermutlich weil man annahm, daß er sie im nächsten Leben brauchte. In einem Mound entdeckte man allerdings, wie Dragoo ausführte, bei einem einzigen Toten nicht weniger als 32 Pfeifen. „Warum?" fragt sich der Wissenschaftler. „War der Mann ein Pfeifenmacher? Oder handelte es sich um ein Zeichen besonderen Respekts, wenn alle Männer eines Clans dem Toten ihre kostbaren Pfeifen mit ins Grab gaben? Hatten nur bestimmte Personen das Recht auf eine Pfeife?" Archäologen, die sich mit den indianischen Frühkulturen befassen, stoßen ständig auf solche Fragen. Aber, so bedauert Dragoo, „allzuoft können wir keine eindeutigen Antworten geben".

Neben Gebeinen und Artefakten liefern die Begräbnishügel auch Hinweise auf den Hausbau der Adena-Kultur. Aus bisher ungeklärten Gründen wurden Mounds nämlich häufig über zerstörten Häusern errichtet. Pfostenlöcher lassen auf Rundbauten schließen, deren Grundflächen einen Durchmesser zwischen fünf und 18 Metern aufwiesen. Die größten dieser Bauwerke dienten vielleicht als kultische Versammlungsorte. Die 11-Grad-Winkel der Pfostenlöcher deuten darauf hin, daß die Wände unter den Reet- oder Rindendächern ein wenig schräg nach außen standen, vermutlich damit das Regenwasser nicht direkt an der Lehm- und Rindenverkleidung des Holzgerüsts ablaufen konnte.

Die einstigen Wohnhäuser wiederum geben Aufschluß über den Alltag der Adena-Indianer. In den Feuerstellen der Ruinen fanden sich verkohlte Nußschalen, Tierknochen und jahrhundertealte Speisereste. Und in manchen der trockenen Höhlen und Felsüberhänge in Kentucky und Ohio, wo einige Gruppen der Adena-Tradition offenbar einen Teil des Jahres lebten, blieben Samen und Kotreste zurück, die von Archäologen genau analysiert wurden. So entstand in mühevoller Kleinarbeit das Bild eines Volkes, das Hirsche, Elche und Kleinwild jagte, Wildpflanzen und Nüsse sammelte und primitiven Ackerbau betrieb, der ihnen vor allem Kürbisgewächse und Sonnenblumen lieferte.

Eine bleibende Abflachung des Hinterkopfes resultierte aus dem Brauch der Adena, Kleinkinder mit festgebundenem Kopf in einem Holzgestell auf dem Rükken zu tragen (links eine Rekonstruktion mit einem Kinderschädel, einer Trage und Textilresten aus verschiedenen Adena-Stätten in Kentucky). Das Ergebnis zeigen die von Squier und Davis angefertigten, vergleichenden Zeichnungen eines deformierten (oben) und eines normalen (ganz oben) Erwachsenenschädels.

Eine der auffallendsten und bekanntesten Erdaufschüttungen in den Vereinigten Staaten, der Great Serpent Mound, der sich in Form einer Schlange über einen Bergkamm im Südwesten von Ohio windet, wird von vielen Experten ebenfalls der Adena-Tradition zugerechnet. Der grasbewachsene Hügel – sechs Meter breit und anderthalb Meter hoch – hat von der eng eingerollten Schwanzspitze bis zu den aufgerissenen Kiefern eine Gesamtlänge von etwa 400 Metern und ist das größte bekannte Schlangenbildnis der Welt. „War es ein Symbol des alten Schlangenglaubens hier auf dem westlichen Kontinent?" fragte sich der Direktor des Peabody Museum in Harvard, Fredric Ward Putnam, als er 1890 die Fundstätte besuchte. „Während die letzten Sonnenstrahlen ferne Hügel in Licht tauchten und lange Schatten über das Tal warfen, stand ich an eine der Riesenwindungen dieser gigantischen Schlange gelehnt und sann über die Unwägbarkeiten der Vergangenheit nach; und plötzlich schien vor mir das Bild einer längst entschwundenen Zeit zu erstehen, begleitet von dem Wunsch, dieses Geheimnis zu deuten. Das Unbekannte muß bekannt werden."

Die sogenannte Wilmington-Tafel, eine 10 mal 12,5 Zentimeter große Sandsteinplatte aus dem Clinton County in Ohio, mit den spiegelbildlich eingeritzten, stilisierten Raubvögeln wurde von den Adena vielleicht zum Tätowieren oder zum Bedrucken von Stoff benutzt. Die Rückseite weist Wetzsteinrillen auf und diente offenbar zum Schärfen von Knochennadeln oder Messern. In den Vertiefungen befindet sich roter Ocker, wie man ihn zur Körperbemalung verwendete. Insgesamt hat man nur 14 solcher gravierter Tafeln gefunden.

Um den Bildnis-Hügel vor der Einebnung zu bewahren, sammelte Putnam bei privaten Spendern in Boston 5880 Dollar. Im Jahre 1900 übereignete Harvard die 25 Hektar große Anlage dem Staat Ohio. Heute liegt der Schlangen-Hügel in einem öffentlichen Park, der jährlich Tausende von Besuchern anzieht – und immer noch wollen die Spekulationen kein Ende nehmen. So weckt der rätselhafte ovale Erdring am Kopfende der Schlange stets die Neugier der Betrachter: Während ihn manche für den aufgesperrten Rachen des Tieres halten, vermuten andere, daß er ein Ei oder einen erbeuteten Frosch darstellt.

Der allmähliche Wandel der Adena-Kultur im letzten vorchristlichen Jahrhundert bleibt ein Geheimnis. Etwa 500 Jahre nach ihrem Auftauchen ging die Adena-Tradition in Ohio offenbar allmählich in die nachfolgende Hopewell-Kultur über, benannt nach einer Farm, auf der man die ersten Artefakte dieser Menschen fand. Die Hopewell-Indianer scheinen zunächst die Erdbauten und Bestattungsrituale sowie andere Bräuche der Adena-Leute übernommen zu haben, entwickelten sich jedoch im Laufe der Zeit weiter und erreichten schließlich eine Blüte, die alles in den Schatten stellte, was ihre Vorgänger je geleistet hatten.

Die Hopewell-Indianer führten die Fertigkeiten der Adena-Kultur zu neuen Höhen. Sie verarbeiteten Metall und Stein zu Schmuck von unübertroffener Schönheit. Anstelle der einfachen Rundwälle, die mitunter die Adena-Begräbnishügel umgaben, schufen sie immer großartigere Zeremonialstätten in vielfältigen geometrischen Formen und Mustern, mit Plätzen und teilweise kilometerlangen Alleen.

Von ihrem eigentlichen Siedlungsgebiet im Süden von Ohio aus betrieben die Hopewell-Leute einen regen Waren- und Ideenaustausch über einen Großteil des Kontinents östlich der Great Plains. Allerdings stellten die einzelnen Gemeinschaften kein politisches Gesamtgefüge dar, sondern eher, wie es Joseph R. Caldwell vom Illinois State Museum einmal ausdrückte, „eine Sphäre gegenseitiger Befruchtung".

Die Grabhügelbestattung und die damit verbundenen Zeremonien schufen durch gemeinsame Traditionen eine Zusammengehörigkeit unter den lokalen Gruppen und bei der Elite einen immensen Bedarf an Zeremonialgegenständen und Grabbeigaben – sowie an den exotischen Rohstoffen, aus denen sie hergestellt wurden. Dieser Bedarf konnte nur durch die Errichtung eines weitgespannten Handelsnetzes gedeckt werden, das sich von den Rocky Mountains bis zum Atlantischen Ozean und von den Great Lakes und Kanada bis zur Golfküste erstreckte.

Die Bestattungsrituale der Hopewell-Indianer im Tal des Ohio unterschieden sich nicht wesentlich von denen der späten Adena-Kultur. Etwa drei Viertel der Toten wurden verbrannt; die übrigen Leichname wurden in Gewölben aus Baumstämmen aufgebahrt. Während Arbeiter körbeweise Erde um die Gräber aufschütteten, hinterließen sie mitunter ungewollt eigene Zeugnisse. Henry Shetrone von der Ohio Historical Society berichtete von zwei Fällen, in denen er die Lasten völlig unversehrt vorgefunden hatte, wo sie der müde oder schlampige Träger mitsamt dem Korb auf den großen Haufen geworfen hatte.

Was diese Gräber grundlegend von denen der Adena-Leute unterschied, war die Fülle an Beigaben. Um Ausstellungsstücke für die 1893 geplante World Columbian Exposition in Chicago zu beschaffen, legte Warren K. Moorehead 15 der mehr als 30 Mounds einer 45 Hektar großen, von einem Erdwall eingefaßten Anlage bei Chillicothe, Ohio, frei. Das Areal gehörte einem Farmer namens Cloud Hopewell, der einer ganzen Kultur seinen Namen lieh. Moorehead legte in dem größten Mound – der seiner Schätzung nach 150 Meter lang, 55 Meter breit und 10 Meter hoch war – fünf Schnitte an und entdeckte eine Gruppe von 48 Gräbern, die ungewöhnlich reich mit Kupfergegenständen ausgestattet waren. Neben feinen, mit geometrischen Mustern verzierten Platten und Silhouetten von Vögeln und Fischen sowie einem Kopfschmuck aus kupferbeschlagenem Holz in Form eines Hirschgeweihs stießen die Archäologen auf 23 Brustschilde und 67 Äxte, eine davon, die wohl rein kultischen Zwecken diente, 17 Kilogramm schwer.

Drei Jahrzehnte später entdeckte Henry Shetrone in dem gleichen Grabhügel die Skelette eines hochgewachsenen jungen Mannes und einer ebenfalls jungen Frau, die man Seite an Seite bestattet hatte. Er war mehr als verblüfft von dem, was er sah: „An Kopf und Hals sowie an den Hüften und Knien der Frau befanden sich rund um das Skelett Tausende von Perlen und Knöpfen aus kupferüberzogenem Holz und Stein. Die eine Längsseite des Grabes war mit kupfernen Ohrgehängen gesäumt; an den Handgelenken der Frau befanden sich Armreifen aus Kupfer; beide Toten trugen kupfernen Ohrschmuck, Halsketten mit den Zähnen von Grizzlybären sowie kupferne Brustplatten." Ein unerwarteter Zierat waren die künstlichen Nasen aus Kupfer, mit denen man ebenfalls beide Skelette ausgestattet hatte.

Aufgrund ihrer reichen Grabbeigaben werden die Hopewell-Indianer mitunter als die Ägypter Nordamerikas bezeichnet. Aus dem eigentlichen Hopewell-Hügelkomplex allein stammen an die 100 000 Flußperlen. Diese Perlen, die man aus Muscheln der nahen Ohio-Nebenflüsse gewann, wurden zu Halsketten aufgefädelt oder an die Kleidung genäht. In einem anderen Erdhügel von Ohio fand man in einem einzigen Grab 67 000 Perlen, die meisten davon durchbohrt, außerdem Kügelchen aus Meteoreisen sowie einige dünne Blättchen aus gehämmertem Kupfer und Gold. Andere Mounds enthielten Vogel-, Schildkröten- und Menschenfiguren aus Kupfer, ebenfalls Perlen und Hunderte von Bildnis-Tabakspfeifen – viele davon zerbrochen. Für Robert Silverberg, der die Frühgeschichte seines Landes populärwissen-

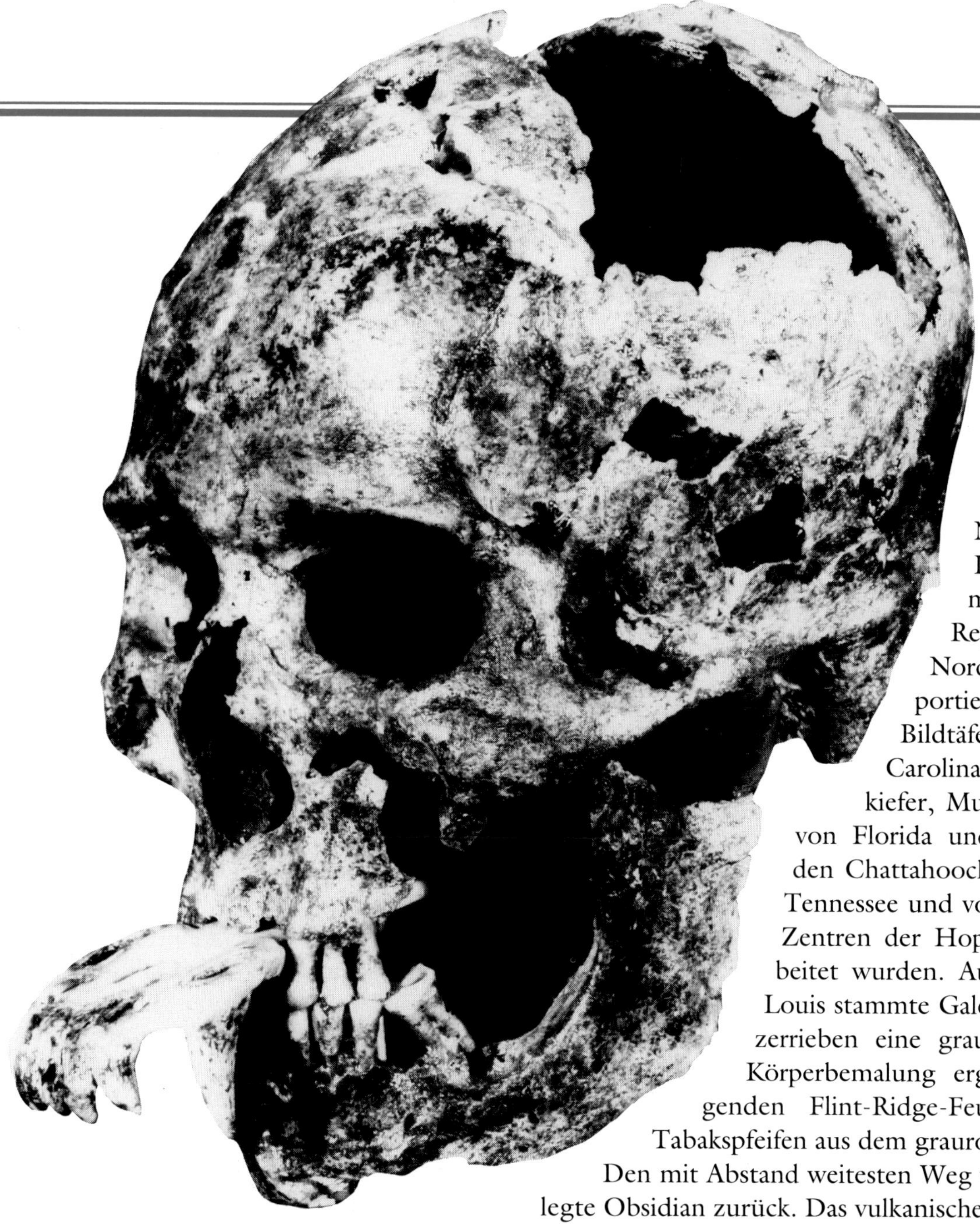

schaftlich behandelte, drückte sich in dieser „protzigen Zurschaustellung" von kostbaren Gütern „eine übertriebene Verschwendungssucht" aus.
Der Handel der Hopewell-Indianer erfolgte in erster Linie auf Wasserwegen. Auf Nebenarmen des Ohio wie dem Miami und dem Scioto, die sich nach Norden bis in die Nähe der Great Lakes erstreckten, wurden vermutlich Kupfer und Silber aus der Region des Lake Superior und dem Norden Ontarios nach Süden transportiert. Glimmer für Schmuck und Bildtäfelchen kam per Kanu aus North Carolina. Schildkrötenpanzer, Barrakudakiefer, Muschelgehäuse und Alligatorzähne von Florida und der Golfküste gelangten über den Chattahoochie ebenfalls mit dem Kanu zum Tennessee und von dort zum Ohio, wo sie in den Zentren der Hopewell-Kultur zu Schmuck verarbeitet wurden. Aus der Gegend des heutigen St. Louis stammte Galenit oder Bleiglanz, das zu Pulver zerrieben eine graue Farbpaste zur Gesichts- und Körperbemalung ergab. Ohio exportierte hervorragenden Flint-Ridge-Feuerstein für Werkzeuge sowie Tabakspfeifen aus dem grauroten Ohio-Pfeifenton.

Den mit Abstand weitesten Weg von allen Gütern und Materialien legte Obsidian zurück. Das vulkanische Gesteinsglas, das für die Herstellung von Messern und Zeremonialspitzen sehr begehrt war, wurde in Idaho und Wyoming gewonnen, fand sich aber in vielen Hopewell-Zentren des Mittelwestens. So entdeckte man bei den Resten eines Skeletts in Mound 11 des Hopewell-Komplexes einen Obsidian-Vorrat, der weit über 100 Kilogramm wog. Wie Henry Shetrone vermutet, war der Verstorbene ein Meister im Herstellen von Klingen gewesen, so daß man ihm das Rohmaterial mit ins Grab gab, um die Ehrfurcht vor seiner Aufgabe zum Ausdruck zu bringen.

Bei diesem Schädel eines Adena-Mannes, der in einem Erdhügel in Kentucky entdeckt wurde, fehlen die oberen Schneidezähne. Sie wurden zu Lebzeiten entfernt, offensichtlich um einen – neben dem Skelett gefundenen – Wolfsgaumen in die Lücke zu schieben. Vermutlich handelt es sich bei dem Toten um einen Schamanen, der bei bestimmten Ritualen oder Kulthandlungen eine Wolfsmaske trug.

All diese Rohstoffe und Waren wechselten ihre Besitzer entweder an regionalen Umschlagplätzen oder vielleicht auch im Verlauf langer Handelsexpeditionen, die von den Hopewell-Leuten durchgeführt wurden. Geschickte Hände verwandelten die Materialien, die über

das Handelsnetz hereinströmten, in kleine Meisterwerke. Aus Glimmer und Kupfer wurden Formen der Natur nachgebildet. Herrliche Pfeifen in Tiergestalt entstanden aus Stein und Ton. Töpferwaren entwickelten sich von schlichter Gebrauchskeramik zu kunstvollen Gefäßen, auf deren glatten Oberflächen Raubvögel und machtsymbolisierende Motive eingeritzt und symmetrisch wiederholt wurden.

Menschen-Statuetten aus Ton, Stein und altem Elfenbein verraten, wie die Hopewell-Indianer gekleidet und frisiert waren. Die Männer trugen Lendentücher, die Frauen wadenlange, in der Taille gegürtete Röcke. Bei warmer Witterung hatten sie die Brüste entblößt. Eine der Figurinen stellt einen Mann dar, der sein Haar zu einem Stirnknoten gebunden trägt – bei den späteren Plains-Indianern das Zeichen des Schamanen. Bei einer anderen ist jeder Zweifel ausgeschlossen: Der Schamane trägt ein zeremonielles Bärenfell und hält einen Menschenschädel auf dem Schoß. Einige Statuetten zeigen Frauen, die einen Säugling stillen oder auf dem Rücken tragen.

Sowohl die Qualität als auch die große Zahl solcher Artefakte deuten auf eine eigene Klasse von halbprofessionellen Handwerkern hin, und zwar nicht nur aufgrund der Kunstfertigkeit, mit der sie hergestellt sind, sondern auch deshalb, weil viele der Objekte – etwa die Bildnis-Pfeifen – fast identisch sind. Obwohl die Archäologen nicht völlig sicher sein können, spricht einiges dafür, daß ein Teil dieser Gegenstände eigens für den Totenkult hergestellt wurde. Selbst Werkzeuge und Geräte des täglichen Gebrauchs scheinen oft eher für die Bestattungszeremonie oder als Talismane gedacht gewesen zu sein. Jedenfalls wiesen sie häufig keinerlei Spuren der Benutzung auf. Tatsächlich läßt das ungewöhnliche Aussehen mancher Artefakte – etwa die ausgefallene Größe oder Form

Der Great Serpent Mound, der sich mit einer Länge von 400 Metern über einen Bergkamm im Adams County, Ohio, windet, scheint im Begriff, mit seinen weit aufgerissenen Fängen eine Beute zu verschlingen. Obwohl es keine eindeutigen Hinweise auf den Ursprung dieses größten aller Bildnis-Hügel gibt, ordnen ihn die Archäologen im allgemeinen der Adena-Kultur zu, da sich ganz in der Nähe die Siedlungsreste und typischen Kegel-Mounds der Adena befinden.

bestimmter Klingen aus Kupfer, Glimmer und Obsidian – darauf schließen, daß man auf Ästhetik mehr Wert legte als auf Zweckmäßigkeit.

Die Archäologen gehen davon aus, daß die spezielle Klasse der Kunsthandwerker sowie ihr ausgedehntes Handelsnetz nur in einem gesunden Wirtschaftssystem existieren konnten – und mit Unterstützung einer Eliteschicht, der es gelang, das Volk zu gigantischen Gemeinschaftsprojekten zu motivieren. So etwa nahm der große Zeremonialkomplex bei Newark, Ohio, einst ein Areal von mehr als zehn Quadratkilometern ein. Um diese mit Ringwällen, Plätzen und eigenen Straßen ausgestattete Anlage zu errichten – das Land gehört heute der Ohio Historical Society und schließt einen öffentlichen Park sowie einen Golfplatz ein –, mußten im Verlauf von 300 Jahren allein für die Erdbewegungen an die drei Millionen Arbeitsstunden aufgewendet werden.

Ebenso eindrucksvoll wie die Energie, die in diesen Projekten steckte, war das technische Geschick, mit der sie ausgeführt worden waren. James A. Marshall, ein Bauingenieur aus Illinois, fand bei seinen Vermessungen von mehr als 200 solcher Hügelanlagen die Präzision derart auffallend, daß er von einer „mathematischen Schule" der Hopewell-Kultur spricht, die bereits das rechtwinklige Dreieck und andere geometrische Begriffe kannte. Nach Marshalls Ansicht fertigten die Hopewell-Hügelerbauer ähnlich wie die heutigen Architekten Modelle von ihren Plänen an und steckten dann ein regelrechtes Netz von Koordinaten ab, deren Normabstand etwas mehr als 55 Meter betrug.

Niemand kennt die Bedeutung der geometrischen Mounds, die überall im Hopewell-Territorium verstreut liegen. Manche Forscher vermuten, daß sie nicht nur als Versammlungsorte einzelner Clans dienten, sondern darüber hinaus vielleicht das Symbol des Clans darstellten. An-

Die von den Hopewell-Indianern hochgeschätzten Flußperlen (oben) wurden zu Hunderten in Grabstätten gefunden. Nach Aussage eines Wissenschaftlers besaß „im Zeitalter der Hügelerbauer ein einziger Indianerstamm ebenso viele Perlen wie ein europäisches Königshaus".

SCHÄTZE VON NAH UND FERN: GRABBEIGABEN IN DEN MOUNDS

Die Vielfalt und Fülle der Rohstoffe, aus denen die Hopewell-Indianer die Grabbeigaben für ihre Verstorbenen fertigten, wurde zu keiner Zeit von einer anderen Kultur Nordamerikas übertroffen. So gesehen kann es nicht überraschen, daß die Grabstätten in den Mounds immer wieder mit den prunkvollen Totenkammern im alten Ägypten verglichen werden.

Flußperlen, mit denen man die Toten überhäufte, gehörten zu den wenigen Dingen, die es in der näheren Umgebung der Hopewell-Leute gab. Die meisten anderen Materialien dagegen mußten sie aus den entferntesten Regionen des Kontinents herbeischaffen: Kupfer aus Ontario und dem Becken des Lake Superior, Obsidian aus Idaho und Wyoming und exotische Muscheln von der Golfküste. Das ausgedehnte Handelsnetz, das die Hopewell-Indianer aufbauten und unterhielten, zeugt einerseits von ihrem Erfindungsreichtum und zum anderen von der großen Bedeutung, die sie ihrem Totenkult beimaßen.

Aus den Rohstoffen schufen geschickte Handwerker eine Vielzahl kunstvoller Gegenstände, und zwar häufig in Tiergestalt, wie die hier abgebildeten Beispiele zeigen.

Dieser naturgetreu gestaltete Karpfenfisch, der 1892 in einem Grab auf der Hopewell-Farm entdeckt wurde, galt möglicherweise als Symbol der Unterwelt. Der Fundort in Ohio, die Farm des Cloud Hopewell, gab der ganzen Kultur ihren Namen.

Der 50 Zentimeter lange stilisierte Schlangenkopf mit gespaltener Zunge besteht aus dünnem, gehämmertem Kupferblech. Das Objekt stammt aus dem größten der 40 Mounds auf der Hopewell-Farm.

dere Archäologen finden am Newark-Komplex und weiteren Hopewell-Anlagen neben der technischen Präzision auch die exakte astronomische Ausrichtung auffallend, die darauf hindeutet, daß sie nicht nur Zeremonialstätten waren, sondern auch der Mond- und Sonnenbeobachtung dienten. James Griffin, ordentlicher Professor an der University of Michigan und mit der Archäologie des Östlichen Waldlands vertraut wie kein anderer, warnt jedoch vor dem Schluß, daß „die Erdbauten einzig und allein zu Zwecken der astronomischen Beobachtung" errichtet worden seien.

Die prunkvollen Zeremonien der Hopewell-Kultur stehen im krassen Gegensatz zum Alltagsleben des einfachen Volkes. Bis vor etwa 30 Jahren befaßten sich die Archäologen vorwiegend mit den Ausgrabungen der Mounds und vernachlässigten darüber die Siedlungen der Hopewell-Leute. In den sechziger Jahren jedoch entwickelte der Archäologe Olaf Prufer die sogenannte Weiler-These. Aus eigenen Geländeuntersuchungen und den Erkenntnissen von Kollegen schloß er, daß die Hopewell-Gemeinschaften Ackerbau betrieben und in verstreuten, mehr oder weniger permanenten Gehöften oder Weilern in der Umgebung der Zeremonialstätten gesiedelt hatten.

Ausgrabungen der jüngeren Zeit scheinen Prufer bis zu einem gewissen Grad recht zu geben. Offenbar lebten die Hopewell-Leute in Familienverbänden, die bis zu 13 Mitglieder umfaßten, und wohnten in rechteckigen oder ovalen – den späteren Indianer-Wigwams ähnlichen – Hütten. Eine kleinere Anzahl solcher Haushalte, möglicherweise nicht mehr als drei, bildeten einen Weiler. Von Zeit zu Zeit kamen die Bewohner vieler solcher Weiler im Zeremonialzentrum zu Bestattungen und Ritualen zusammen, aber auch, um neue Erdbauten zu errichten.

Prufers Interesse galt jedoch nicht nur den Siedlungsformen, sondern auch der seit langem bestehenden Diskussion, wie sich die Hopewell-Indianer ernährt hatten. Waren sie in erster Linie Jäger und Sammler wie die Adena-Leute, oder kannten sie bereits den Anbau von Feldfrüchten, möglicherweise sogar von Mais? Er fand keine schlüssige Antwort, obwohl er etwa drei Dutzend kleine Siedlungen in Ohio untersuchte, kaum eine davon größer als 30 Meter im Durchmesser. 1963 hörte Prufer dann von den Resten eines Weilers, die sich angeblich drei Kilometer südlich von Chillicothe im Zentrum der Hopewell-Kultur befanden und schon bald dem Bau einer neuen Straße weichen sollten. Die erste Besichtigung verlief insgesamt enttäuschend, aber nachdem Prufer und sein Team eine gute Handbreit Boden abgetragen hatten, wurden sie fündig. Sie stießen

Vermutlich aus North Carolina kam der Glimmer für die vor mindestens 1800 Jahren aus einem hauchdünnen Plättchen gefertigte Vogelkralle, die wie durch ein Wunder in einem Hügel auf der Hopewell-Farm erhalten blieb.

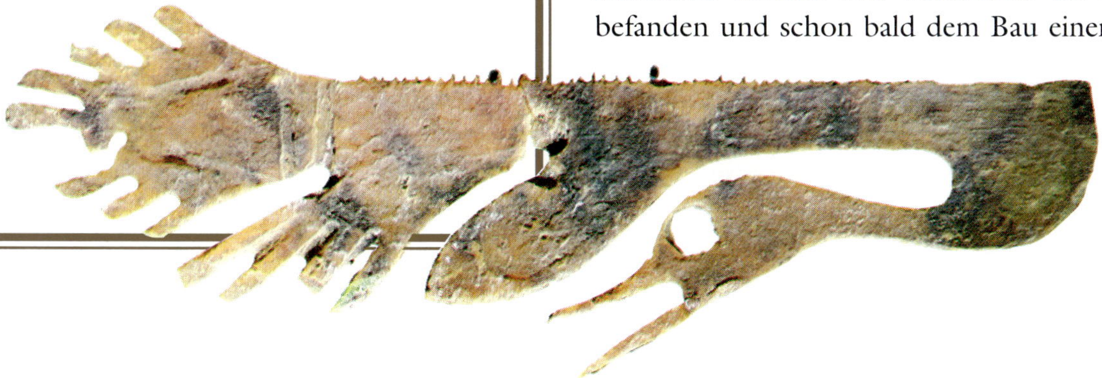

Dieser Trompeterschwan aus Schildkrötenpanzer, der im Seip Mound in Ohio gefunden wurde, ist ein Motiv, das die nordamerikanische Kunst bis in die Gegenwart durchzieht.

auf eine 30 Zentimeter dicke Schicht mit Keramikscherben und anderen Artefakten, die eine Fläche von 28 mal 42 Metern bedeckte. Die Lagerstätte, die aus der Zeit um 400 n. Chr. stammte, bot eine Fülle von Hinweisen auf die Nahrung der einstigen Dorfbewohner. Abfallhaufen gaben an die 2000 Molluskenschalen und die Überreste von Wildpflanzen frei. Prufer fand auch ein einzelnes Maiskorn und zwei Stücke eines Maiskolbens, die darauf hindeuteten, daß die Hopewell-Leute diese Pflanze bereits in früher Zeit angebaut hatten. Die Entdeckung wurde jedoch durch eine Folgestudie im Jahre 1987 wieder in Frage gestellt, bei der sich ergab, daß die Siedlungsreste „historisch kontaminiert" waren. Mit anderen Worten – der Mais konnte genausogut ein Relikt von späteren Bewohnern dieser Region sein.

Unabhängig davon, welche Erklärung nun für den Weiler von Chillicothe richtig ist, ergab eine Analyse von Menschenknochen aus den Mounds der Hopewell-Kultur, daß die dort Bestatteten bestenfalls geringe Mengen Mais verzehrt haben konnten. Dennoch ist Bruce D. Smith von der Smithsonian Institution ebenso wie andere Forscher davon überzeugt, daß die Hopewell-Leute lange vor der Einführung von Mais – einer Pflanze, deren Anbau hohen Aufwand erforderte – im wesentlichen Ackerbauern waren, die sich wegen des fruchtbaren Bodens bevorzugt in den Stromtälern niederließen. In den Ruinen ihrer Siedlungen fand man Steinhacken und Vorratsbehälter für Saatgut, und es scheint gesichert, daß sie mindestens sieben einheimische Pflanzenarten kultivierten, darunter Sonnenblumen und Gemüsekürbis.

Aber trotz des Nahrungsüberflusses und des Zeremonialgepränges begann ihre Kultur zu zerfallen. Zwischen 300 und 400 – etwa vier Jahrhunderte nach ihrem Auftauchen – verschwanden die Hopewell-Leute aus Ohio. Die Gründe für ihren Untergang sind nicht bekannt. Seuchen, eine Hungersnot oder ein Bürgerkrieg könnten ebenso die Ursache gewesen sein wie der plötzliche Zusammenbruch des Handelssystems oder klimatische Veränderungen, die sich negativ auf den Anbau und das Gedeihen der Wildpflanzen auswirkten.

Gegen Ende des 18. Jahrhunderts, als neue Siedler aus Europa ins Land strömten, waren die Erdhügel überwachsen und die Zeremonialstätten verlassen. Die Nachfahren der Adena- und Hopewell-Kultur – „die wilden Horden" der Pionier-Legenden – waren ein demoralisiertes Volk, dezimiert und kulturell geschwächt durch Kriege und von den Europäern eingeschleppte Krankheiten. Und doch hatten ihre Vorfahren großartige Leistungen vollbracht. Adena- und Hopewell-Indianern war es gelungen, wie Dr. Griffin ausführt, den Schritt von urzeitlichen Jägern und Sammlern zu seßhaften Ackerbauern zu vollziehen. Wer weiß, was sie erreicht hätten, wenn es ihnen vergönnt gewesen wäre, ihren Weg ohne den Einfluß des weißen Mannes zu Ende zu gehen?

MONUMENTE DER EHRFURCHT

Wer zu Beginn des 19. Jahrhunderts in den Mittelwesten kam, brauchte nicht weit zu reisen, um massive Erdbauten zu sehen, deren Urheber man nicht kannte. „Es gibt kaum eine aufstrebende Stadt oder eine Farm größeren Ausmaßes, in deren Umgebung sich nicht einige dieser Überreste befänden", schrieb 1811 ein Reisender. In der Gegend von St. Louis etwa waren die von Menschenhand errichteten Erdhügel oder Mounds so zahlreich, daß der Ort den Namen Mound City trug.

Im besiedelten Osten erhielt das Interesse an diesen Monumenten durch übertriebene Presseberichte ständig neue Nahrung. *Frank Leslie's Illustrated Newspaper* aus New York zum Beispiel schilderte in der Ausgabe vom Mai 1883 den Menard Mound *(oben)* als abstruse „Riesensäule" im Desha County von Arkansas, die angeblich 30 Meter aufragte; in Wirklichkeit war sie gerade zehn Meter hoch. Dabei bestand überhaupt kein Anlaß zu schwindeln. Es gab eine Fülle größerer Erdbauten, mit denen das Blatt seine Leser beeindrucken konnte. So brauchte der größte pyramidenähnliche Hügel auf dem 20 Quadratkilometer großen Areal der einstigen Indianerstadt Cahokia mit einer Grundfläche von knapp sieben Hektar den Vergleich mit der Cheopspyramide in Ägypten nicht zu scheuen. „Was für ein gewaltiger Erdhaufen!" seufzte der oben erwähnte Reisende. „Es muß Jahre gedauert und die Arbeit von Tausenden erfordert haben, eine solche Masse aufzutürmen."

Zum Glück gab es auch seriöse Forscher, die viele der Mounds – das Werk prähistorischer Indianerkulturen, wie sich herausstellen sollte – skizzierten und vermaßen. „Es wurde keine Mühe gescheut, um völlige Genauigkeit zu gewährleisten", hieß es voller Stolz in einem 1848 erschienenen Buch über die Erdbauten im Tal des Mississippi, das Ephraim Squier und Edwin Davis verfaßt hatten. Die meisten Monumente, die diese und andere Forscher untersuchten, sind heute verschwunden – untergepflügt von Farmern, eingeebnet von Städteplanern, asphaltiert von Straßenbauern und geplündert von Schatzsuchern. Aber die Aufzeichnungen halten die Erinnerung an das zerstörte Erbe wach. Zeitgenössische Archäologen benutzen sie noch heute, um die einst weitverbreiteten Erdbauten zu studieren, ihren Zweck zu bestimmen und Erkenntnisse über die Hügelerbauer selbst zu gewinnen.

Einer der größten erhaltenen Adena-Hügel – links auf einem neueren Photo abgebildet – ist der Miamisburg Mound im Westen von Ohio, der mindestens 20 Meter hoch war, ehe Ausgräber 1869 einen Teil seiner Kuppe abtrugen. Ein Stich aus dem Jahre 1848 (unten) zeigt, daß sich der Erdbau kaum verändert hat. Zu den wenigen Monumenten, die ebenfalls der Zerstörung entgingen, gehört ein Adena-Hügel in Marietta, Ohio, dargestellt auf dem Stich im Hintergrund: Er diente den ersten Siedlern als Friedhof.

ZU EHREN DER TOTEN UND ZUM RUHM DER LEBENDEN

Über das ganze Tal des Ohio verstreut liegen unzählige Erdhügel, die von den Adena- und Hopewell-Indianern errichtet wurden und einzig und allein dem Totenkult dienten. In den kegelförmigen, zwischen drei und 25 Meter hohen Begräbnis-Mounds der Adena-Kultur fanden mitunter mehr als 50 Menschen die letzte Ruhe.

Die Aufschüttungen der Hopewell dagegen hatten die unterschiedlichsten Formen. Sie wurden ebenfalls als Massengräber verwendet, auch wenn man die Toten jetzt näher an der Oberfläche bestattete und die Mounds eher in die Breite als in die Höhe wuchsen. Außerdem statteten die Hopewell-Leute ihre Verstorbenen mit einer Fülle von kostbaren Gegenständen für das Jenseits aus, so daß die Totenhügel später Grabräuber in Scharen anlockten.

Im Tal des Mississippi und entlang der Golfküste entwickelte sich etwa 600 Jahre nach dem Niedergang der Hopewell-Kultur eine eigene Hügelbau-Tradition. Die späteren Stämme verwendeten ihre – in der Regel gigantischen und oben abgeflachten – Erdmonumente jedoch nicht als Ruhestätten für die Toten, sondern in erster Linie als Zentren des öffentlichen Lebens und als Fundamente für imposante Bauwerke, welche die Macht der herrschenden Schicht unterstrichen.

Der Monks Mound (oben) in Cahokia, Illinois, erreicht eine Höhe von knapp 30 Metern und ist damit die höchste künstliche Erhebung nördlich von Mexiko. „Wir mochten kaum glauben, daß er von Menschenhand geschaffen war", schrieb der Archäologe William McAdams, der den Hügel der Mississippi-Kultur 1887 in einem Stich (rechts) festhielt. Er bedauerte allerdings, daß „die Ansicht stark verkürzt ist, so daß sie kein wahres Bild von der Größe des Monuments vermittelt". Das Haus auf der obersten der vier Terrassen wurde von einem Mann errichtet, der einen sicheren Ort über den malariaverseuchten Sümpfen suchte.

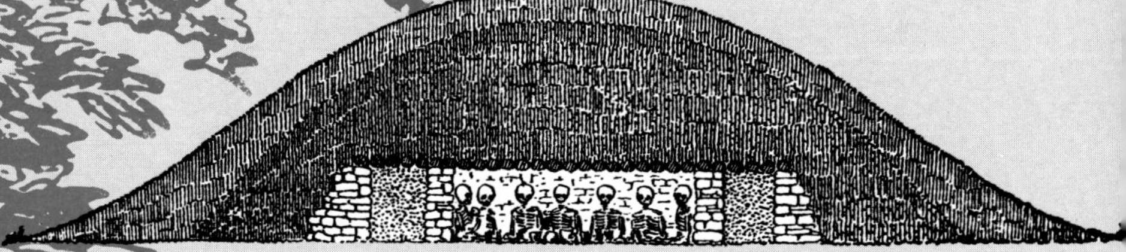

Die Zeichnung von 1894 aus einem Werk von Cyrus Thomas, der vom Smithsonian Bureau of Ethnology den Auftrag hatte, den Ursprung der Mounds zu untersuchen, zeigt die Innenansicht des Hopewell-Hügels 16 in Dunleith, Illinois. Thomas gab zwar den flachen Erdhügel über dem – hochgestellten Persönlichkeiten vorbehaltenen – Holzbau korrekt wieder, aber die Stellung der Skelette entsprang seiner Phantasie. Bei den Hopewell-Indianern wurden die Toten nie sitzend bestattet.

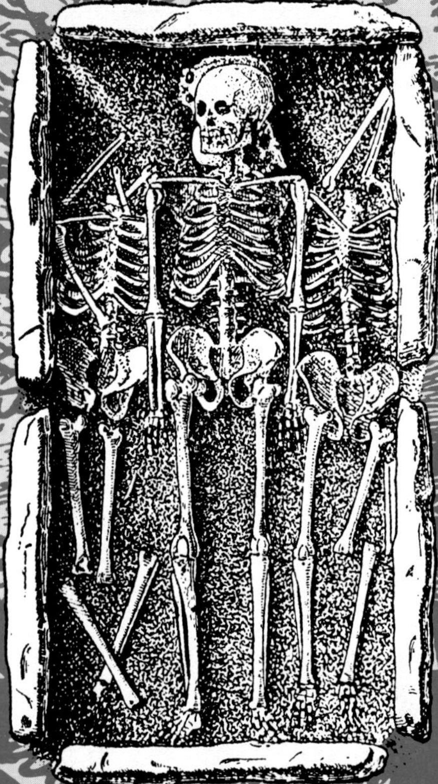

Ebenfalls aus dem Buch von Thomas stammt die Illustration dieses Mulden- oder Wannengrabs, eine häufige Bestattungsform der Mississippi-Kultur im Süden von Illinois. Wannengräber wurden weder mit Erdhügeln überdeckt noch – im Normalfall – mehrfach benutzt. Würdenträger begrub man in Tempelhügeln.

Unter einem Adena-Hügel befand sich ursprünglich eine runde Leichenhütte zum Schutz der neuen oder noch offenen Gräber, in der außerdem Bestattungen vorbereitet und Tote aufgebahrt wurden. Zu gegebener Zeit brannten die Adena die Hütten mitsamt den Gebeinen nieder und häuften Erdreich auf die Asche. Außer der Hütte, die laut Rekonstruktion des Adena-Forschers Don Dragoo etwa so ausgesehen haben dürfte, weist der Querschnitt rechts deutlich erkennbare Schichten auf, aus denen hervorgeht, daß solche Bestattungshügel mehrfach erweitert wurden. Außerdem lagen nicht selten mehrere Hügel nebeneinander, wie die Wiedergabe eines Bildes von Squier und Davis im Hintergrund zeigt.

LETZTE RUHESTÄTTEN FÜR DIE OBERSCHICHT

Etwa ab 500 v. Chr. entwickelten sich aus Einzelgräbern die ersten Mounds der Adena-Kultur. Familienangehörige betteten den Leichnam oder seine Gebeine in eine flache, mit Rindenstücken ausgekleidete und zugedeckte Mulde oder Wanne, über der sie dann einen Erdhügel anlegten. Über einen langen Zeitraum – oft über Generationen hinweg – wurden immer weitere Verstorbene zu der Grabstätte gebracht. Dort bestäubte man sie mit rotem Ockerpulver und gab ihnen ein paar persönliche Gegenstände für die Reise ins Jenseits mit. Auf diese Weise erreichte der Hügel nach und nach eine beachtliche Höhe. Spätere Adena-Generationen schufen neben den mit Rinde ausgelegten Mulden Holzkonstruktionen für ihre Toten, aus denen sich regelrechte Leichen- oder Beinhütten entwickelten *(unten)*.

Wie die Adena kannten auch die Hopewell das Leichenhaus, in dem die Toten aufgebahrt, eingeäschert und anschließend in Flachgräbern oder Holzbauen bestattet wurden. Wenn der Platz nicht mehr ausreichte, rissen sie den Bau ein oder brannten ihn nieder und bedeckten das Areal mit einem Erdhügel. Der Hauptunterschied zur Adena-Kultur bestand darin, daß die Toten der Hopewell-Tradition eine Fülle von kostbaren Grabbeigaben erhielten.

HEILIGE BEZIRKE DER VERSTORBENEN

1848 gelangten Ephraim Squier und Edwin Davis zu dem „unvermeidlichen" Schluß, daß die Erdwälle, die viele Adena- und Hopewell-Mounds wie Schutzmauern umschlossen, einst als heilig gegolten hatten und von ihren Erbauern als Grenzen betrachtet worden waren, die nicht überschritten werden durften. Während im 19. Jahrhundert eine Reihe von Gelehrten und Militärexperten die Ringwälle eher für Befestigungen hielt, stimmen die Archäologen heute mit Squier und Davis überein, daß es sich bei den Aufschüttungen tatsächlich um geheiligten Boden handelte.

Die späteren Adena-Leute errichteten schlichte Anlagen, die aus Ringwällen und Gräben mit einem Durchmesser bis zu 60 Metern sowie einem zentralen Mound bestanden, zu dem ein Einschnitt in der äußeren Umfriedung und eine Art Damm führten, ähnlich dem Erdwall und Hügel im Greenup County, Kentucky, einer Anlage, die Squier und Davis in ihrem Buch wiedergaben *(Hintergrund)*. Kunstvoller und bildlicher gestaltet waren die Komplexe der Hopewell-Kultur, die Dutzende von Hügeln in diversen geometrischen Formen umschlossen und sich oft über ein kilometerweites Areal erstreckten.

Eine der größten präkolumbischen Anlagen mit Erdbauten in Nordamerika, die Newark Earthworks im Licking County, Ohio, erstreckte sich über ein Gebiet von mehr als sechs Kilometern. Die Karte (unten), die Squier und Davis anfertigten, gibt den vorwiegend der Hopewell-Kultur zugeordneten Komplex mit Dämmen und unterschiedlich gestalteten Umfriedungen in seiner Gesamtheit wieder. Zu den Resten dieser Anlage gehört ein etwa drei Meter hoher Ringwall (links), der gut zehn Hektar Land säumt und mit einem Oktagon verbunden ist, das seinerseits eine Fläche von 20 Hektar umschließt. Die Besitzer eines privaten Golfplatzes pflegen die noch erhaltenen Monumente.

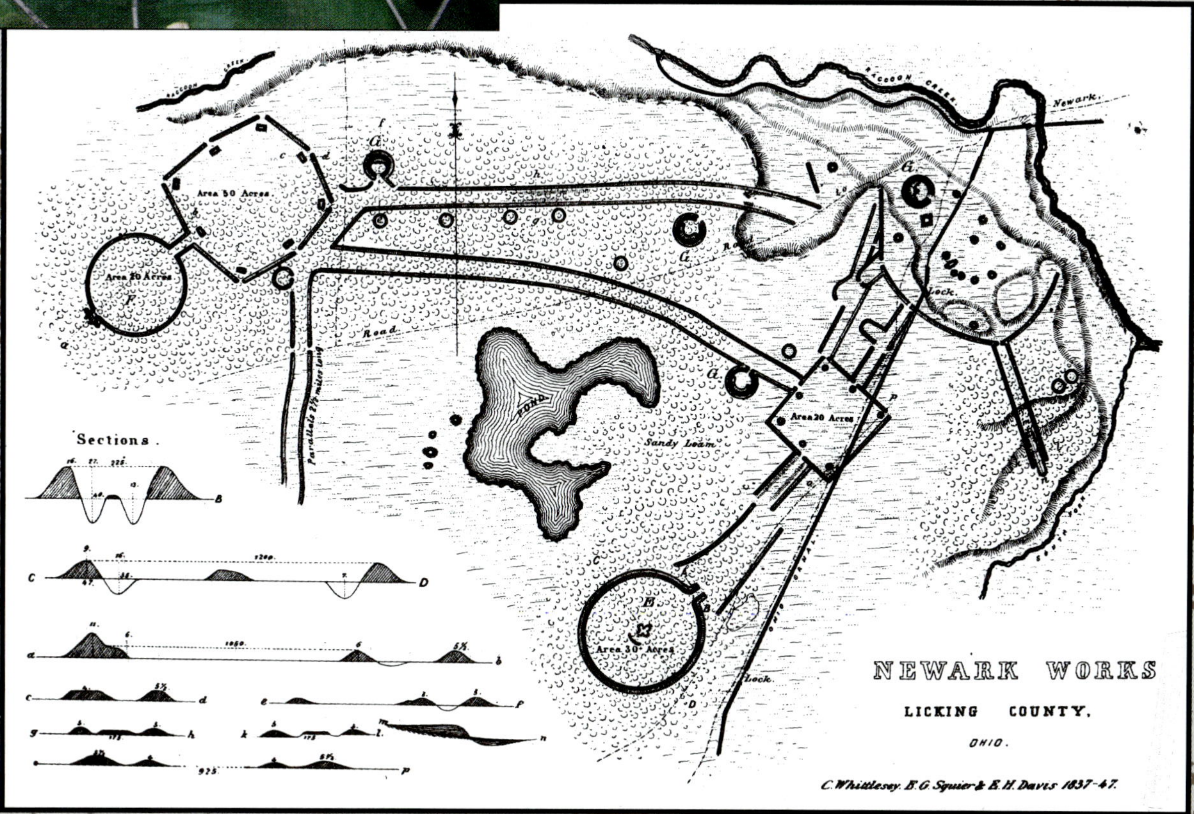

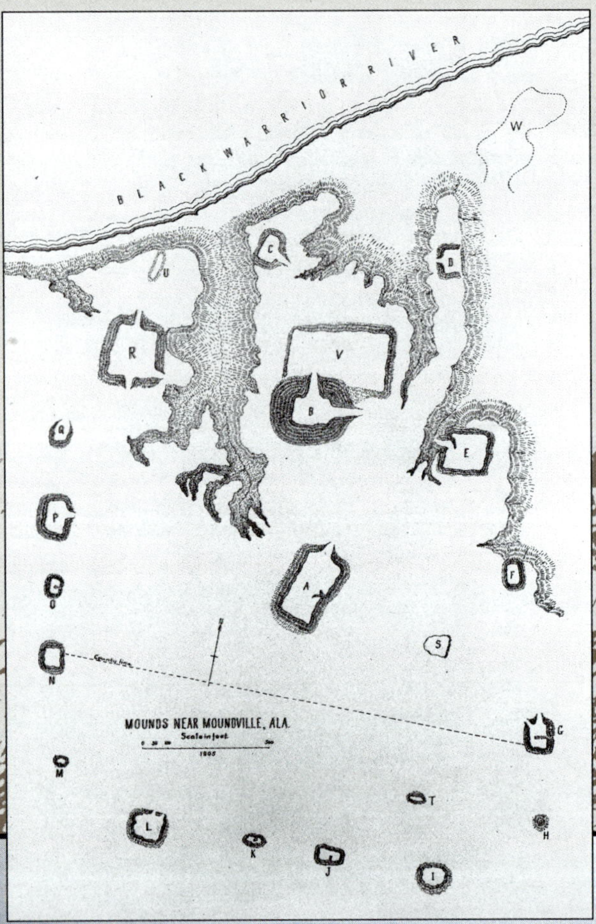

Obwohl die Anlage von Moundville in Alabama etwas kleiner ist als Cahokia, bildete sie das Zentrum einer Mississippi-Gruppe, die bis zu 10 000 Menschen umfaßt haben könnte. Sie bestand aus 20 großen Plattform- oder Tempelhügeln, die zwischen 1250 und 1500 errichtet wurden, und erstreckte sich über 120 Hektar fruchtbaren Bodens (unten) in einer Biegung des Black Warrior River. Die Karte (links) aus dem Jahre 1905 zeigt Verteilung, Form und relative Größe sämtlicher Erdhügel in der Umgebung von Moundville.

DIE PYRAMIDEN VON NORDAMERIKA

„Die Vereinigten Staaten haben viele Pyramiden, regelmäßige, vollkommene Erdpyramiden, die nicht mit Stein verkleidet sind", staunte William McAdams, der wie viele andere eine verblüffende Ähnlichkeit zwischen den Mounds der Mississippi-Kultur und den Bauwerken in Ägypten und Mexiko feststellte.

Die größten dieser meist mit rechteckiger Grundfläche angelegten Tempelhügel stellten die Erdbauten der Adena- und Hopewell-Kultur weit in den Schatten. Monks Mound, der gigantische Hügel im Zentrum von Cahokia, wurde aus über 600 000 Kubikmetern Erdreich aufgetürmt. Da die Mississippi-Mounds dazu dienten, Tempel und andere öffentliche Bauten sowie die Wohnhäuser der Oberschicht von denen des einfachen Volkes abzuheben, waren sie notgedrungen an der Spitze abgeflacht und manchmal sogar mit zusätzlichen Terrassen versehen. Ein typisches Beispiel dafür ist, wie diese Zeichnung aus dem 19. Jahrhundert *(Hintergrund)* illustriert, der De Soto Mound in Arkansas – benannt nach dem spanischen Konquistador, der hier sein Lager aufgeschlagen haben soll. Die Tempelhügel waren das Wahrzeichen von Zeremonialzentren, die von kleinen, unabhängigen Gruppen im Umkreis von 15 bis 30 Kilometern gemeinsam benutzt wurden.

DIE ERBAUER DER MÄCHTIGEN TEMPELHÜGEL

Forrest E. Clements, der Leiter des Department of Anthropology an der University of Oklahoma, empfand „Empörung und Trauer", als er im Herbst 1935 entdeckte, was mit einer der bedeutendsten Fundstätten alter Indianerkulturen in den Vereinigten Staaten geschehen war. Zehn Jahre später schilderte er, wie der große Hügel durchwühlt und in aller Hast ausgeraubt worden war. „Zerbrochene Zedernholzpfosten lagen herum, Teile von Feder- und Fellbekleidungen waren überall verstreut; man konnte keinen Schritt tun, ohne auf Keramikscherben, Bruchstücke von gravierten Muschelschalen und Stein-, Knochen- oder Muschelperlen zu treten. Die Fundstätte war verlassen; die Schatzgräber hatten ihr Werk vollendet."

Der zehn Meter hohe Hügel – genaugenommen der größte einer Gruppe von neun Hügeln – befand sich nahe der kleinen Ortschaft Spiro in Oklahoma. Er bestand aus vier zusammengefügten Buckeln, die, von der Seite gesehen, Ähnlichkeit mit einer Seeschlange hatten. Selbsternannte Archäologen, die gelegentlich unerlaubt auf dem Gelände Grabungen vorgenommen hatten, waren zu der Überzeugung gelangt, daß es sich bei dem Erdhügel um eine ehemalige Totenstätte handelte, die einen ganzen Schatz an Grabbeigaben zu enthalten schien. Die Zerstörung, die Clements antraf, war allerdings nicht das Werk solcher Wochenendsammler, sondern einer Bande von gewerbsmäßigen Schatzsuchern, die sich klammheimlich einen legalen Pachtvertrag für das Land beschafft hatten und nun während der schlimmsten Zeit der Wirtschaftskrise ein paar schnelle Dollars zu machen versuchten.

Das Gesicht eines Toten zeigt nach Ansicht von Fachleuten dieses Keramikgefäß aus einem Mound in Arkansas. Die Verehrung hochgestellter Ahnen, deren sterbliche Hülle aufwendig bestattet wurde, war ein Kennzeichen der Mississippi-Kultur.

Bei der Besichtigung stellte Clements fest, daß von drei verschiedenen Richtungen Stollen ins Innere des Kegels führten, die alle in einer großen Kammer von fünf bis sechs Meter Durchmesser und etwa zweieinhalb Meter Höhe endeten. Gerüchten zufolge hatten die Grabräuber auf dem Boden der Kammer haufenweise Brustschilde aus gehämmertem Kupfer, spulenförmige Ohranhänger, Keramikgefäße, Bildnis-Pfeifen und gravierte Muschelschalen gefunden. Auf einem Altar an einem Ende der Kammer hatte, wie es hieß, eine große, randvoll mit Perlen gefüllte Urne gestanden, und in der Nähe des Altars war man dem Vernehmen nach auf ein in Tücher gehülltes Skelett gestoßen.

Alles, was Clements auf dem unebenen Boden noch fand, waren Erdhaufen, Ginflaschen und Zigarettenstummel. Als er die Wände untersuchte, entdeckte er Löcher und Rillen, die von den Werkzeugen der Ausgräber stammten, aber keine Spur von angeblich kostbaren alten Behängen. Offensichtlich hatten die Vandalen ganze Arbeit geleistet.

Die Ortsansässigen hatten die Hügel von jeher mit Distanz und Ehrfurcht behandelt. Sie wußten, daß es sich um vorgeschichtliche Grabstätten handelte, und dachten nicht daran, die Ruhe der Toten zu stören. Manche behaupteten, daß ihre Maultiere scheuten, wenn sie an den Erdhügeln vorbeikamen, und daß in dunklen Nächten seltsame Feuer auf den Kuppen flackerten. Eine Frau, die in der Gegend nur als Tante Rachel Brown bekannt war, erzählte Nachbarn, daß sie einmal mitten in der Nacht aufgewacht sei und über dem Kegel blauschimmernde Flammenwände gesehen habe, die eine gespenstische Szene beleuchteten – zwei Katzen, die vor einen kleinen Wagen gespannt waren und ständig im Kreis um den Gipfel liefen. Das klang zwar nicht sonderlich abschreckend, aber da die Mounds etwas abseits lagen, waren sie vor Schatzsuchern einigermaßen sicher gewesen – bis 1933 sechs Männer aus der Umgebung die Pocala Mining Company gründeten und mit dem neuen Besitzer des Geländes, der wenig auf Spukgeschichten gab, einen zweijährigen Pachtvertrag abschlossen. Die sogenannten Minenarbeiter verloren keine Zeit. Sie bargen spektakuläre Funde, die sie an Ort und Stelle oder per Postversand an Antiquitätenhändler verkauften. Die Nachricht von ihrem Tun drang bis zu den staatlichen Stellen vor, und Clements wurde gebeten, die Raubgrabungen zu beobachten. Mit einer Karte in der Hand, fragte er sich zu der Stelle durch, wo nach Angaben der Einheimischen „die Burschen in dem alten Hügel herumgruben".

Fast zwei Jahre behielt Clements die Pächter im Auftrag der University of Oklahoma im Auge und bat sie immer wieder, behutsam zu Werke zu gehen – unter anderem mit dem Hinweis, daß unbeschädigte Artefakte mehr einbrachten als Fragmente. Im Sommers 1935 mußte die Universität das Projekt aus Geldmangel unterbrechen, und Clements reiste ab, um die Zeit bis zum Herbst zu überbrücken.

SOCIETY

THE KANSAS CITY STAR.

KANSAS CITY, SUNDAY, DECEMBER 15, 1935. SECTION C

A "KING TUT" TOMB IN THE ARKANSAS VALLEY

stance. There were hundreds of these skeletons, lying in pockets sometimes three and four deep. A physician in Fort Smith took one of the skeletons, of average size, and, measuring it, decided that the man had been seven feet tall.

it had been rammed down, and this compactness had kept moisture from penetrating it and so had helped preserve the objects that were found inside it.

Room Held Museum Treasures.

In the exact center and bottom of the conical mound they came upon a circular room. It was in the form of an Indian tepee, fourteen feet in diameter at its base, eighteen feet high at its center. Evidently the mound builders had first dug a circular depression in the earth, about five feet deep, had smoothed off its floor, and had then built the tepee of cedar

jects were seen by many with whom I talked. I myself have seen many of them, and many of them are scattered in museums and in the hands of collectors throughout this country. Two of the large pipes found there are in the museum of the public library in Kansas City.

This room was floored with cedar poles and on top of them was laid a blanket woven of some material that might have been the fiber from tree bark. On top of this was a pile of thousands of beads of all sorts and shapes, carved from shells. Some were made from small shells that had holes bored through them, length-

homes of Hobbs and Balloun, and the ground around the mound was strewn with thousands of them."

Upon this same floor and blanket was more than a peck of pearls that came from fresh-water mussels. These had to be divided into four equal parts, too, and thus it was found that there were eight quarts of them. If these thousands of pearls had been as sound and good as when taken from their shells they would have been worth a fortune, but they were all "dead," that is, they had lost their luster from lying so long under ground. Some had become so soft that they could be rubbed to

plugs, such as the lost tribes of the ancient Mayans in Yucatan wore, and his hair was dressed in the Mayan fashion, too. Upon his back was a robe of feathers. A large hollow in his bent back, with a hole for a stem at its base, showed that the figure was really a pipe.

"A ceremonial pipe of the Mound Builders," exclaimed Braecklein. "Where on earth did you get all these relics?"

"My name is Balloun of Arkansas, and I and John Hobbs of Spiro, Ok., got all these things and thousands of others, from a mound near Spiro," answered the man.

"I don't care what he wrote," insisted Hobbs. "I know that I dug this copper chisel out of that mound and it would nick iron. I gave that chisel to Lear Howe of Glendale, Ark., and then a rich oil man came down here and opened one of these mounds, spent about $2,000 doing it, and didn't find a thing. After that failure nobody bothered with the mounds until two years ago when I and several others leased the biggest mound, the one in which I had found the copper chisel. The land with the mound on it is owned by a Negro. We paid him $350 for the right to dig into it."

Built of Tamped Earth.

Am 15. Dezember 1935 erscheint die Tageszeitung „Kansas City Star" mit einem groß aufgemachten Artikel über die jüngsten Entdeckungen am Spiro Mound in Oklahoma. Gefunden wurden in der Tat archäologische Kostbarkeiten, aber der Dilettantismus der Ausgräber – bei denen es sich um gewerbsmäßige Schatzsucher handelte – richtete mehr Schaden als Nutzen an. Bald nach Erscheinen des Artikels erhielten die University of Oklahoma und die Oklahoma Historical Society die Aufsicht über die Fundstätte und begannen mit der systematischen Erforschung der Hügel. Das Photo oben zeigt W. P. Campbell, den Gründer der Gesellschaft, mit einigen der ausgegrabenen Artefakte.

Dieser letzte Sommer erwies sich für die Schatzgräber als äußerst lukrativ. Jetzt, da Clements abgereist war, schlugen sie alle Warnungen in den Wind und sprengten sich den Weg ins Hügelinnere mit Dynamit frei. Schubkarrenweise schafften sie Zeremonial- und Schmuckgegenstände ins Freie, darunter einige der schönsten Artefakte des präkolumbischen Amerika, die das 20. Jahrhundert bis dahin gesehen hatte.

Und das 20. Jahrhundert zeigte großes Interesse: Händler und Sammler feilschten um Muschelbecher, Anhänger mit mystischen Motiven, Zeremonialäxte und Streitkolben, Ornamente und Silhouetten aus gehämmertem Kupfer, Bildnis-Pfeifen, geschnitzte Holzmasken, Statuetten und Schmuckperlen aus den verschiedensten Materialien. Aus Vermerken wie „Muschelperlen – 1200 Pfund" und „Flußperlen – 2 Gallonen" läßt sich das Ausmaß der Transaktionen erahnen.

Die ungeheuren Schätze von Spiro waren aber nur ein kleiner Teil des greifbaren Erbes, das ein präkolumbisches Volk dem modernen Amerika hinterlassen hatte. Zwischen 800 und 1500 erstreckte sich das Reich dieses Volkes über den halben Kontinent, von Wisconsin bis hinunter zum Golf von Mexiko und von der Küste von Georgia westwärts durch Tennessee, Ohio, Illinois, Arkansas und Texas bis hinein nach Oklahoma. Über seinen Ursprung ist bis heute nichts bekannt. Da sich jedoch viele der Mound-Komplexe im Tal des Mississippi befinden, haben Gelehrte im Zusammenhang mit den Tempelhügel-Erbauern die Bezeichnung Mississippi-Kultur geprägt.

Das Erstaunlichste an der Mississippi-Kultur ist vielleicht, mit welcher Schnelligkeit sie sich im gesamten amerikanischen Kernland ausbreitete und die höchste Entwicklungsstufe in der Neuen Welt nördlich von Mexiko erreichte. Dieser Aufstieg hatte wesentlich mit dem Anbau verbesserter Maissorten zu tun, die aus Mittelamerika gekommen waren. Die neuen Nutzpflanzen ermöglichten es den Mississippi-Bewohnern, das notdürftig den Bedarf deckende Anbausystem der Adena- und Hopewell-Indianer aufzugeben und ein bequemeres Leben zu führen. Hand in Hand mit dem höheren Lebensstandard ging der Wunsch der Elite, sich für die Reise ins Jenseits mit jedem erdenklichen Luxus auszurüsten, und so beauftragten sie geschickte Handwerker – Männer und Frauen –, kostbare Grabbeigaben anzufertigen, darunter Schmuck und Werkzeuge, wie man sie im Mound von Spiro gefunden hatte.

Anregungen von außen erhielten die Mississippi-Bewohner in Hülle und Fülle. Viele, wenn nicht alle ihrer weitverstreuten Siedlungen waren Teil eines ausgedehnten Handelsnetzes, dessen wichtigste Transportwege die großen und kleinen Flüsse bildeten, an deren Ufern sie lagen. Durch die Kontakte mit anderen Kulturen kam es nicht nur zum Austausch von Waren, sondern auch von neuen Ideen, die im Laufe der Zeit gemeinsame Traditionen und einen gemeinsamen Glauben schufen.

Im Mittelpunkt ihres Religionskultes standen die an der Spitze abgeflachten Pyramiden, die so allgegenwärtig waren, daß man die Menschen der Mississippi-Tradition oft als Temple Mound Builders oder Tempelhügel-Erbauer bezeichnet. Auf den Plateaus der exakt aufgeschichteten, künstlichen Mounds, die meist zwischen 5 und 18 Meter hoch waren, befanden sich Tempel, öffentliche Bauten und die Wohnhäuser von Würdenträgern. Auf manchen Arealen wie Spiro hatte man ganze Mound-Komplexe angelegt, die wohl vorwiegend als Zeremonialstätten dienten. Zu den komplizierten Ritualen, bei denen der Glaube an eine Welt über und unter der Erde eine Rolle spielte, strömten die Menschen aus der ganzen Umgebung zusammen – was sicher dazu beitrug, ihr Gemeinschaftsbewußtsein zu stärken. Aber viele der Zentren hatten bereits den Charakter von Städten, wobei sich die Häuser des einfachen Volkes in der Ebene um die massiven Erdbauten gruppierten.

Aber wie läßt sich ein zutreffendes Bild von der majestätischen Kultur der Tempelhügel-Erbauer Nordamerikas zeichnen, die bereits vor Jahrhunderten ausstarben und der Nachwelt keine schriftlichen Zeugnisse hinterließen? Tatsache ist, daß die ersten Besucher aus Europa

EHRFURCHT VOR DEN TOTEN

Im Jahre 1927 begann Dr. Don F. Dickson, ein Chiropraktiker mit ausgeprägtem archäologischem Interesse, mit Grabungen auf dem Besitz seiner Familie in Fulton County, Illinois, und legte damit den Grundstein zu einer erbitterten Kontroverse zwischen Indianern und Ortsansässigen.

Dickson Mounds, wie die insgesamt 65 Hektar große prähistorische Stätte im Tal des Illinois heute genannt wird, umfaßt die Ruinen einer Reihe vorkolumbischer Dörfer, Lager und Befestigungen. Im engeren Sinn aber bezieht sich der Name auf eine kleine, von Dr. Dickson freigelegte Hügelgruppe, die von Archäologen aus dem ganzen Land untersucht wurde. Die Mounds enthalten die sterblichen Überreste von 251 Mississippi-Leuten, die um 1100 n. Chr. in dieser Region siedelten. Man ließ die Skelette zwar an ihrem Fundort, stellte sie aber zusammen mit Töpferwaren, Werkzeugen und anderen in der Umgebung entdeckten Exponaten in einem Museum aus, das der Staat direkt über den Hügeln errichten ließ. Und genau daran entzündete sich der Streit.

Zu Beginn der siebziger Jahre forderten nicht nur Indianer in Illinois, sondern auch anderswo, man solle die Gebeine aus Ehrfurcht vor den Geistern der Toten wieder bestatten. Die Bewohner der Region, in der es mehr als 3000 prähistorische Stätten gibt, wiesen diese Forderung mit dem Einwand zurück, daß die Ausstellung durchaus Takt und Rücksicht beweise und im übrigen die kulturgeschichtliche Entwicklung der Gegend genau widerspiegele.

Seit Jahren wird darüber diskutiert, ob Museen das Recht haben, heilige Gegenstände der Indianer oder die Gebeine ihrer Ahnen öffentlich zur Schau zu stellen. Einflußreiche Einrichtungen wie die Smithsonian Institution und das Chicago Field Museum beugten sich dem Druck der indianischen Interessenvertreter und begannen, Gebeine und Artefakte an jene Stämme zurückzugeben, die eine kulturelle oder biologische Bindung zu diesen Exponaten geltend machen konnten.

1990 verabschiedete der Kongreß in Washington den Native American Graves Protection and Repatriation Act. Das Gesetz verpflichtet alle Bundesbehörden und Museen, die aus Bundesmitteln finanziert werden, die kulturelle Zugehörigkeit ihrer indianischen Skelettsammlungen festzustellen und eventuell noch existierende Nachfahren zu verständigen.

Obwohl das Dickson Mounds Museum nicht in den Zuständigkeitsbereich dieses Bundesgesetzes fällt, arbeitet der Staat Illinois in dem Bemühen, die Skelette richtig zuzuordnen, eng mit den Indianerstämmen zusammen. Soweit man bis heute weiß, sind die Mississippi-Leute, die das Stromtal um 1350 verließen, allerdings verschwunden, ohne eine Spur oder Nachfahren zu hinterlassen. Für die Indianer, die gegen die Ausstellung protestierten, war diese Tatsache irrelevant. Am 6. April 1991 beschlossen sie, die Angelegenheit selbst in die Hand zu nehmen. Aktivisten überwanden die Absperrung und schaufelten symbolisch Erde auf mehrere der freigelegten Gräber.

Der Vorfall hatte zur Folge, daß Gouverneur und Staatsregierung in dieser Streitfrage endlich eindeutig Stellung bezogen. Am 3. April 1992 ordnete Illinois die Schließung der indianischen Gräberausstellung von Dickson Mounds an – der letzten ihrer Art in den Vereinigten Staaten.

viele Monumente der Mississippi-Kultur noch mit eigenen Augen sehen konnten. Ihre Schilderungen wurden durch spätere archäologische Entdeckungen bestätigt. Die Details und Anhaltspunkte, die diese Funde zusammen mit den frühen Berichten lieferten, reichten aus, um den Mississippi-Leuten den ihnen gebührenden Platz in der Geschichte zuzuweisen und zu verhindern, daß sie völlig in Vergessenheit gerieten.

Als der spanische Entdecker Hernando de Soto um die Mitte des 16. Jahrhunderts mit seiner Bande von Schatzsuchern in den amerikanischen Südosten einfiel, stellte er fest, daß viele Orte in den Flußniederungen von höchst ungewöhnlichen Erdaufschüttungen überragt wurden: großen rechteckigen Hügeln, die oben abgeflacht waren und mitunter eine Höhe von mehr als 15 Metern erreichten. Wie die Weißen von den indianischen Bewohnern erfuhren, dienten manche der Hügel als Tempelplattformen, andere dagegen als Häuptlingsresidenzen. Ohne sonderliches Interesse beobachteten de Soto und seine Männer, wie einige der größeren Erhebungen aufgestockt wurden, obwohl sie bereits so hoch und steil waren, daß die Arbeiter Rampen bauen mußten, um das Erdreich in Körben auf die Plattform zu schaffen und dort festzustampfen. Von der Anhöhe schauten die Spanier auf einen freien Platz, die sogenannte *plaza*. Dahinter erstreckte sich das Dach des Waldes, hier und da durchbrochen von Lichtungen, die den Blick auf Schwemmland mit Zypressensümpfen und Altwassertümpeln freigaben.

Aber de Soto und seine Leute nahmen sich nur selten Zeit, die Gegend zu betrachten. Außerdem hatten sie wenig Achtung vor den „Heiden", denen sie bei ihrem Vorstoß in den Süden der heutigen Vereinigten Staaten begegneten. Auf ihrer Suche nach Gold brannten sie Dörfer nieder und richteten Massaker unter den Bewohnern an. Noch schlimmer als das Morden und Plündern waren jedoch die Krankheiten, die sie einschleppten und die noch lange nach ihrem Abzug die Ureinwohnerstämme dezimieren sollten.

Ihre überlegenen Waffen – und ihre Pferde – verschufen den Spaniern einen Vorsprung, gegen den ihre Gegner nichts ausrichten konnten. Wenn sie jedoch geglaubt hatten, daß sich die Indianer einfach ergeben würden, sahen sie sich gründlich getäuscht. Expeditionsmitglieder berichteten, daß jeder Konquistador, der leichtsinnig genug war, das Lager zu verlassen, aus dem Hinterhalt erschossen und sofort skalpiert oder enthauptet wurde. De Sotos Leute mußten die Erfahrung machen, daß ihre Kettenhemden wenig Schutz gegen die Pfeile der Indianer boten. Nachts gruben die Feinde die beerdigten Spanier aus, hackten sie in Stücke und hängten die Leichenteile als finstere Drohung für die Lebenden an den Bäumen in der Nähe des Lagers auf.

Wohin die Eindringlinge auch kamen, stießen sie auf erbitterten Widerstand der lokalen Stämme. Frauen und sogar kleine Kinder kämpften bis zum letzten oder töteten sich selbst, um der Gefangennahme zu entgehen. Es war ein blutiger Feldzug, in dem es keine Sieger gab. Die Spanier, die die kriegerische Expedition überlebten – de Soto gehörte nicht dazu –, kehrten mit leeren Händen heim. Die einheimische Bevölkerung war so stark dezimiert, daß sich der Niedergang ihrer Kultur nicht mehr aufhalten ließ. Aber in ihrem bedingungslosen Kampf gegen die Fremden bewiesen die Hügelerbauer noch einmal die Lebenskraft, mit der sie ihre Kultur entwickelt und zur Entfaltung gebracht hatten.

Später, gegen Ende der tausendjährigen Mississippi-Tradition, spürten europäische Besucher, die mehr an Land und Leuten interessiert waren als de Soto, hier und da noch Überlebensräume der alten Lebensweise auf, und ihre Aufzeichnungen erwiesen sich in vielen Fällen als Fenster in die Vergangenheit. Die Natchez-Indianer beispielsweise, die in mehreren Siedlungen nahe der heutigen Stadt Natchez in Mississippi lebten, waren ein Stamm mit einem streng gegliederten Gemeinwesen. Sie hatten am längsten an der Hügelbau-Tradition festgehalten – und an der komplexen, abwechslungsreichen Kultur, die sie in ihrer Blütezeit repräsentierte. Ihre Gesellschaft, wenngleich verfälscht, im Zerfall begriffen und nicht ohne Vorurteil durch fremde Augen betrachtet, war ein lebendiges Relikt der Vergangenheit. Antoine Le Page du Pratz, ein holländischer Siedler, der sich zu Beginn des 18. Jahrhunderts in Louisiana niedergelassen hatte, lebte acht Jahre lang unter den Natchez und wurde zu ihrem bekanntesten Chronisten. Ihm und durch ihn zeigten sich die Tempelhügel-Erbauer wie nie zuvor in ihrer ganzen Größe.

Die Hierarchie der Natchez führte, wie du Pratz erfuhr, „Große Sonne" an, ein lebender Gott, der als ein direkter Abkömmling oder sogar Bruder der echten Sonne galt. Ihm zur Seite standen der oberste Kriegshäuptling in Gestalt seines irdischen Bruders „Tätowierte Schlange" sowie mehrere eng verwandte Mitglieder der Sonnen-Familie, zu denen auch seine Mutter und seine Schwestern zählten. Die nächste Schicht bildeten die Häuptlinge der sieben Bezirke oder Dorfgemeinschaften. Diese und andere hohe Würdenträger waren entferntere Verwandte von Große Sonne, denen man als Mitgliedern der ersten Familie äußerste Ehrerbietung entgegenbrachte. Dann kamen der Adel und eine weitere Stufe tiefer die Ehrenwerten Familien. Die Basis bildete das gemeine Volk, das die nicht gerade glanzvolle Aufgabe hatte, die Felder der Herrscherklassen zu bestellen und Körbe mit Erde auf die Tempelplattformen zu schleppen. Wie die Europäer berichteten, nannten die Natchez diese armseligen Schwerstarbeiter die „Stinker".

Große Sonne herrschte auf einer Hügelplattform im Kult- und Verwaltungszentrum des Stammes, das von manchen Beobachtern als das „Große Dorf" bezeichnet wurde, obwohl es nicht größer als die übrigen Siedlungen war. Jedes Dorf hatte seinen eigenen politischen und religiösen Mittelpunkt. Dieser bestand aus einem Tempelhügel und einer zentralen *plaza*, die von einigen kleineren Wohnhügeln für die Elite gesäumt wurde. Der Rest der Dorfbewohner lebte innerhalb des Bezirkes auf Einzelhöfen oder in Weilern, umgeben von kleinen Äckern, die sie bestellten. Große Sonne beeindruckte seine Untertanen nicht nur durch seine Residenz auf dem imposanten Tempelhügel. Er besaß eine Herrscherkrone aus weißen Federn, und seine Sohlen berührten nie den Staub des Bodens. Matten wurden vor ihm ausgebreitet, wenn er einmal zu Fuß ging, was er allerdings selten tat. In der Regel wurde er von seinen Untertanen in einer Sänfte mit Blumenbaldachin getragen – von der Art, wie sie Archäologen in diversen Grabstätten der Mississippi-Kultur gefunden hatten. Obwohl das Volk dem Herrscher bedingungslos ergeben war, wußte Große Sonne nach Ansicht von du Pratz, daß sein Einfluß schwand. „Unsere Nation", sagte er, „war einst sehr zahlreich und sehr mächtig; sie erstreckte sich mehr als zwölf Tagereisen von Ost nach West und mehr als 15 von Süd nach Nord." Nun bestand sie nur noch aus kleineren, weitverstreuten Gemeinwesen, in denen insgesamt, glaubte man dem Herrscher, knapp 4000 Menschen lebten. Du Pratz hielt die Zahl für weit übertrieben.

Dennoch besaß Große Sonne weiterhin die absolute Macht über Leben und Besitz seiner Untertanen. Das geht aus der Schilderung des französischen Jesuiten-Historikers Pierre Charlevoix hervor: „Die Familienväter versäumen es nie, die ersten Früchte von allem, was sie ernten, zum Tempel zu bringen; das gleiche geschieht mit allen Geschenken, die der Nation dargebracht werden. Sie legen sie auf die Schwelle des Tempels, dessen Hüter sie erst den Geistern präsentiert und dann zum großen Häuptling trägt, der sie nach Gutdünken verteilt."

Unsterblich aber war auch Große Sonne nicht. Und wenn ein Herrscher aus dieser Welt schied, berichtete der Franzose weiter, kam sein Nachfolger nicht aus seiner oder seines Bruders Familie, sondern aus dem Geschlecht seiner nächsten weiblichen Verwandten. Die Erbfolge war matrilinear, und die Sonnen-Mütter genossen große Verehrung, aber nur Männer konnten herrschen. Auf der anderen Seite der Plaza und genau gegenüber dem Hügel, auf dem sich die Residenz von Große Sonne erhob, ragte eine zweite Erdpyramide auf – eine stete Mahnung an die Reise durch den Tod in das ewige Leben. Breite Stufen an einer Seite des Hügels führten zu dem hölzernen Tempel auf der obersten Plattform. Im seinem Innern ruhten die Gebeine des zuletzt verstorbenen Herrschers auf einer Bahre; ganz in der Nähe brannte ein ewiges Feuer. Wie alle Großen Sonnen war der vorige Herrscher in einer pompösen, düsteren Zeremonie beigesetzt worden.

1725 gestatteten die Indianer du Pratz und anderen Europäern, der grausigen Bestattungszeremonie des Kriegshäuptlings Tätowierte Schlange – eines Bruders von Große Sonne – beizuwohnen. Wie es Brauch war, begleitete den verstorbenen Krieger sein gesamter Hofstaat mehr oder weniger freiwillig in den Tod: zwei Ehefrauen, eine Schwester – diese angeblich nur sehr zögernd –, sein Militärberater, sein oberster Diener, ein Arzt, ein Pfleger, ein Pfeifenträger, der Mann, der seine Kriegskeulen fertigte, sowie verschiedene andere Gefolgsleute. Dazu kamen Freiwillige, die in dem Glauben, sich im Dies- oder Jenseits Verdienste zu erwerben, sich oder ihre Kinder als Weggefährten anboten.

Nachdem Tätowierte Schlange die vorgeschriebene Zeit feierlich aufgebahrt gelegen hatte – in Prunkgewänder gehüllt, mit Körperfarben bemalt und an den Füßen Mokassins für die Reise ins Jenseits –, wurden seine Weggefährten zu Todesmatten vor dem Tempel geführt, wo man ihnen Hauben aus Wildleder überstülpte und sie mit Schnüren erdrosselte. Das war selbst für Freiwillige keine angenehme Aussicht, aber alle und insbesondere die Ehefrauen nahmen das Los gern auf sich, überzeugt, daß sie im Jenseits ein besseres Leben erwartete. Die Lieblingsfrau von Tätowierte Schlange versuchte noch kurz vor ihrem Tod du Pratz und seinen Begleitern klarzumachen, daß sie nicht um den Kriegshäuptling oder seine Familienangehörigen und Freunde trauern sollten. „Was hat das schon zu bedeuten? Er ist im Land der Geister, und in zwei Tagen werde ich bei ihm sein und ihm berichten, daß ich eure Herzen beim Anblick seines toten Körpers erbeben sah. Grämt euch nicht! Wir werden im Land der Geister sehr viel länger Freunde bleiben als im Diesseits, denn es gibt dort keinen Tod. Immer herrscht gutes Wetter, niemand leidet Hunger, und die Männer führen keine Kriege mehr.” Gegen Ende der Zeremonie wurde das Haus von Tätowierte Schlange bis auf die Grundmauern niedergebrannt. Zu gegebener Zeit würde man nach alter Sitte den Hügel ein Stück erhöhen, indem man Erde über die verkohlten Ruinen deckte, sie zu einer Plattform feststampfte und darauf eine neue Residenz errichtete. Aber die alten Sitten ließen sich nicht aufrechterhalten. Die Natchez waren ein sterbendes Volk, reduziert und geschwächt von Pocken- und Grippeepidemien – tödlichen Krankheiten, die die Europäer aus der Alten Welt eingeschleppt hatten. Als die brüchige Freundschaft der Natchez mit den Franzosen 1729 in offenen Haß und Krieg umschlug, konnten sie sich nur noch einmal für kurze Zeit aufbäumen, ehe sie buchstäblich vernichtet wurden. Mit ihnen erlosch auch die Mississippi-Kultur.

Nur rund 13 Zentimeter hoch ist diese bei Cahokia ausgegrabene Figurine, die vermutlich eine Frau bei der Arbeit darstellt: Die Gestalt kniet offenbar auf Maiskolben vor einem Handmahlstein. Sie trägt einen kurzen Wickelrock und langes, zurückgekämmtes Haar.

In anderen Teilen ihres einstigen Reiches waren die Erbauer der Tempelhügel und ihre imposanten Werke zu dieser Zeit schon längst vergessen. Nur ganz allmählich und spukhaft kam die Vergangenheit wieder ans Licht. So fiel einem Kolonisten in Georgia erstmals um 1735 eine topographische Besonderheit bei Ocmulgee östlich von Macon ins Auge, die er (falsch, wie sich später herausstellte) als drei„Berge" deutete, „die die Indianer über drei ihrer im Krieg getöteten Großen Könige errichtet hatten". Reisende, die in späteren Jahren an den verlassenen Erdbauten vorbeikamen und etwas über ihre Herkunft in Erfahrung zu bringen versuchten, stellten fest, daß die lokalen Indianerstämme nichts mit den Hügeln oder ihren Erbauern zu verbinden schienen. Man erzählte sich jedoch, daß in den Stunden vor Sonnenaufgang mitunter ein unheimlicher Gesang von den Hügeln erklang.

Etwa 170 Kilometer nordwestlich von Ocmulgee und seinen Geisterstimmen befand sich ein Hügelkomplex namens Etowah, den Reverend Elias Cornelius 1819 für die Leser des populärwissenschaftlichen Magazins *Silliman's Journal* beschrieb. Er schickte voraus, daß er eine Menge über künstliche Hügel gelesen und viele davon mit eigenen Augen gesehen habe, aber keine „von solchen Dimensionen, wie ich sie hier zu schildern gedenke". Cornelius befand sich in Begleitung von acht Indianerhäuptlingen auf dem Weg zu der Stätte, als er eine etwa sechs Meter breite und drei Meter tiefe Grube bemerkte. Zu seiner Überraschung war das ausgehobene Material nirgends zu sehen. „Aber ich blieb nicht lange im Zweifel darüber, wohin das Erdreich geschafft worden war", schrieb er, „denn ich hatte kaum 200 Meter zurückgelegt, als mein Blick durch dichten Wald auf einen imposanten Hügel fiel, dessen Ausmaße genau dem Aushub entsprachen."

Um sich einen ungefähren Eindruck zu verschaffen, schnitt Cornelius eine Ranke ab und vermaß den Hügel, so gut er konnte. „Die lotrechte Höhe dürfte 23 Meter nicht unterschreiten", schätzte er. „Der Basisumfang betrug einschließlich der Ansatzstellen von drei Rampen 335 Meter." Oben lag eine Plattform, die der Wald in den letzten 200 Jahren so überwuchert hatte, daß Cornelius sie nicht eingehend untersuchen konnte. „Eine Buche im Gipfelbereich", notierte er, „hatte einen Umfang von 3,20 Meter." Was Cornelius verblüffte, war die Reaktion der Häuptlinge auf solche Erdhügel. „Die Indianer starrten diese bedeutenden Kunstwerke mit der gleichen Neugier an wie der weiße Mann", stellte er fest. „Ich fragte den ältesten Häuptling, ob sich in der Überlieferung der Eingeborenen irgendeine Ehrfurcht mit ihnen verbände, was er verneinte. Dann wollte ich von jedem wissen, woher sie seiner Meinung nach stammten. Keiner konnte mir Auskunft geben, aber in einem waren sich alle einig: ‚Sie wurden nie von unserem Volk errichtet.'" Was frühe Forscher ebenfalls erstaunt haben muß, war das riesige Gebiet, über das sich diese ungewöhnlichen Hügel verteilten.

Obwohl die weit voneinander entfernt liegenden Siedlungen viele Gemeinsamkeiten aufwiesen, unterschieden sie sich in Größe, Prachtentfaltung und lokalen Besonderheiten. Manche waren eher bescheidene Orte, andere richtige Städte. Die spektakulärste Anlage befand sich bei Cahokia in Illinois, mitten im American Bottom, wie man das fruchtbare Schwemmland zwischen Missouri und Mississippi nennt. Cahokia hatte in seiner Blütezeit eine Ausdehnung von knapp 15 Quadratkilometern und vermutlich bis zu 12 000 Einwohner. Man geht davon aus, daß es die größte und bevölkerungsreichste Siedlung im präkolumbischen Nordamerika war.

Cyrus Thomas, der Leiter der Abteilung zur Erforschung der Mounds bei der Smithsonian Institution, der gegen Ende des 19. Jahrhunderts eine Reihe von Messungen und Beobachtungen vorgenommen hatte, folgerte richtig, daß die von Menschenhand errichteten Plateaus als erhabene Fundamente wichtiger Bauwerke dienten. Er war es, der

Im Jahre 1934 wurde das kreisrunde Versammlungshaus von Ocmulgee, die „Earthlodge", entdeckt, deren Freilegung man hier sieht. Laut A. R. Kelly, der die Ausgrabung leitete, war man auf den Mound aufmerksam geworden, weil er sich geringfügig von den üblichen ‚roten Hügeln Georgias' unterschied.

Mitten durch den großen Begräbnishügel von Ocmulgee führen die Schienen einer Eisenbahnlinie. Auf dem Photo von 1934 sind die einzelnen Hügelschichten deutlich zu erkennen. Dessenungeachtet beauftragte der penible Kelly einen Maler, die wechselnden Farben der Schichten in einem Aquarell festzuhalten.

erstmals von Tempelhügeln sprach – im Unterschied zu den Grabhügeln der Adena- und Hopewell-Kultur –, auch wenn er damit nicht sagen wollte, daß die Erbauer der abgeflachten Pyramiden auf sämtlichen Plattformen Tempel errichtet hatten. Aber die Bezeichnung setzte sich durch und blieb bis in die Gegenwart erhalten.

Das wesentliche Merkmal der Tempelhügel war jedoch weder ihre stattliche Größe noch ihre unverkennbare Form, sondern – wie bei allen Grundstücken – ihre Lage. Obwohl weit voneinander getrennt, bevorzugten die Stämme der Mississippi-Tradition als Lebensraum die Schwemmebenen des Mississippitals und die fruchtbaren Ufer anderer Flüsse im Südosten – Gegenden also, die ihre Ernährung sicherstellten.

Merkwürdigerweise übersahen Thomas und andere Archäologen des 19. Jahrhunderts die Hügel von Ocmulgee, obwohl sie viel Zeit und Mühen für die Untersuchung der Mounds von Georgia aufwendeten. Erst gegen Ende des Jahres 1933 veranlaßte das Smithsonian Bureau of American Ethnology Ausgrabungen an den Mounts of Great Kings, die man bereits um 1730 entdeckt hatte.

Systematisch Schicht für Schicht legten der bekannte Archäologe A. R. Kelly und sein Team die Vergangenheit frei. Und sie stellten fest, daß die Besiedlung des Territoriums sehr viel weiter zurückreichte als in die Zeit der Tempel-

hügel-Erbauer – nämlich bis etwa 3000 v. Chr. – und daß die letzten Bewohner von Ocmulgee die Anlage gegen 1200 n. Chr. aus unbekannten Gründen verlassen hatten. Im Laufe von acht Jahren schichtete das Team in geduldiger Arbeit tonnenweise Erdreich von einem Haufen auf einen anderen und holte neben menschlichen Gebeinen Hunderttausende von Artefakten ans Licht – Pfeilspitzen, Werkzeuge, Gefäße und Keramikscherben.

In „A Preliminary Report on Archaeological Explorations at Macon, Georgia" (Ein vorläufiger Bericht über die archäologischen Grabungen bei Macon, Georgia) stellte Kelly fest, daß die ersten Tempelhügel bei Ocmulgee etwa um 900 n. Chr. Gestalt angenommen hatten, und entwarf das Bild einer Gemeinschaft, die dank der fruchtbaren Böden im Überfluß lebte und deshalb in der Lage war, ein fast urbanes Kultzentrum zu bauen.

Auf erhöhtem, vor Überschwemmungen sicherem Grund hatten die Menschen eine Stadt aus strohgedeckten Häusern und rechteckigen Holztempeln errichtet, manche nur für den Sommer, andere für den Winter. Ein imposanter Tempelhügel, knapp 15 Meter hoch und etwa 90 Meter breit, überragte die kleineren Mounds in seiner Umgebung. Beinahe ebenso auffallend war ein Begräbnishügel von ungewöhnlicher Form, der sich allerdings in einem beklagenswerten Zustand befand: Er war zum Teil von Räumgeräten zerstört worden, die das Gelände für die Trasse der Central of Georgia Railway planierten.

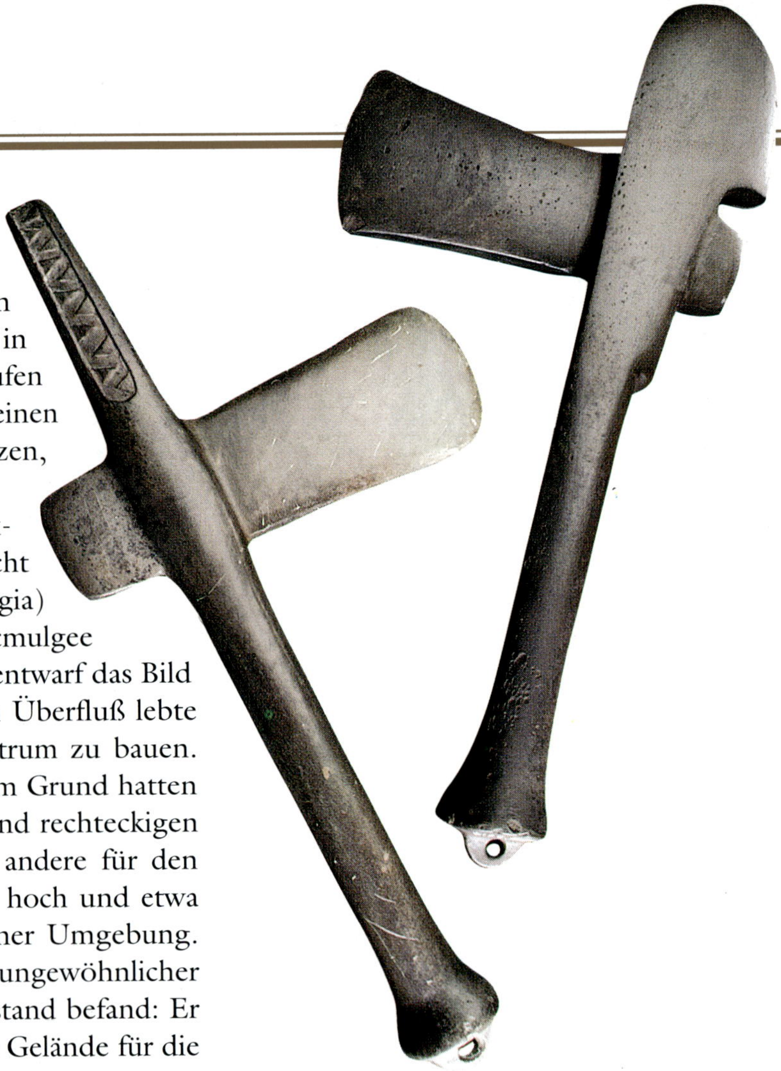

Aus jeweils einem Stück gehauen, geschliffen und poliert sind diese beiden etwa 30 Zentimeter langen Steinäxte. Da sie keinerlei Gebrauchsspuren aufweisen, dürfte es sich um Zeremonialgegenstände gehandelt haben, die ihren Besitzern als Rang- oder Amtssymbole dienten.

Kellys Mannschaft legte einen präzisen Senkrechtschnitt an und entdeckte, daß der Hügel fünf deutlich erkennbare, aus Sand und Lehm vermischte Schichten aufwies – mehr als das, denn jede Schicht war im Grunde ein Mound für sich. Tief im Innern, an der Sohle des untersten Hügels, stieß man auf sechs beigesetzte Leichname, die mit Muschelperlen und anderen schlichten Grabbeigaben förmlich überhäuft waren. Jeder, der auf Gold, Silber oder Edelsteine gehofft hätte, wäre bitter enttäuscht gewesen. Eine breite Lehmtreppe führte zur Kuppe des ersten Hügels. Darüber lagen vier weitere festgestampfte Lehmschichten. Nach den Pfostenlöchern zu urteilen, die Kelly entdeckte, hatte jede das Fundament für einen Holzbau gebildet.

Die Tempelhügel zeigten in etwa die gleiche Schichtung. Offensichtlich hatte man die jeweils ältesten Sakralbauten noch auf ebener Erde errichtet. Sobald diese einstürzten oder niedergerissen wurden, bedeckte man sie mit einer Plattform aus Lehm, die dann als Fundament für den nächsten Tempel diente. Über Zweck und Funktion dieser Bauwerke herrschte Unklarheit, obwohl es einige Anhaltspunkte gab. Kelly und seine Mitarbeiter nahmen an, daß die Tempel für Versammlungen des Rates und gemeinsame Kulthandlungen genutzt worden waren. In einem teilweise erhaltenen Tempel entdeckten sie eine freie Kreisfläche von knapp 13 Meter Durchmesser mit einer umlaufenden Lehmmauer. Eine niedrige Rundbank aus Lehm, die sich am Fuß dieser Mauer befand, bot bis zu 47 Personen Platz. Wer immer die Menschen waren, die sich hier versammelt hatten, sie blickten auf eine zentrale Feuerstelle und eine Lehmplattform in Gestalt eines Adlers. Solche Raubvogel-Symbole traf man in der Spätzeit der Tempelhügel-Kultur überall im Südosten des Landes an. Warum aber schütteten die Mississippi-Leute ihre Mounds zu so gewaltigen Höhen auf? Manche Experten ihrer Kultur weisen darauf hin, daß es überall auf der Welt Völker gibt, die Höhe mit Macht gleichsetzen. In Europa errichteten zur gleichen Zeit Feudalherren ihre Burgen und Schlösser auf hohen Bergen, unter anderem um ihre Untertanen im wahrsten Sinne des Wortes zu überragen. Ähnlich scheinen die Herrscher der Mississippi-Kultur künstliche Hügel in der meist flachen Landschaft der Stromtäler geschaffen zu haben, um sich über das gemeine Volk zu erheben und der Überwelt näher zu sein. Die Mounds dienten der Elite als klar definierter Anspruch auf das Land, betonten ihre Bindung zur Vergangenheit und den Ahnen und kennzeichneten den Mittelpunkt ihrer Gesellschaft und ihres Universums.

Aber dann verschwanden die Tempelhügel-Erbauer von Ocmulgee spurlos und so geheimnisvoll, wie sie aufgetaucht waren. Die Feuer erloschen, die Zeremonien endeten, der Lärm des Alltags verstummte. Irgendwann um 1200 – lange vor dem Einfall der Spanier – war der Ort ausgestorben. Falls die Bewohner einer Seuche, einer Feuersbrunst oder einem Krieg zum Opfer fielen, gibt es keinerlei Anzeichen dafür. Falls sie einfach fortzogen, gibt es keinen erkennbaren Grund dafür. Nur ihre Erdhügel blieben zurück, überwuchert von Gras und Bäumen, zur Sehenswürdigkeit für Reisende verkommen und halb vergessen als Monumente einer Rasse, die sie unter ungeheuren Mühen errichtet hatte. Kein Wunder, daß ihre Geister in der Dämmerung klagten.

Was wissen wir über die Mississippi-Bewohner? Um diese Frage zu klären, gehen die Archäologen allen nur erdenklichen Spuren nach.

Über die Bedeutung dieser aus Meeresmuscheln hergestellten Ohranhänger, die bei den Mississippi-Bewohnern zwischen 1000 und 1300 offenbar relativ beliebt waren und danach offenbar aus der Mode kamen, ist nichts bekannt. Fast alle Schmuckstücke dieser Art, die auch aus Kupfer angefertigt wurden, tragen die hier gezeigten, geisterhaften Züge.

Eine wesentliche Rolle spielen zum Beispiel die Grundlagen der Ernährung, die ihre Umwelt bot. Je nachdem, wie leicht oder schwer es für ein Volk war, sich das Lebensnotwendige zu beschaffen, hatte es mehr oder weniger Zeit und Energie, sich mit anderen Lebensfragen zu befassen.

Von der generellen Fruchtbarkeit der Region abgesehen, gibt es für die Archäologen relativ wenige konkrete Anhaltspunkte, die in Form von Pflanzenresten und Tierknochen bei Ausgrabungen zum Vorschein kamen – mal der Kiefer eines Hirsches, mal ein Häufchen getrockneter Beeren oder weggeworfener Nußschalen. Die Lebensweise scheint überall in den Stromtälern des Südostens mehr oder minder die gleiche gewesen zu sein. Wenn es von Epoche zu Epoche oder von Ort zu Ort Abweichungen gab, so konnten sie bis heute nicht nachgewiesen werden. Aber insgesamt läßt sich feststellen, daß die Kost der Tempelhügel-Erbauer durchaus abwechslungsreich und üppig war. Als Jäger und Sammler brauchten sie lediglich das Angebot des Landes und seiner Gewässer anzunehmen. Es gab eine große Vielfalt an Fischen und Wasservögeln, Rotwild, Truthahn, Waschbär, Opossum, Wildkaninchen und Eichhörnchen. Dazu kam ein reiches Sortiment an Nüssen, Früchten, Beeren, wilden Kräutern und Samen. Und sie bauten auf den fruchtbaren Schwemmlandböden Mais, Gemüsekürbis und Bohnen sowie als Ergänzung in kleineren Mengen Sonnenblumen und Wildspinat an.

Nach allem, was Archäologen, Anthropologen und Historiker über die präkolumbischen und historischen Indianer des Südostens in Erfahrung bringen konnten, scheinen die Hügelerbauer der Mississippi-Tradition Männer und Frauen buchstäblich als zwei verschiedene Rassen betrachtet zu haben. Die Männer zogen in den Krieg, versorgten die Gemeinschaft mit Fleisch und Fisch, rodeten das Land und nahmen an Beratungen in privaten Räumen oder auf der Plaza teil, zu denen die Frauen keinen Zutritt hatten. Die Frauen sammelten Wildpflanzen, Beeren und Nüsse, bestellten die Felder, versorgten das Haus und die Familie und blieben im wesent-

Diese bemerkenswert gut erhaltene Maske aus Zedernholz mit Muscheleinlagen, die einen Menschenkopf mit Hirschgeweih darstellt, stammt aus Spiro in Oklahoma. Den besonderen klimatischen Bedingungen dort ist es zu verdanken, daß selbst Holzartefakte nicht verrotteten.

lichen unter sich. Allem Anschein nach hatten es die Männer leichter. Sie trafen sich nach der Arbeit zu Gesprächen und Ballspielen, während ihre Mütter, Frauen und Schwestern Holz heranschleppten, kochten, Gebrauchskeramik herstellten, Körbe flochten und Kleidungsstücke nähten.

Einen Hinweis auf die Rolle der Frau in der Hügelerbauer-Gesellschaft geben vielleicht die Schmuckgegenstände, von denen bei Ausgrabungen der besser bekannten Tempelhügel-Anlagen wie Spiro, Etowah in Georgia und Moundville in Alabama eine große Zahl auftauchte. Herrliche kleine Kunstwerke aus Holz, Ton, Muscheln, Stein und gehämmertem Kupfer kamen ans Licht: mit feinen Muster versehene und polierte Äxte und Streitkolben, Masken in Form von Tierköpfen oder Männergesichtern mit merkwürdig abstrahierten Zügen, Steinpaletten, Tongefäße und Muschelbecher mit einer Vielzahl herrlicher Ornamente. Statuetten und Bildnis-Pfeifen stellen sitzende, kauernde, kniende oder über gefallene Feinde gebeugte Männer dar. In einer ganz anderen Funktion ist die Frau wiedergegeben – beim Zermahlen von Maiskörnern.

Natürlich hat man auch andere Darstellungen von Frauen gefunden, unter anderem in Verbindung mit dem Mann als Partner, aber das ist eher die Ausnahme als die Regel. Bei zwei sehr schön gearbeiteten Grabbeigaben, die in der Nähe von Cahokia zum Vorschein kamen, dürfte es sich um Fruchtbarkeits-Statuetten handeln. Eine auf Maiskolben kniende weibliche Gestalt symbolisiert selbstverständlich Fruchtbarkeit, weist aber auch auf die Hauptbeschäftigung der Frau hin. Die zweite, ebenfalls kniende Figur bearbeitet den Rücken einer Schlange, aus deren Körper Kürbispflanzen wachsen, mit einer kurzen Hacke. Da ist sie wieder, die vertraute Gestalt der Frau in ihrer ewigen Doppelrolle als Erdmutter und Hüterin des Hauses.

Archäologische Kostbarkeiten mit solchen Motiven hat man in mehreren Hügelanlagen der Mississippi-Kultur geborgen. Als besonders ergiebig erwies sich der Spiro-Mound-Komplex – selbst nachdem ihn die Pocala Mining Company mit Dynamit „freigelegt" und geplündert hatte. Wie sich herausstellte, war Forrest Clements zu pessimistisch gewesen. Bei einer genaueren Bestandsaufnahme sah er, daß die letzte Sprengung der Grabräuber zu einem Riß im Hauptkegel geführt hatte, der den Blick auf die innere Struktur freigab: Schicht um Schicht aus

Diese als Trinkgefäß verwendete Muschel ist eins von schätzungsweise mehr als 500 ähnlichen Objekten, die in Spiro ausgegraben wurden. Das eingeritzte Motiv ist unten zeichnerisch noch einmal wiedergegeben. Es zeigt eine Gottheit in Gestalt eines Vogelmenschen oder einen Menschen mit Falkenkostüm und -maske, der eine rituelle Tanzpose einnimmt.

KNOCHENBEFUNDE: DER ZWEIFELHAFTE SEGEN DES ÜBERGANGS ZUM SESSHAFTEN LEBEN

In der Zeit zwischen 800 und 1000, als sich die Mississippi-Kultur entwickelte, gewann Mais als Kulturpflanze rasch an Bedeutung. Der gezielte Feldbau hatte entschiedene Vorteile gegenüber dem Sammeln von Wildpflanzen. Tatsächlich waren es die Ackerbauern, die den großen Häuptlingstümern der Mississippi-Tradition zum Aufstieg verhalfen.

Archäologen, die auf die Analyse menschlicher Skelette spezialisiert sind, haben mittlerweile herausgefunden, daß der Übergang zum seßhaften Leben aber auch gesundheitliche Nachteile für die Mississippi-Bewohner hatte.

Zum einen führte die größere Bevölkerungsdichte der Ackerbaugesellschaften zu einer stärkeren Anfälligkeit für Krankheiten. Untersuchungen der Skelette von Dickson Mounds in Illinois haben gezeigt, daß zwei Arten von entzündlichen Prozessen – die Knochenhaut- und die Knochenmarkentzündung – in der Übergangsphase vom Wildbeutertum zum seßhaften Bauernleben etwa doppelt so häufig auftraten.

Deutlich ist auch der Anstieg von Mangelsymptomen als Folge einer Ernährung, die zwar nicht völlig auf Wildpflanzen verzichtete, aber doch dem – kohlenhydratreichen, an Proteinen und bestimmten essentiellen Fettsäuren jedoch armen – Mais den Vorzug gab. Einer Studie zufolge waren bei den Wildbeutern nur 0,4 bis 7,8 Prozent, bei den Maisbauern 4,5 bis 43,4 Prozent der Zähne schadhaft *(oben rechts)*. Rillen in den Oberflächen *(unten rechts)* zeigen mögliche Auswirkungen der vorwiegend aus Mais bestehenden Kost auf die Zahnschmelzentwicklung.

Auch die Knochen sind ein Spiegel der einseitigen Ernährung. Sie sind bei vielen Ackerbauern kürzer und von geringerem Umfang *(ganz rechts)* – was von manchen Forschern auf Proteinmangel und von anderen paradoxerweise auf den höheren Lebensstandard zurückgeführt wird. Ein klareres Indiz von Mangelernährung ist der viermal so häufige Befund von Hyperostose bei den Skeletten in Dickson Mounds *(unten)* – poröser Knochengewebsbildung, die mit Eisenmangelanämie einhergehen kann. Ein Auslöser dieser Knochenveränderung ist Phytin, eine chemische Substanz im Mais, die die Eisenresorption hemmt.

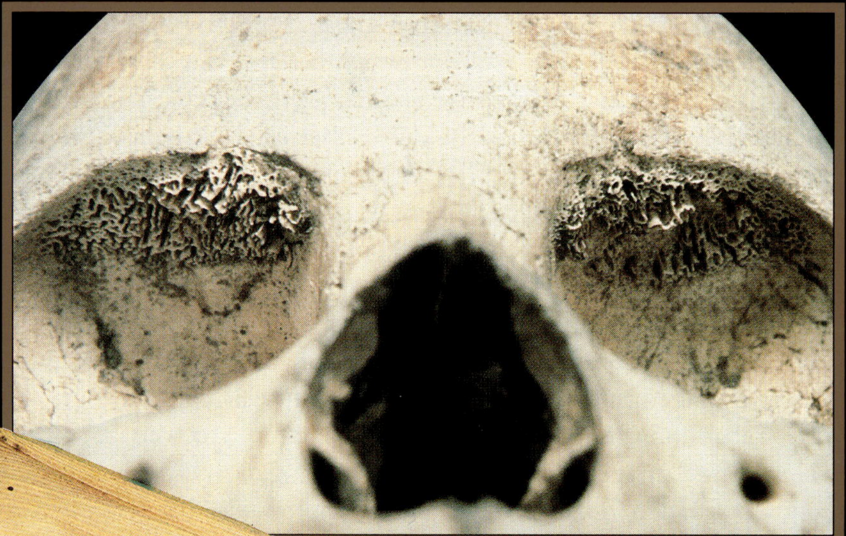

Das als Hyperostose bezeichnete poröse Knochengewebe in den Augenhöhlen dieses Schädels ist auf verstärkte Knochenmarkausbildung zur Produktion roter Blutkörperchen zurückzuführen, vermutlich als Reaktion auf eine Anämie, die durch hohen Maisanteil in der Ernährung verursacht wurde.

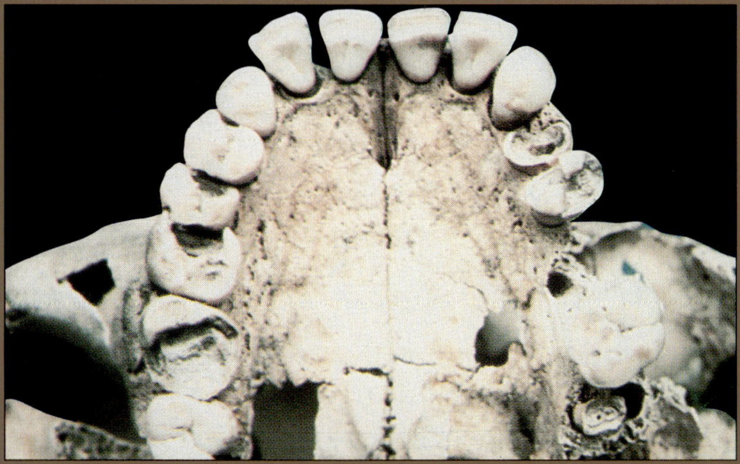

Die Zähne dieses Schädels aus der Ackerbau-Epoche der Mississippi-Kultur sind stark von Karies befallen, höchstwahrscheinlich aufgrund der kohlenhydratreichen Maiskost. Gebisse von älteren Fundstätten weisen im allgemeinen weit weniger Löcher auf – ein Vorteil der vielseitigeren Ernährung der Jäger und Sammler.

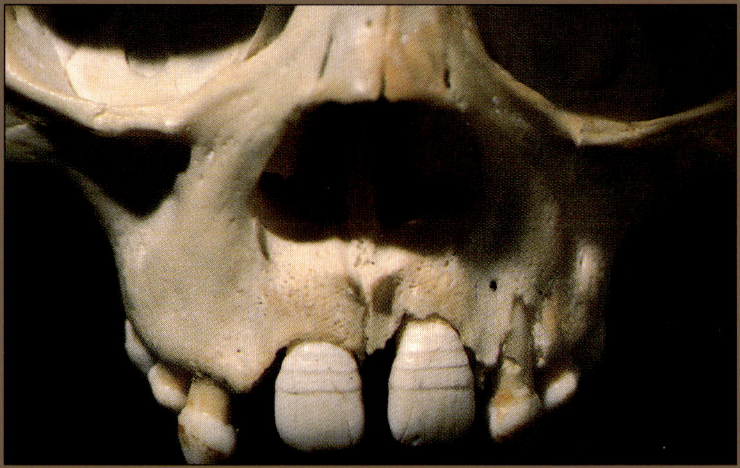

Die Schneidezähne dieses jugendlichen Gebisses zeigen Querrillen oder Hypoplasien, die auf Unterbrechungen der normalen Zahnschmelzentwicklung hinweisen. Forscher nehmen an, daß es in den Ackerbaugesellschaften, die sich vorrangig von Mais ernährten, häufig zu Krankheiten und Mangelerscheinungen kam, die zu physiologischen Belastungen und in der Folge zu Wachstumsstörungen beim Zahnschmelz führten.

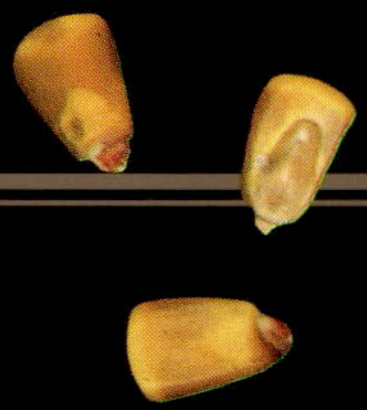

VOM HARTEN LEBEN GEZEICHNET

So deutlich Skelettanalysen die Folgen von Mangelerscheinungen aufgrund der einseitigen Maiskost bei den Ackerbauern dokumentieren, so deutlich zeigen sie auch, daß den seßhaften Menschen so manche Beschwerden ihrer Vorfahren erspart blieben.

Die Härten und Mühen des Wildbeuterlebens haben deutliche Spuren hinterlassen. Wirbel *(oben)* und Gelenke zeigen starke Degenerationserscheinungen durch die Entzündungsprozesse der Osteoarthritis – insbesondere an den Skeletten der Männer, die im allgemeinen die anstrengendere Arbeit des Jagens übernahmen.

Auch die geringere Größe und Stärke der Knochen der Ackerbauern könnte eher auf ein leichteres Leben als Mängel in der Ernährung zurückzuführen sein, da sich Knochen tendenziell um so kräftiger ausbilden, je stärker der Körper beansprucht wird.

gestampftem Lehm und Sand, die völlig unberührt wirkten und in Clements die Hoffnung weckten, daß sich hier weitere Artefakte verbergen könnten. Er beschloß zu retten, was noch zu retten war.

Mit Hilfe von Profilschnitten, die Clements und seine Mitarbeiter anlegten, entdeckten sie, daß sich in sämtlichen Schichten Gräber und Artefakte befanden. „Der gesamte Mound diente der Totenbestattung", erklärte er später. „Er enthielt an die 900 Gräber mit Beigaben, und die im Zentralbereich gefundenen Objekte können nur ein kleiner Teil der Gesamtheit sein." Wie Arthur Kelly in Ocmulgee war er hier auf einen ganzen Stapel übereinandergeschichteter Mounds gestoßen. Die Plünderer hatten in ihrer Hast eine stattliche Anzahl unbeschädigter Artefakte für die Wissenschaftler übriggelassen, die sie nun mit Funden von anderen Mississippi-Anlagen vergleichen konnten, darunter dem Cahokia-Komplex, dem einzigen urbanen – oder besser: protourbanen – Gemeinwesen im präkolumbischen Nordamerika.

Nicht nur unter der Erde, sondern auch oberirdisch haben die Träger der Mississippi-Kultur Zeugnisse ihre Lebens hinterlassen. Das beste Beispiel dafür sind sicherlich die Reste des präkolumbischen Cahokia in Illinois, etwa zehn Kilometer östlich des großen Stroms in der fruchtbarsten aller Schwemmebenen. Niemand weiß, wie die Bewohner selbst ihre Stadt nannten; der Name „Cahokia" leitet sich von einem Stamm der Illini-Indianer ab, der bei der Ankunft der Franzosen gegen Ende des 17. Jahrhunderts in dieser Gegend lebte.

Gut ein Jahrhundert später legten französische Trappistenmönche Gemüse- und Obstgärten auf den Terrassen von Cahokias größtem Mound an, der eine Grundfläche von 210 mal 325 Metern einnimmt und eine Höhe von etwa 30 Metern erreicht. Ein Nebeneffekt ihrer Mission war die Tatsache, daß die Tempelpyramide die Bezeichnung *Monks Mound* erhielt. Selbst heute kann ein zufälliger Beobachter, der auf dem größten künstlich errichteten Hügel nördlich von Mexiko und

Der 1985 rekonstruierte, als „Woodhenge" bezeichnete Ring aus Zedernholzpfosten diente den Bewohnern von Cahokia allem Anschein nach als Sonnenkalender. Vom Zentrum aus gesehen sind manche Pfosten so ausgerichtet, daß sie den Sonnenaufgang zur Winter- und Sommersonnenwende sowie zur Tagundnachtgleiche markieren. Andere Pfähle standen vielleicht für bestimmte Festtage – oder dienten einfach dazu, den Kreis zu vervollständigen.

Auf dem Höhepunkt seiner Entwicklung war Cahokia eine blühende Stadt, wie diese rekonstruierte Ansicht von Südwesten zeigt. Ein Palisadenzaun säumt die Hauptplaza mit dem Monks Mound, dem Aufbahrungshügel, wo allem Anschein nach verstorbene Mitglieder der Elite für die Bestattung vorbereitet wurden, und dem benachbarten Begräbnishügel. Dazwischen lagen ein größeres Feld, auf dem vermutlich das Mannschaftsspiel Chunkey ausgetragen wurde, sowie zahlreiche kleinere Plattformen für Tempel oder Wohnhäuser der Elite. Jenseits des Palisadenzauns haben sich in manchen der Aushubgruben, die das Material für die Erdhügel lieferten, Teiche gebildet.

1 Monks Mound
2 Chunkey-Feld
3 Aufbahrungshügel
4 Begräbnishügel
5 Mound 72
6 Aushubgruben
7 Woodhenge

dem ehrgeizigsten aller Erdbauten in der Neuen Welt steht, etwas von der großen Vergangenheit des Komplexes spüren. Man hat mittlerweile viel von den Ablagerungen der Jahrhunderte entfernt und auf diese Weise den Blick auf ein Gemeinwesen freigegeben, das sich um das Jahr 900 entwickelte und irgendwann nach 1300 allmählich zu zerfallen begann, bis sein Niedergang um 1500 endgültig besiegelt war.

Jahrhunderte später tauchte mit den westwärts ziehenden Siedlern eine neue Kultur auf, die unweigerlich Besitz von der alten Stätte ergriff und sie mit Axt und Pflug zu verändern begann. Archäologen, die während der frühen Phase der Umwandlung in die Gegend kamen, stießen zwar überall auf Gebeine und Tonscherben, ohne jedoch die Grabungen zu forcieren. Erst gegen 1960, als man die Interstate 255 direkt über das Gelände von Cahokia führen wollte, wachten die Experten auf und versuchten zu retten, was noch zu retten war. In einem verzweifelten Wettlauf mit den Bulldozern gelang es ihnen nicht nur, eine Fülle von Artefakten auszugraben, sondern auch die Behörden zur Verlegung der Straßentrasse an den Rand des historischen Geländes zu bewegen.

Seit dieser Zeit haben nur wenige Grabungen stattgefunden, und das wird aller Voraussicht nach auch so bleiben, denn die Arbeitsgruppe der Southern Illinois University von Edwardsville, die ab 1984 die Erforschung von Cahokia übernahm, geht besonders schonend zu

Werke. Ihr stehen modernste technische Geräte zur Verfügung, die in einem neuartigen oberirdischen Meßverfahren ablesen, was sich im Innern der Mounds befindet, ohne ihren Aufbau zu zerstören. Dabei werden elektromagnetische Wellen erzeugt und in den Boden geleitet; ein Konduktivitätsmesser mißt die Leitfähigkeit sowie andere elektrische Eigenschaften der unterirdischen Schichten und ihres Inhalts. Befindet sich in der Tiefe festes Erdreich, Sand oder Sumpf? Ein Palisadenzaun, ein Haus oder eine Tempelplattform?

Das Instrument läßt Anomalien erkennen und gibt in etwa Aufschluß über ihre Beschaffenheit. „Es sagt dir nicht immer, was da unten ist", erklärt einer der Wissenschaftler. „Aber es sagt dir zumindest, daß da etwas ist, und vermittelt dir ungefähr, was es sein könnte." Haben die Messungen Hinweise auf verborgene Mounds und Palisaden gegeben, läßt sich mit Hilfe von Probebohrungen ihre genaue Lage bestimmen. Auf diese Weise könnten die Archäologen das Gelände um Cahokia möglicherweise ohne Grabungen kartieren. Die bisherigen Erkenntnisse lassen den Schluß zu, daß die Cahokia-Leute selbst die Landschaft in einem sehr viel stärkeren Maß veränderten, als man zunächst angenommen hatte. Je weiter die Arbeiten gedeihen, desto mehr kommt die einstige Größe und Vielschichtigkeit von Cahokia zum Vorschein – verdeutlicht durch Sensoren, die das unterirdisch Verborgene abtasten und ihre Daten zur Verarbeitung an oberirdische Computer weiterleiten.

In seiner Blütezeit umfaßte Cahokia 120 Mounds auf einer Fläche von mehr als 15 Quadratkilometern. Etwa die Hälfte dieser Hügel

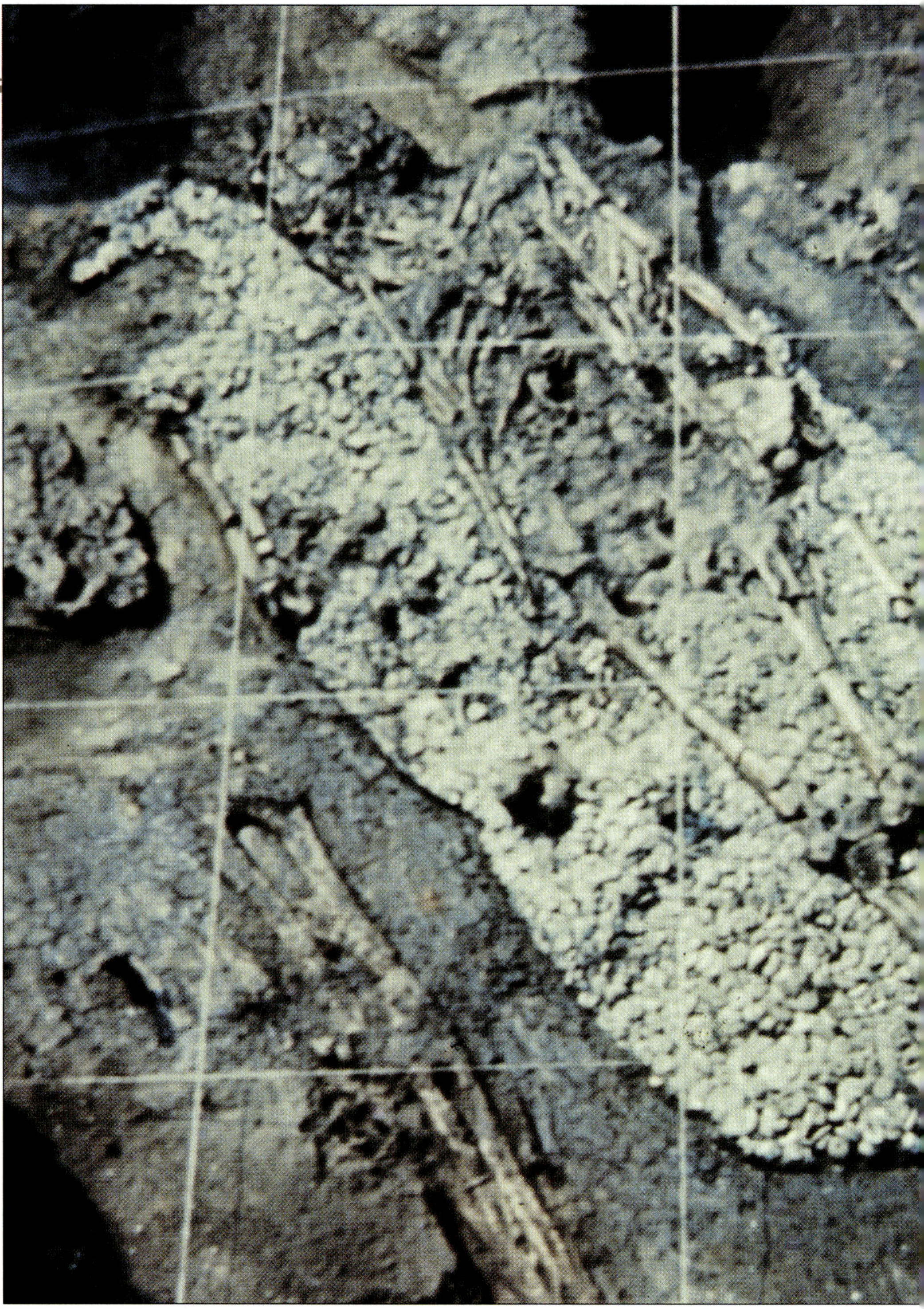

Dieser Tote aus Mound 72 in Cahokia muß der Elite angehört haben: Er ruht auf Tausenden und Abertausenden von Perlen aus Muschelmaterial mit Löchern in der Mitte. Das Koordinatennetz der Archäologen bildet Quadrate mit einer Seitenlänge von 50 Zentimetern; der Pfeil weist nach Norden.

sind weitgehend in ihrer ursprünglichen Form erhalten geblieben. Einige haben die Gestalt von Kegeln oder langgestreckten Kämmen und scheinen für Zeremonialbestattungen genutzt worden zu sein, aber die meisten sind an der Spitze abgeflacht. Cahokia war zweifellos ein bedeutendes Staats- und Kultzentrum und beherbergte weit mehr Menschen als die gesamte Natchez-Nation auf dem Höhepunkt ihrer Kultur. Darüber hinaus war die Kernzone der ursprünglichen Siedlung mehr als eine Ansammlung von Mounds, die nur der Elite zur Verfügung standen. Aus den Untersuchungen geht hervor, daß die Häuser der einfachen Bürger in Reihen um offene Plätze angeordnet waren, mit kleinen Gärten, in denen Gemüse und Obst gediehen. Größere Äcker mit Mais und anderen Feldfrüchten lagen in der umliegenden Schwemmebene.

Auf dem Höhepunkt der Stadtentwicklung, etwa um das Jahr 1100, wurde das zwölf Hektar große Zentrum von Cahokia mit einem drei bis fünf Meter hohen Palisadenzaun eingefaßt, entweder um den Zeremonialbezirk und die Aristokratie vor Angriffen zu schützen oder um eine sichtbare Barriere zwischen der Elite und der Unterschicht zu ziehen. Möglicherweise fand aber auch die gesamte Bevölkerung in Zeiten der Gefahr Zuflucht innerhalb der Palisaden. Was immer der Zweck dieses Walls sein mochte, die Bewohner von Cahokia erneuerten ihn dreimal, ehe sie die Stadt endgültig aufgaben, und verwendeten dabei jedesmal an die 15 000 neue Holzpfosten.

Das beherrschende Merkmal von Cahokia war jedoch der Monks Mound, der eine Grundfläche von mehr als sechs Hektar besaß und heute noch in vier Stufen oder Terrassen ansteigt. Mehr als 600 000 Kubikmeter Erdreich wurden innerhalb von etwa 300 Jahren nach und nach aufgeschichtet. Auf der Plattform stand ein eindrucksvoller Holzbau, der über 30 Meter lang, 14 Meter breit und rund 15 Meter hoch war – aller Wahrscheinlichkeit nach die zu Zeremonial- und Regierungszwecken dienende Residenz des Herrschers von Cahokia.

Anhand ihrer Studien sind die Archäologen in der Lage, das Panorama zu rekonstruieren, das sich dem Häuptling bot – im Vordergrund der Cahokia Creek mit seinen baumbestandenen Ufern, etwa zehn Kilometer entfernt der Mississippi und dahinter die üppige Prärie. Am Fuße des Hügels lag die breite Hauptplaza, mehr oder weniger eingeschlossen von einfachen, mit Lehm beworfenen Holzhäusern mit Strohdächern, einem Palisadenzaun und mehr als 100 Mounds, darunter zwei von beträchtlicher Größe, wenngleich lange nicht so imposant wie der Hügel des Herrschers.

Doch obwohl die Siedlung dank der Sorgfalt der Archäologen allmählich wieder in ihrer ursprünglichen Anlage erkennbar wird, weiß man bis heute so gut wie nichts von ihren Bewohnern. Niemand hat einen Namen hinterlassen, ein Zeichen, eine Botschaft. Die Objekte, die

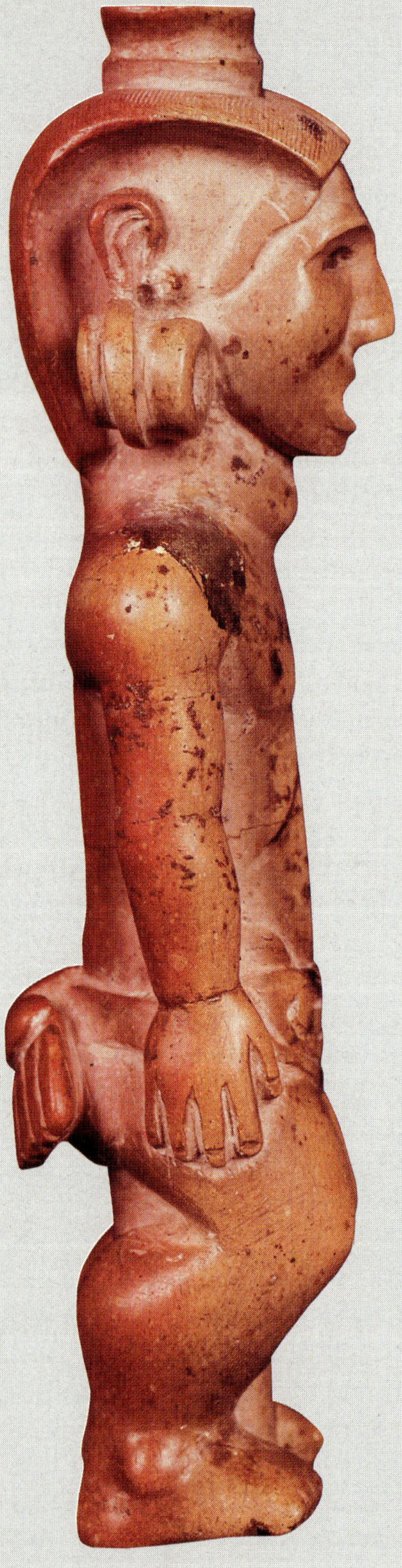

DAS RITUAL DES PFEIFERAUCHENS

Aus den Grabfunden der Adena-, Hopewell- und Mississippi-Kultur geht hervor, daß die Pfeife zu den kostbarsten Besitztümern eines Mannes gehörte und es wert war, mit ins Jenseits genommen zu werden. Mit dem Aufstieg jeder dieser Zivilisationen entwickelten auch die Pfeifen ihre ganz charakteristischen Formen, Motive und Größen.

Die Tatsache, daß es in Nordamerika bereits um 2500 v. Chr. Steinpfeifen gab, zeigt, wie tief verwurzelt das Rauchen in den präkolumbischen Kulturen war. Welche Bedeutung es allerdings für die Völker der Vorzeit hatte, läßt sich nur aus Vergleichen mit späteren Indianerstämmen ableiten.

Nach Berichten von frühen Entdeckern, die auf ihren Reisen in die Nähe der Great Lakes gelangten, rauchten die Indianer der dortigen Region Tabak aus 27 verschiedenen Pflanzensorten. Die Stämme des Südostens bevorzugten dagegen eine Art der echten Tabakpflanze.

Rauchen hatte allem Anschein nach soziale, übernatürliche und heilende Bedeutung. Und da der Rauch mit dem heiligen Element des Feuers in Verbindung stand, schrieb man ihm vermutlich auch eine reinigende Kraft zu. Bei manchen Ritualen nachkolumbischer Indianerstämme wurde Tabakrauch in alle vier Himmelsrichtungen geblasen. Ratsversammlungen begannen damit, daß eine Pfeife die Runde machte. Auf ähnliche Weise wurden Fremde willkommen geheißen.

Geschickte Handwerker verwendeten große Sorgfalt und Kunstfertigkeit auf die Herstellung der Pfeifen. Aus Sandstein, Hämatit, dem als Pfeifenstein bezeichneten Catlinit und anderen Materialien schnitten, glätteten und polierten sie ihre Waren. Bei der Wahl der Figuren ließen sie ihrer Phantasie freien Lauf, wie die hier in tatsächlicher Größe abgebildeten Beispiele zeigen.

Die ältesten, der Adena-Kultur zugeordneten Pfeifen waren zunächst röhrenförmig und nahmen im Lauf der Zeit Tierformen oder, wie links zu sehen, sogar Menschengestalt an. Die sogenannten Plattform-Pfeifen der Hopewell besitzen ein dünnes, gebogenes Rauchrohr und eine flache Platte, auf der sich der fein gearbeitete Kopf befindet – in der Regel ein Tier, das symbolische, magische oder auch mythische Bedeutung hatte. Die Pfeifen der Mississippi-Kultur, die mitunter eine stattliche Größe erreichen, stellen häufig Menschen bei ihren diversen Tätigkeiten dar. Während man die meisten Pfeifen bei Rauchritualen vermutlich im Kreis herumreichte, sind manche der Mississippi-Exemplare viel zu schwer, um von Hand zu Hand zu gehen. Diese Pfeifen dürften einen Platz mitten im Kreis der Versammelten gehabt haben.

Die 20 Zentimeter lange Adena-Pfeife aus dem Ohiotal, die der frühen Waldland-Periode (500 v. Chr. bis 1 n. Chr.) zugerechnet wird, stellt vermutlich einen Zwerg dar. Körperliche Fehler scheinen eine gewisse Faszination auf die Adena ausgeübt zu haben. So weist die Figur am Hals einen starken Kropf auf, eine Vergrößerung der Schilddrüse, die meist auf Jodmangel beruht.

Nur zehn Zentimeter lang ist diese fein gearbeitete Hopewell-Pfeife. Sie zeigt einen Rosa-Löffler auf einem Fisch, dessen Maul als Mundstück dient. Für die Hopewell-Leute muß der farbige Vogel, der nur in tropischen Regionen lebt, ausgesprochen exotisch gewirkt haben. Die im Tal des Ohio gefundene Pfeife dürfte aus der Zeit zwischen 100 v. Chr. bis 400 n. Chr. stammen.

Der Pfeifenkopf aus rotem Stein – vorn unten die Öffnung für das Mundstück – stellt einen Mann beim Rauchen einer Pfeife mit Tierkopf dar. Diese zwischen 800 und 1500 in der Mississippi-Kultur entstandene Bildnis-Pfeife ist knapp 22 Zentimeter hoch, hat eine Basis von 25 Zentimeter Länge und wiegt 3,5 Kilogramm.

man geborgen hat, geben bestenfalls über den Alltag, manchmal auch über den ungefähren Rang der Cahokia-Leute Aufschluß, verraten aber nichts über ihre Identität oder ihre Motive. Da sie jedoch in der Nähe schiffbarer Flüsse lebten, nimmt man an, daß sie häufig Kontakt mit anderen Indianerstämmen hatten. So fand sich in Mound 72 eine Reihe von Artefakten, die auf einen regen Handel schließen lassen. In unmittelbarer Nähe von menschlichen Gebeinen lagen Objekte, die nicht aus der Gegend von Cahokia stammten: Pfeilspitzen, deren Ursprung sich nach Oklahoma, Tennessee und Arkansas zurückverfolgen ließ, tonnenweise Zierat aus Muscheln von der mexikanischen Golfküste, Glimmer aus North Carolina sowie gewalztes Kupferblech, das für schmückende Schilde verwendet wurde und wahrscheinlich aus der Nähe des Lake Superior stammte.

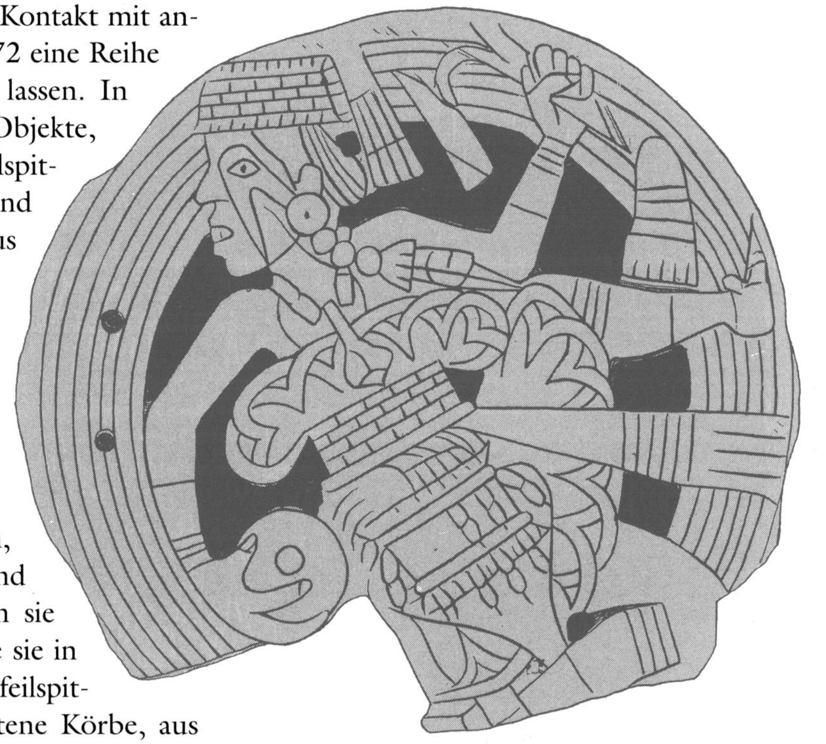

Mit etwas Phantasie kann man sich ausmalen, wie das Leben in Cahokia während der Periode der größten Entfaltung aussah: Die zum Fluß hin offene Plaza ist ein Magnet für Reisende von fernen Stämmen, die hier Muscheln und Kupfer feilbieten, Felle, Häute und getrocknetes Fleisch. Die Leute von Cahokia tauschen sie gegen Feuerstein und Salz, aber auch gegen Waren, die sie in ihren Werkstätten hergestellt haben: Werkzeuge und Pfeilspitzen, gegerbte Häute, dekorative Keramik und geflochtene Körbe, aus importiertem Kupfer gehämmerte Ornamente, dazu Armreifen und Anhänger aus schimmerndem Perlmutt. An anderen Tagen findet vielleicht ein Fest oder ein sportliches Ereignis auf der Plaza statt. Der beliebteste Wettkampf der damaligen Zeit heißt *chunkey*. Er erfordert viel Kraft und Geschick, und nur die Kriegerklasse nimmt daran teil. Jeder Spieler muß eine schwere Steinscheibe so weit wie möglich rollen und dann rasch einen Speer an die Stelle schleudern, wo seiner Meinung nach die Scheibe zum Stillstand kommen wird.

Die Zeichnung oben gibt die Gravur einer Muschelscheibe wieder, die vermutlich als Halsschmuck gedient hat. Sie zeigt einen Chunkey-Spieler mit seinem Sportgerät – der Steinscheibe, die er gleich mit einer Hand rollen wird, und dem Stock, den er an die Stelle schleudern soll, wo der Stein seiner Ansicht nach zum Stillstand kommt. Das prächtige Kostüm deutet darauf hin, daß Chunkey-Spieler eine gewisse Symbolfunktion innehatten und hochgeachtete Männer waren. Auf der gegenüberliegenden Seite ist ein Chunkey-Stein mit einen Durchmesser von 15 Zentimetern und der typisch konkaven Oberfläche abgebildet.

Wie stumme Zeugen stehen die großen Mounds in dem bunten Treiben und werfen ihre langen Schatten. Aber da gibt es noch etwas, das immer da ist, etwas, dessen Wirken sich nur Eingeweihte erklären können: kreisförmig angeordnete Pfosten aus Zedernholz, deren Löcher die Archäologen entdeckt haben und die irgendwie mit der Verwaltung der großen Landbezirke um Cahokia durch die Elite zu tun haben. Diese Kreise, die man heute in Analogie zu Stonehenge und anderen Steinkreisen auf den britischen Inseln oft als „Woodhenges" bezeichnet, dienen den Häuptlingen und Priestern dazu, die Jahreszeiten zu bestimmen. Von einem zentralen Punkt aus beobachten sie die Sonne, die an bestimmten Tagen hinter bestimmten Pfosten aufgeht: zur Tagundnachtgleiche sowie zur Sommer- und Wintersonnenwende. Nur die

Elite kennt die Zusammenhänge und kann anhand dieses exakten Sonnenkalenders den Jahreszyklus – und die alljährlich wiederkehrenden Überflutungen – berechnen. Mit diesem Herrschaftswissen können sie den nichteingeweihten Massen ihre Macht über die Zeit beweisen und die Feste und Rituale in die kosmische Ordnung einfügen.

Vor allem an den beiden Tagen der Tagundnachtgleiche scheint die Stadt – damals wie heute – ganz im Zeichen der aufgehenden Sonne zu stehen. Dann nämlich taucht der Himmelskörper direkt hinter der großen Pyramide des Häuptlings auf, und es sieht so aus, als sei sein strahlendes Licht aus dem erhabenen Mound selbst geboren.

Aber das Leben in Cahokia hatte wohl auch seine dunklen Seiten. So stieß man bei der Untersuchung von Mound 72 auf mehrere Massengräber, die darauf hindeuten, daß manche Zeremonialbestattungen mit Menschenopfern verbunden waren. Mindestens drei der hier begrabenen Toten scheinen Würdenträger gewesen zu sein. Fast alle Skelettüberreste der zu verschiedenen Epochen angelegten Gräber deuten auf Opfertode hin. Die zentrale Gestalt des größten Gruppengrabes, ein etwa 45 Jahre alter Mann, lag auf Zehntausenden von Muschelperlen und einer reichen Auswahl an Grabbeigaben. In seiner Nähe befand sich eine Grube mit den Skeletten seiner Gefolgsleute: vier Männer ohne Köpfe und Hände – merkwürdigerweise aber mit untergehakten Armen – und 53 Frauen im Alter von 15 bis 25 Jahren.

Eine ganze Reihe weiterer Massengräber – mit insgesamt rund 300 Toten – wurde in der Nähe gefunden, zumeist in unmittelbarer Nachbarschaft einer Person, die man mit ungeheurem Prunk beigesetzt hatte. Offenbar nahmen die Herrscher von Cahokia ähnlich wie die Häuptlinge der Natchez-Indianer ihre Gefolgschaft mit ins Jenseits. Aber konnte es sein, daß all diese Menschen, die in der Blüte ihres Lebens zu stehen schienen, freiwillig in den Tod gegangen waren? Waren sie fest davon überzeugt gewesen, daß in der Überwelt ein ruhmreiches Leben auf sie wartete? Oder handelte es sich um Gefangene oder Sklaven? Und warum so viele junge Frauen? All das sind Rätsel, die bis heute auf die Lösung warten.

Aus derzeit ebenfalls noch völlig unbekannten Gründen begann die Bevölkerung von Cahokia ab 1300 zu schwinden, und die Stadt schrumpfte zu einem Dorf. Bereits um 1500 war die Stätte von allen Bewohnern verlassen. Höchstwahrscheinlich hatten die Menschen die natürlichen Ressourcen ihrer unmittelbaren Umgebung erschöpft oder die Natur zumindest so intensiv ausgebeutet, daß sie sich nicht schnell genug erholen konnte. So stellten zu Beginn des 19. Jahrhunderts – als das Gebiet eine sehr viel geringere Bevölkerung ernährte – Vertreter des staatlichen Grundbuchamtes fest, daß es in den feuchten Niederungen kaum Wälder gab. Jahrhunderte zuvor hatten Tausende von Menschen über einen langen Zeitraum Bäume gefällt, um Häuser und Palisaden zu errichten und sich mit Feuerholz zu versorgen – ein Raubbau und Eingriff in den Lebensraum der Wildtiere, der eine wichtige Nahrungsquelle des Menschen reduzierte. Vermutlich mußten die Bewohner von Cahokia mit der Zeit immer weitere Wege zurücklegen, um sich die Dinge zu beschaffen, die sie für ihr Leben benötigten.

Gleichzeitig litt das Gemeinwesen wohl zunehmend unter den typischen Problemen urbaner Entwicklung wie Übervölkerung und unzureichenden Sanitäranlagen. So könnte die drangvolle Enge Seuchen begünstigt haben, und zwar lange vor der Zeit, da die Europäer ihre exotischen Krankheiten einschleppten. Skelettuntersuchungen haben gezeigt, daß Tuberkulose, Blastomykosen und Syphilis zu den Leiden jener Zeit zählten – sicherlich nicht in dem Ausmaß, um eine ganze Zivilisation auszulöschen, aber vielleicht hartnäckig genug, um die Abwanderung in Gebiete mit einem gesünderen Klima zu fördern.

Ein weiterer Faktor sind vielleicht die weltweiten Klimaveränderungen, die im 13. Jahrhundert einsetzten. Sie könnten zu einem Absinken der Temperaturen, zu Überschwemmungen oder Dürren geführt haben – Gefahren, die von den Hütern des Sonnenkalenders nicht rechtzeitig erkannt wurden. Unerwartete und unerklärliche Naturkatastrophen brachten Mißernten und waren darüber hinaus ein Nährboden für soziale Unruhen. Was immer die Ursachen gewesen sein mögen, fest steht, daß die Bewohner von Cahokia ihre Stadt nicht in einem Massenexodus verließen. Die archäologischen Spuren weisen vielmehr auf eine allmähliche Abwanderung in einem Zeitraum von etwa 200 Jahren hin. Ähnlich erging es den anderen Zentren der Mississippi-Kultur, die nach und nach untergingen, ein Prozeß, der manchmal von fremden Gewehren und Krankheiten beschleunigt wurde, manchmal aber auch von der Natur oder dem eigenen Unverständnis für die Zusammenhänge ihres hochempfindlichen Gleichgewichts.

Es gibt heute noch stille, entlegene Plätze, wo die Plattformhügel unter Gras und schattigen Bäumen ruhen – fast wie natürliche Formationen. Und in gewissem Sinne sind sie das auch.

SCHLÜSSEL ZUM UNIVERSUM

In Teilen des Mittleren Westens und Ostens der heutigen Vereinigten Staaten gelangte zwischen 800 und 1500 n. Chr. die Mississippi-Kultur zur vollen Blüte. Ihre Träger waren nicht nur die Erbauer der Erdhügel, sondern beschäftigten auch zahlreiche Kunsthandwerker mit der Herstellung kleiner Gegenstände, Symbolen des gesellschaftlichen Ranges ihres Besitzers, die gleichzeitig allgemeine Vorstellungen bildlich wiedergaben. Die Objekte galten als so wertvoll, daß man sie Verstorbenen mit ins Grab gab.

Auf den modernen Betrachter wirken diese Artefakte rätselhaft, mitunter sogar unheimlich. Themen und Motive sind so charakteristisch und im gesamten Einflußbereich der Mississippi-Kultur – der sich von der Golfküste bis zu den Great Lakes und von Florida bis nach Oklahoma erstreckte – so einheitlich, daß die Gelehrten zunächst die Existenz eines weitverbreiteten religiösen Kultes vermuteten. Mittlerweile scheint festzustehen, daß es so einen Kult nie gegeben hat. Gemeinsam war den lokalen Mississippi-Traditionen allerdings das stete Bemühen, die Natur und den Kosmos zu begreifen, das Unerklärliche zu erklären und das Widersprüchliche in Einklang zu bringen. So schwerverständlich ihre Kunst manchmal anmuten mag, sie spiegelt ihren Glauben doch in vielfältiger Weise wider.

Archäologen, die sich mit den Werken der Mississippi-Kultur befassen, greifen auf die mündlichen Überlieferungen späterer Indianerstämme zurück, um sie besser zu verstehen und zu deuten. Ihrer Ansicht nach war das Denken und Handeln der Tempelhügel-Erbauer in dem Konzept eines Universums verwurzelt, das aus drei Welten bestand. Zwei von ihnen, die harmonische „Überwelt" und die chaotische „Unterwelt", waren in einen ewigen Konflikt verstrickt. Dazwischen befand sich „Diese Welt", der nicht völlig perfekte, aber auch nicht völlig chaotische Lebensraum der Menschheit. Der oben abgebildete Halsschmuck aus Muschelschale symbolisiert zweifellos die Überwelt: Das Kreuz stellt die vier Himmelsrichtungen dar, die sich in der Sonne treffen. Was allerdings die vier Köpfe mit den großen Augen und den bemalten oder tätowierten Gesichtern bedeuten, weiß man nicht.

EINE STABILE WELT DER HARMONIE UND DES LICHTS

Unübersehbar streben aus der Ebene die Pyramiden der Tempelhügel der Sonne entgegen, der Hauptgottheit der Mississippi-Indianer. In der Überwelt, dem strahlenden Reich der Sonne, waren alle belebten und unbelebten Dinge größer, stattlicher und mächtiger als auf der Erdenwelt der Menschen. Selbst das heilige Feuer des Tempels verblaßte im Vergleich mit den lodernden Flammen der Sonne.

Für die Bewohner der Erde bedeutete die Überwelt Stabilität, Ordnung und Berechenbarkeit. Dessenungeachtet war auch das Reich der Sonne nicht vollkommen: So dringend die Menschen das Feuer zum Leben brauchten, so unentbehrlich war für sie das Wasser, das aus der schattenhaften, geheimnisvollen Unterwelt kam.

Als Mittler zwischen den beiden gegensätzlichen Sphären dürfte das Volk den Häuptling und die übrigen Mitglieder der Oberschicht betrachtet haben. Sie deuteten den alten Glauben und versuchten durch Rituale und Zeremonien das empfindliche Gleichgewicht zwischen den widerstreitenden Kräften von Ordnung und Chaos aufrechtzuerhalten. Um ihren besonderen Status zu unterstreichen, umgaben sie sich, wie die hier abgebildeten Funde zeigen, mit einer Fülle von Schmuck und anderen erlesenen Dingen.

Sowohl auf dem Keramikgefäß links als auch auf dem Muschelanhänger oben erscheint der Kreis mit dem Kreuz als Sinnbild der Sonne und der vier Himmelsrichtungen beziehungsweise der Sonnengottheit in der irdischen Gestalt des Häuptlings. Der detailreichere Halsschmuck umschließt dieses wichtigste Symbol der Überwelt und ihrer symmetrischen Ordnung mit einem Quadrat, das eine Herrschersänfte darstellt, begleitet von vier Spechten, die den Himmel und die Macht der Krieger verkörpern und auf diese Weise die Autorität des Häuptlings betonen.

Dieser Ritualkopf einer Raubkatze, von dem wenig mehr als die Augen und der Rachen erhalten sind, zeigt ein typisches Motiv der Überwelt – das gegabelte Falkenauge, das vermutlich außergewöhnliche Sehkraft symbolisiert. Als Material wurde Kupfer verwendet, ein von den Mississippi-Bewohnern wegen seiner Seltenheit hochgeschätztes Metall, das von weither herangeschafft wurde.

Über Zweck und Bedeutung des zeremoniellen Ohrschmucks aus Stein wird nach wie vor gerätselt. Das gegabelte Falkenauge paßt nicht so recht zu dem leeren Blick und dem starren Mund mit den entblößten Zähnen, die vermutlich einen Toten darstellen. Möglicherweise handelt es sich bei dem Motiv um einen Trophäenkopf, der die Sterblichkeit versinnbildlichen soll.

Das Kupferrelief mit dem Falkenkopf, das den Krieg, aber auch die Überwelt symbolisiert, wurde 1906 in Missouri beim Pflügen gefunden. Das Muster der 33 Zentimeter hohen Figur, die wohl als Stirnschmuck diente, ist durch Hämmern herausgetrieben.

SPIEGEL DER UNTERWELT: SYMBOLE DES TODES UND DER FINSTERNIS

Im Gegensatz zu der strahlenden Erhabenheit der Überwelt war die Unterwelt ein düsterer, naßkalter Ort, in dem Wahnsinn und Chaos herrschten, ein beängstigendes Reich, das riesige Echsen und Frösche beherbergte, dazu Klapperschlangen und ähnliches Kriechgetier. Noch grauenvoller waren die dort hausenden Geister, Kannibalen und Hexen, die über Wasserläufe und Höhlen entweichen und in Diese Welt eindringen konnten, um die dort lebenden Menschen ins Unglück zu stürzen.

Archäologen können die Bedeutung vieler Motive nur dadurch deuten, daß sie Vergleiche mit anderen, späteren Indianerkulturen ziehen. So hatte ein Ungeheuer, das die Cherokee-Stämme Uktena nannten, die Schwingen eines Vogels aus der Überwelt, das Geweih eines irdischen Hirsches und den schuppigen Leib einer Schlange aus der Unterwelt.

Daß die Grenzen zwischen den drei Reichen in der Auffassung der Mississippi-Leute nicht weniger fließend waren, geht aus vielen ihrer Artefakte hervor, die mehr als eine Welt oder ein Motiv darstellen. Die Unterwelt selbst hatte zwei widersprüchliche Gesichter. Sie repräsentierte nicht nur die dunkle, todbringende Seite des Kosmos, sondern auch die Fruchtbarkeit des Bodens, von dem alles Leben abhing.

Diese etwa 20 Zentimeter große Bauxit-Skulptur aus Cahokia, Illinois, verbindet, aus verschiedenen Blickwinkeln betrachtet, zwei Motive. Die Frau, die den Rücken der Schlange wie einen Acker bestellt, verkörpert Fruchtbarkeit, während ihre entblößten Zähne den Ausdruck einer Toten wiedergeben.

Gegenstände aus Meeresmuscheln, die meist von der Küste Floridas oder dem Golf von Mexiko stammten, waren bei der Oberschicht der Mississippi-Kultur sehr begehrt, da sie Göttlichkeit symbolisierten und ihrem Träger hohes Ansehen verliehen. Die zu einem Halsschmuck verarbeitete, etwa zehn Zentimeter große Muschelscheibe (links) zeigt neben Lochornamenten eine Wasserspinne aus der Unterwelt.

Trinkgefäße aus Meeresmuscheln waren den allerhöchsten Herrschern vorbehalten und wurden wohl nur bei Kulthandlungen verwendet. Der gravierte Becher rechts zeigt vier Schlangen in Verbindung mit dem Kreis-und-Kreuz-Symbol der Überwelt.

Wie Alligator und Schlange galt die Schildkröte als Geschöpf der Unterwelt, hatte jedoch im Gegensatz zu den beiden ersteren einen freundlichen Charakter. Das hier gezeigte Keramikgefäß, über dessen Funktion man nichts Näheres weiß, wurde in Arkansas gefunden.

KRIEG IN ZEITEN DER MISSISSIPPI-KULTUR: DER STEILE WEG ZU RUHM UND ANSEHEN

Kampf und Krieg hatten in der Mississippi-Kultur eine große Bedeutung, denn es stand mehr auf dem Spiel als das bloße Überleben. Die Niederwerfung der Feinde trug – ob bewußt oder unbewußt – dazu bei, das Gemeinschaftsleben zu stärken und das Sozialgefüge immer wieder zu erneuern. Durch Tapferkeit auf dem Schlachtfeld konnten die Angehörigen der Elite ihre Position an der Spitze der Gesellschaftspyramide festigen. Für Krieger aus den unteren Schichten waren Mut und Kampfgeist sicher die Voraussetzung für Anerkennung und sozialen Aufstieg. Den grausamen Beweis für ihr Heldentum lieferten die als Trophäen abgeschnittenen Köpfe der Feinde.

Ein Volk, das die Stabilität seiner Gesellschaft durch militärische Erfolge aufrechterhielt, benötigte sicher gute Beziehungen zu allen Kräften des Universums sowie die stete sichtbare Erinnerung an den Glanz und Ruhm des Krieges. Entsprechend häufig tauchen in der Kunst der Mississippi-Tradition Symbole auf, die für den Krieg stehen, insbesondere die Figur des Vogelmenschen, der sich über alle anderen erheben konnte und oft als Krieger mit dem Kopf eines – zur Überwelt gehörenden – Falken dargestellt wurde.

Die 25 Zentimeter hohe Bildnis-Pfeife (links) aus Spiro, Oklahoma, zeigt in der Gestalt mit Kopfputz entweder einen Krieger, der einem überwältigten Feind den Kopf als Siegestrophäe abschneidet, oder einen Henker, der ein Ritualopfer enthauptet.

Der Muschelanhänger oben weist, obwohl er nur knapp zehn Zentimeter im Durchmesser mißt, etliche Symbole des Krieges auf. Der Krieger mit dem Pfeil im Haar und dem gegabelten Falkenauge hält in der einen Hand eine Streitkeule und in der anderen einen Trophäenkopf.

Der 11,5 Zentimeter hohe Keramikbecher aus Moundville, Alabama, trägt das Schädel-mit-Knochen-Motiv, das mit dem Tod verbunden ist. Solche Skelett-Motive könnten für Kriegstrophäen oder die verehrten Gebeine der Vorfahren stehen.

Aus Kupfer gehämmert ist dieser tanzende Vogelmensch mit Streitkeule, Pfeil und Trophäenkopf, der aus Etowah, Georgia, stammt.

RÄTSELHAFTE SYMBOLE UND STUMME ZEUGEN EINER UNTERGEGANGENEN WELT

Manche Objekte, die die Mississippi-Leute hinterlassen haben, haben sich bis heute der Interpretation entzogen, und niemand weiß, ob es Archäologen, Anthropologen und Volkskundlern je gelingen wird, ihren Sinn eindeutig zu erklären. Die Symbole sind auffallend und zwingend: Schädel und Knochen, stilisierte, unheimliche Augen in geöffneten Handflächen, kunstvoll gestaltete Hakenkreuze, ineinander verschlungene Vogelmenschen und dumpf vor sich hinstarrende Gottgestalten. Von allen geht eine große Faszination auch auf den modernen Betrachter aus, doch bleibt fraglich, was sie bedeuteten und wie sie benutzt wurden.

Ein geheimnisvolles Symbol, das immer wieder auftaucht, ist die offene Hand. Steht sie für Weisheit oder Frieden, oder hat sie eine eher düstere Bedeutung? In Spiro, Oklahoma, legten Ausgräber ein sorgfältig bestattetes Tongefäß frei, das mit Handknochen gefüllt war. Niemand kann sagen, ob sie von Menschenopfern, von Kriegsgefangenen oder von Vorfahren stammen, die man in besonderen Ehren hielt. Fest steht nur, daß alle auf diesen Seiten gezeigten Objekte mit Ausnahme der großen Pfeife *(gegenüber, rechts unten)* als Schmuck getragen wurden. Davon zeugen die Doppellöcher am Rand, durch die man eine Schnur oder ein Lederband fädeln konnte.

Dieses im Craig Mound von Spiro entdeckte und sehr detailliert gearbeitete Muschelobjekt diente entweder als Anhänger oder als Kopfschmuck, der mit Hilfe eines Lederbands befestigt wurde. Die Kombination der Motive – die Hand, das Auge in der Handfläche, der Kreis und das Kreuz – deuten auf ein Bestattungsthema hin. Die Hände könnten die Gliedmaßen von Kriegern oder anderen verdienten Stammesmitgliedern darstellen, während die Augen vielleicht ein Symbol für den Sonnengott oder den Häuptling, seinen mächtigen irdischen Stellvertreter, sind.

Fachleute bezeichnen Gravuren, wie sie der Muschelanhänger oben aus Tennessee zeigt, als Spaghetti-Stil und haben damit einen passenden Namen für die ineinander verschlungenen Körper der beiden Vogelmenschen.

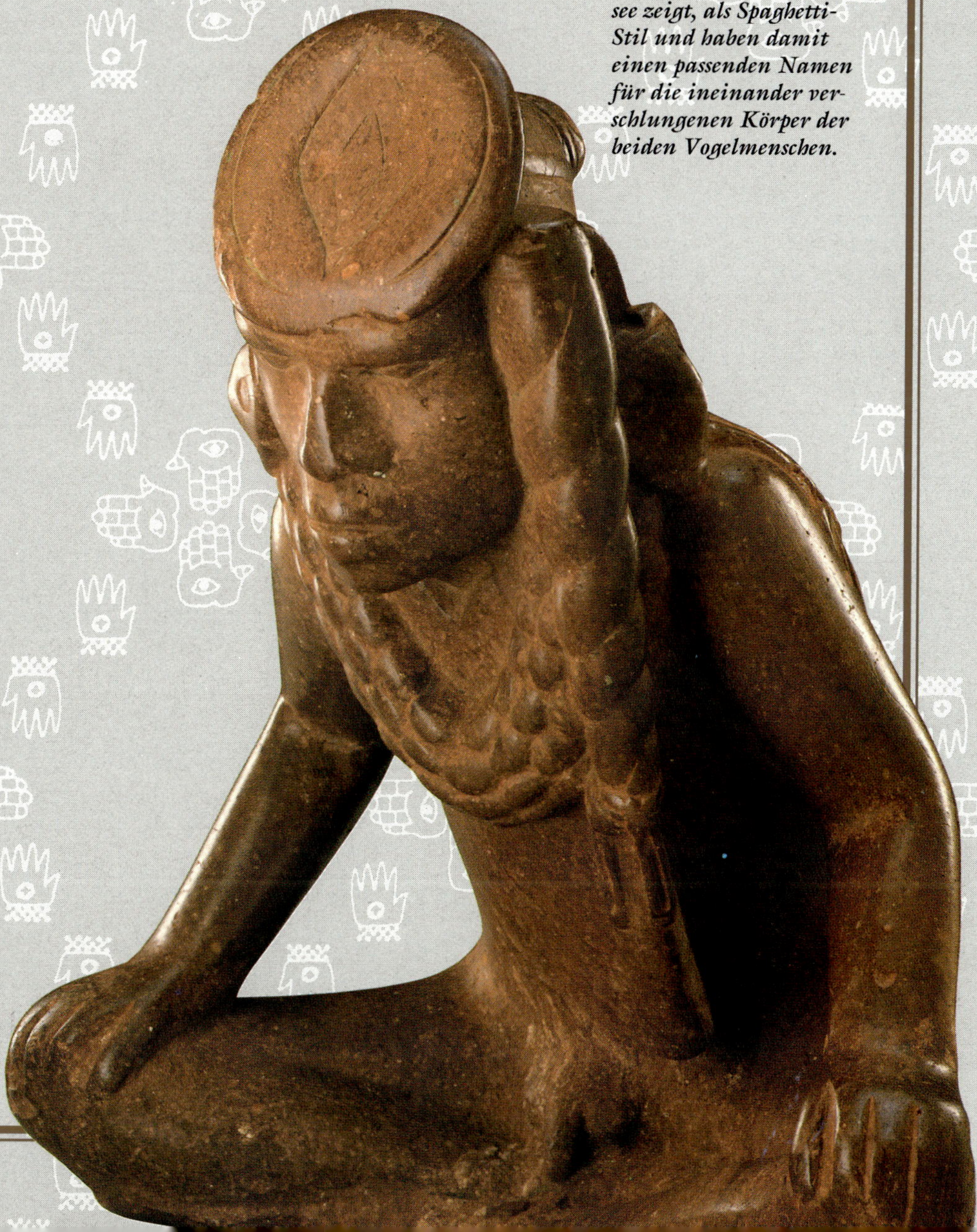

Der 10 Zentimeter lange Anhänger aus rotem Schiefer (oben), der aus Moundville, Alabama, stammt, weist mehrere typische Mississippi-Motive auf. Das Hakenkreuz im Kreis könnte die vier Winde symbolisieren. Dazu kommen das Auge-in-der-Hand-Motiv und zwei Treppen, die vielleicht in die Überwelt führen.

Die prachtvolle, 27,5 Zentimeter hohe Bildnis-Pfeife, die bei den Ausgrabungen von Spiro zum Vorschein kam, ist größer als die meisten Mississippi-Figurinen. Details wie Perlenketten, Zopf, Kopfbedeckung und Federumhang lassen den Schluß zu, daß es sich bei „Big Boy" um einen Angehörigen der Elite handelte.

IN DER UNWIRTLICHKEIT DES SÜDWESTENS

600 Jahre alt ist diese Ritzzeichnung in einem Felsen südlich von Santa Fe in New Mexico. Sie zeigt einen Anasazi mit Maske, Adlerfeder und einem Stab, der vermutlich Zeremonialcharakter hatte.

Die Wetherill Ranch befand sich im Mancos Valley in Colorado, nicht weit entfernt vom sogenannten Vierländereck, in dem die Bundesstaaten Arizona, Utah, Colorado und New Mexico aneinandergrenzen. Es war ein naßkalter Dezembertag des Jahres 1888, und Richard Wetherill hatte mit seinem Schwager Charlie Mason den ganzen Vormittag nach vermißten Rindern gesucht. Gegen Mittag erreichten sie die Mesa Verde, eine von Buschwerk gesäumte Hochebene, in die Flüsse tiefe Schluchten mit steil abfallenden Klippen gegraben hatten. Die beiden Cowboys stiegen ab, um ihren Pferden eine Rast zu gönnen, und entdeckten plötzlich, daß sie sich am Rande eines Canyons befanden, den sie noch nie zuvor gesehen hatten.

Als sie an den Abgrund traten und durch das Schneetreiben auf die andere Seite der steil abfallenden, etwa 800 Meter breiten Schlucht hinübersahen, glaubten sie zunächst an eine Sinnestäuschung: In einem langen, tiefen Spalt in der gegenüberliegenden Sandsteinwand lag eine Geisterstadt. Wetherill und Mason hatten bereits früher Klippenhäuser an den Flanken der Mesa Verde gesehen, aber nie eine Anlage von dieser Größe. Die Bauten aus Steinmauerwerk türmten und gruppierten sich zu faszinierenden Terrassen bis an den Rand eines Felsüberhangs, der ein schützendes Dach bildete. Fensterhöhlen starrten wie erloschene Augen zu ihnen herüber. Etwa im Zentrum der Klippensiedlung ragte ein dreistöckiger, sich nach oben verjüngender Turm auf. Der gesamte Komplex, dem Wetherill den Namen Cliff Palace gab, erschien geräumig genug, um mehrere hundert Menschen zu beherbergen.

Nur mit Mühe gelang es den beiden, in den tiefen Canyon abzusteigen. Sie durchquerten die Schlucht und erklommen den gefährlich glitschigen Gegenhang, um ihre Entdeckung näher zu erkunden. Staunend wanderten sie durch düstere, staubige Räume, die seit über 600 Jahren kein Mensch mehr betreten hatte. Dann stießen sie auf die ersten Gegenstände – eine Steinaxt mit Holzstiel, Maiskolben, Tonschalen und große Vorratsbehälter. Mason gewann den Eindruck, daß die Klippenbewohner ihre Häuser in aller Hast verlassen hatten – die meisten zumindest, denn in dem Geröll lagen auch drei menschliche Skelette.

Aufgeregt kehrten die beiden Männer zu ihren Pferden zurück und trennten sich, um die Gegend genauer zu erforschen, solange es noch hell war. Mason kam unverrichteter Dinge zurück, aber Wetherill hatte bis zum Einbruch der Dämmerung in einem anderen Canyon einen kleineren, besser erhaltenen Klippenhaus-Komplex entdeckt. Am nächsten Tag stießen sie auf eine dritte Anlage, die aus etwa 70 Räumen bestand und einen noch höheren Turm als Cliff Palace besaß.

Wetherill, der älteste von fünf Söhnen einer Quäkerfamilie, die von Pennsylvania in den Westen gezogen war, um hier eine Ranch aufzubauen, kam von den Klippenhäusern nicht mehr los. Er konnte nicht in Worte kleiden, was ihn so gefangennahm; er wußte nur, daß er mehr

Vor ihrem Lager bei den Anasazi-Ruinen von Pueblo Bonito im Chaco Canyon hocken die Teilnehmer der Hyde Exploring Expedition von 1896, Richard Wetherill (rechts) und der Archäologe George Pepper, der Transportunternehmer Orian Buck und ein unbekannter Navajo-Helfer, am Boden und durchsieben Sand, den sie in einem der Räume des Pueblos zusammengetragen haben. Zu den zahlreichen Funden von Pueblo Bonito gehörte ein Korb mit mehr als 2000 Lochperlen aus Türkis (oben), der Teil eines größeren Grabschatzes war.

über die Ruinen in Erfahrung bringen wollte. Er hatte seine Lebensaufgabe gefunden und stellte für Museen in den Vereinigten Staaten und Europa Tausende von Artefakten jenes präkolumbischen Volkes sicher, das er Anasazi nannte (ein Navajo-Wort, das mal mit „Vorfahren", mal mit „Ahnen der Fremden" übersetzt wird). Auf seine beharrliche Art sollte der Autodidakt Wetherill bedeutende Pionierarbeit bei der Erforschung der alten Kulturen im amerikanischen Südwesten leisten.

Seit 1849, als Militärangehörige erstmals von den spektakulären Ruinen im Chaco Canyon von New Mexico berichteten, haben wissenschaftliche und private archäologische Initiativen zu einer Reihe von Erkenntnissen über die präkolumbischen Indianer dieser Region geführt, die laufend durch neue Daten und Deutungen ergänzt werden. Starre Lehrmeinungen haben sich durchweg als gefährlich erwiesen, und die Wörter ‚vielleicht' und ‚wahrscheinlich' sind die meistgebrauchten in der Geschichte des prähistorischen Südwestens, wie ein Kenner mahnt.

Obwohl vor vorgefaßten Ansich- immer auf der Hut, geht die Fachwelt davon aus, daß der Südwesten ungefähr zur gleichen Zeit, da sich in den östlichen Gebieten der heutigen Vereinigten Staaten die Hopewell- und die Mississippi-Kultur entwickelten, von drei Haupttraditionen geprägt war. Am bekanntesten ist die Anasazi-Kultur in der Region des Vierländerecks, deren faszinierende Pueblos und Klippenhäuser sich am besten erhalten haben und deshalb auch umfassend untersucht werden konnten. Tatsächlich machten die von Wetherill und späteren Entdeckern aufgespürten Ruinen solchen Eindruck auf die Amerikaner, daß die diversen präkolumbischen Völker des Südwestens auch heute noch als „Cliff Dwellers" oder „Klippenbewohner" bezeichnet werden – ein einprägsamer, aber alles andere als korrekter Sammelname.

Die Mogollon-Leute, die die zweite große Kulturgruppe bildeten, lebten vor allem in den gleichnamigen Bergen entlang der Grenze von Arizona und New Mexico. In der Spätphase ihrer Entwicklung wiesen Mogollon und Anasazi starke Ähnlichkeiten auf, aber zunächst leistete ein Zweig der Mogollon-Tradition, der sein Zentrum am Flußlauf des Mimbres hatte, einen eigenen großen Beitrag zur amerikanischen Frühgeschichte – Töpferwaren in Schwarz-auf-Weiß-Bemalung, die unter dem Namen Mimbres-Keramik Berühmtheit erlangten *(S. 98–99)*.

Die schlechtesten äußeren Bedingungen hatte die dritte Hauptgruppe, die sogenannte Hohokam-Kultur, die sich in der unwirtlichen Sonora-Wüste sowie den spärlich bewässerten Tälern im Süden von Zentral-Arizona ausbreitete. Die Hohokam bauten bereits ausgeklügelte Bewässerungssysteme, um auf dem ariden Boden ihre Felder bestellen zu können – und das, obwohl sie wie alle frühen Indianerkulturen der

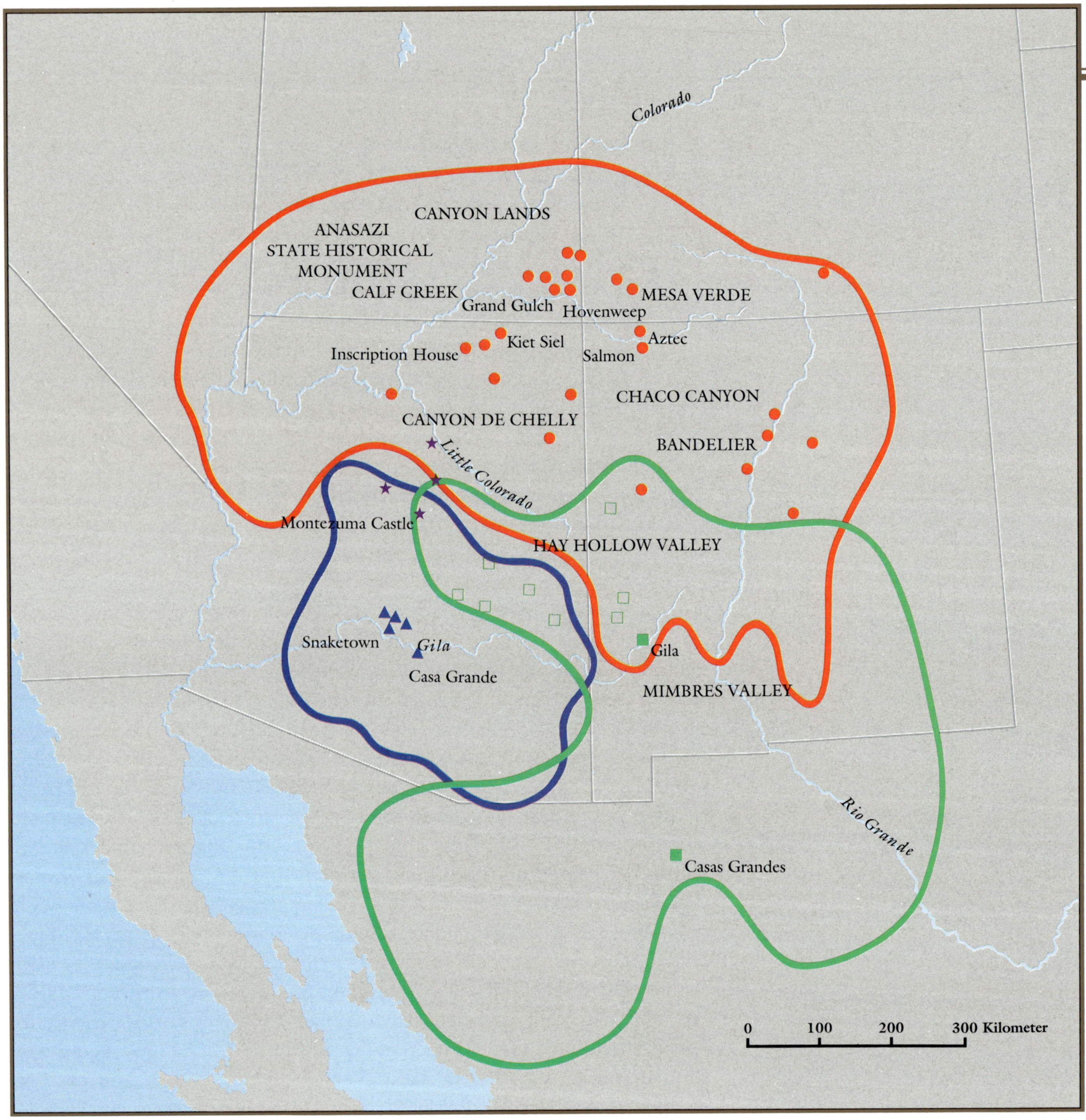

- *Stätten der Anasazi-Kultur*
- *Stätten der Mogollon-Kultur*
- *Stätten der Westlichen Pueblo-Kultur (Nachfahren der Mogollon)*
- *Stätten der Hohokam-Kultur*
- *Stätten der Sinagua-Kultur*

Diese Karte vom Südwesten der Vereinigten Staaten zeigt die Einflußbereiche von vier vorkolumbischen Indianerkulturen, drei Haupttraditionen und einer Nebentradition, die unabhängig voneinander mehr als ein Jahrtausend existierten und um 1450 untergingen. Die Anasazi (rot) siedelten im Vierländereck zwischen den Staaten Colorado, Utah, Arizona und New Mexico. (Mit Großbuchstaben bezeichnete Gebiete enthalten mehrere Anasazi-Fundstätten.) Die Mogollon und ihre Nachfahren (grün) lebten im Grenzgebiet zwischen Arizona und New Mexico sowie im Norden von Mexiko, während die Hohokam (blau) die Wüsten von Zentral-Arizona besiedelten, unterhalb eines kleinen Gebietes, das von den Sinagua (violett) bewohnt wurde. In den Regionen, in denen sich die Territorien überlappten, kam es zu kulturellen Vermischungen und Aufeinanderfolgen.

Region weder Metallwerkzeuge zum Graben besaßen noch das Rad oder Lasttiere kannten, um Erdmassen zu bewegen. Darüber hinaus identifizierten die Archäologen im Südwesten mindestens vier Nebenkulturen, von denen vor allem die Fremont-Tradition in Utah und die Sinagua im Norden Arizonas erwähnenswert sind.

Die Einigkeit der Wissenschaftler endet jedoch bereits bei den Fragen, wie lange sich diese Traditionen hielten (der durchschnittliche Schätzwert liegt bei 1000 Jahren), woher sie ursprünglich kamen und vor allem was aus ihnen wurde. Die eigenständige Kultur der Mogollon und Hohokam brach irgendwann zwischen 1200 und 1450 zusammen, aber die Volksgruppen selbst bestanden weiter. Als die ersten Europäer ins Land kamen, stießen sie auf Indianer mit ganz ähnlichen Sitten und Bräuchen, so daß man von einer Verwandtschaft der alten Mogollon-, Anasazi- und Hohokam-Völker mit den heutigen Indianerstämmen wie Zuni, Hopi, Pima und Papago ausgehen muß.

Aber auch wenn das Grundthema in der Frühgeschichte des Südwestens mitunter die Fülle der ungeklärten Fragen zu sein scheint – zum Beispiel, in welcher Beziehung die im Hohokam-Land gefundenen Ballspielplätze zu ähnlichen Anlagen der weit höher entwickelten mexikanischen Indianerkulturen stehen –, ist doch der Haupteindruck, den man von diesen Völkern erhält, die ungewöhnliche Langlebigkeit ihrer Kultur und ihr zäher Kampf gegen den Härten der Natur, vereint mit Legenden und Magie, die dem Staub ihrer Wohnstätten anhaften. Nach Ansicht des Anthropologen Alfonso Ortiz von der University of New Mexico verwandelten sie ihre Umwelt in „eine von Menschen geprägte und von alten Mythen und Mysterien erfüllte Landschaft".

Für Richard Wetherill zählten – zumindest am Anfang seiner Laufbahn als Erforscher der Anasazi – weniger Mythen und Mysterien als Dollars und Cents. Zusammen mit seinen Brüdern John, Al und Clayton sowie seinem Schwager Charlie Mason setzte er seine Sammlung an Artefakten in Bargeld um *(S. 112)*. Als er jedoch in Begleitung von Mason ein relativ kleines Klippenhaus im Norden des Johnson Canyon nach gewinnbringenden Objekten durchstöberte, machte er eine Entdeckung, die ihm Scheu und Ehrfurcht einflößte.

In einer Kammer, die allem Anschein nach als letzte Ruhestätte der Anasazi-Krieger diente, lagen fünf Skelette auf dem Boden, mit 17 Pfeilen über den Stirnen. Vier Schalen standen neben den Schädeln. Das Skelett eines besonders großen Kriegers war auf einem Stück Matte ausgestreckt, links und rechts von ihm befanden sich ein Bogen sowie ein Krug und ein Korb – die schönsten Arbeiten, die er je gesehen hatte. Ein ausgehöhlter Stock mit einer 15 Zentimeter langen Knochenspitze

SPRECHENDE STEINE: WEGWEISER ZU EINER KULTURLANDSCHAFT

Zu dem reichen Erbe, das die alten Kulturen des Südwestens hinterlassen haben, gehören Kunstwerke, deren Ausdrucksstärke sich besonders in Felsmalereien und Ritzzeichnungen manifestiert. Mit Mineralfarben und Steinwerkzeugen schufen sie an Canyonwänden, Felsblöcken und Höhlen Bilder, die uns noch heute als Wegweiser in ihre Kulturlandschaft dienen.

Zeremonialmasken, Menschenhände, figürliche Darstellungen wie ein buckliger Flötenspieler, Vögel, Insekten, Schlangen, Wild, aber auch abstrakte Formen tauchen immer wieder auf. Archäologen nehmen an, daß die Bilder kultische Bedeutung im Zusammenhang mit Ritualen hatten.

Wissenschaftler können die meisten der als Piktogramme und Petroglyphen bezeichneten Malereien und Ritzzeichnungen bestimmten Völkern zuordnen – den Anasazi, Hohokam und Mogollon. Obwohl sich diese Kulturen gegenseitig beeinflußten, wenn sie Handelskontakte hatten oder sich auf ihren Wanderzügen begegneten, gelang es manchen Gruppen, ihre eigene künstlerische Ausdrucksweise zu bewahren. Davon zeugen die Beispiele auf diesen und den beiden folgenden Seiten.

Felsblöcke, die sich am Rande einer ehemaligen Handelsstraße in Arizona auftürmen, weisen zahlreiche, sich zum Teil überlagernde Petroglyphen auf, die zwischen 200 und 1450 von Hohokam-Künstlern in den Stein geritzt wurden.

Die etwa lebensgroße Mogollon-Maske ziert einen Granitblock in der texanischen Wüstenoase Hueco Tanks. Die stern- oder kreuzförmigen Augen und das Fehlen von Gesichtskonturen unterstreichen den abstrakten Stil.

Die konzentrischen Kreise um geometrische Muster im Jornada-Mogollon-Stil hatten vermutlich rituelle Bedeutung. Künstler ritzten sie zwischen 1000 und 1400 in die Felsen eines Bergkamms bei Three Rivers in New Mexico, der vielleicht als kultische Versammlungsstätte diente.

Hohe Yuccapflanzen ragen neben Menschengestalten auf; die Punkte über den Köpfen stellen wohl eine Art Federkrone dar. Rechts von den Figuren erkennt man einen Vogel und ein Bergschaf. Diese Petroglyphen an einer Felswand in Utah entstanden zwischen 200 und 500 und sind das Werk von Anasazi-Künstlern aus der frühen Korbmacher-Periode.

Spätere Anasazi-Bilder (oben) zeigen mehr Bewegung als die starren Figuren gegenüber. Bei diesem in Utah entdeckten Piktogramm sind die Beine nicht mehr als Striche, sondern naturgetreu dargestellt, und die Hände besitzen Lebensgröße.

Von den archaischen Stämmen, die um 1000 v. Chr. hier lebten, bis zu den Navajo – und den europäischen Siedlern – der Gegenwart haben alle Völker des Südwestens Botschaften in die dunkle Fläche des Newspaper Rock in Utah geritzt. Aus dem 19. Jahrhundert beispielsweise stammt das von Ute-Künstlern geschaffene Bild oben rechts, das einen Reiter darstellt.

lag in der Nähe. Charlie Manson zeigte sich von dem mächtigen Bogen am meisten beeindruckt. Nur ein ungemein kräftiger Mann konnte die mehrfach verdrillte Sehne spannen und die schweren Pfeile abschießen.

Als Laien hatten die Wetherills wenig Ahnung von den sorgfältigen Untersuchungsmethoden der relativ jungen Wissenschaft der Archäologie, aber sie erkannten zumindest, daß sie den Rat von Experten brauchten. Als sie sich jedoch an die Smithsonian Institution und das Peabody Museum in Harvard wandten, schlug man ihre Bitte um Unterstützung glatt ab. Hilfe kam schließlich im Sommer 1891 von völlig unerwarteter Seite: Gustav Eric Adolf Nordenskjöld, der 23jährige Sohn eines schwedischen Barons, der sich als Wissenschaftler und Entdecker einen Namen gemacht hatte, tauchte auf der Ranch der Wetherills auf.

Nordenskjöld stieg mutig die nahezu senkrechten Steilwände ab und besichtigte mehrere Ruinen. Er erkannte als erster, daß die runden, von den Wetherills für Vorratskammern gehaltenen Räume in Wahrheit Kivas waren – Zeremonialstätten und Versammlungsorte, wie sie auch die späteren Hopi besaßen. Er war verblüfft, mit welcher Sorgfalt das Mauerwerk der Klippenhäuser errichtet war, und folgerte aufgrund der kleinen Fingerabdrücke, die er im Mörtel entdeckte, daß Frauen die Steine verfugt hatten. Anhand von Speiseresten, Samen und anderen Indizien stellte er fest, daß sich die Anasazi vornehmlich von Mais, Gemüsekürbis und Bohnen ernährt hatten, und daß die Tierknochen, die sich in manchen Teilen der Höhlen fanden, von Truthähnen stammten.

Der Schwede erläuterte den Wetherills auch die Vorteile der Stratigraphie, einer Methode der relativen Altersdatierung von Artefakten anhand der Erdschichten. Allerdings sollten noch etwa 50 Jahre vergehen, bis man die Entwicklungsphasen der Anasazi auf der Mesa Verde chronologisch richtig zuordnen konnte. Techniken wie die Baumringdatierung und andere Verfahren ergaben schließlich, daß die Anasazi etwa 700 Jahre in der Region gelebt hatten, ehe sie die Mesa Verde um 1300 verließen, und daß die mehrstöckigen Klippenhäuser erst während der letzten 100 Jahre dieser Periode entstanden waren.

Mittlerweile nutzten die Brüder Wetherill ihr neuerworbenes Wissen, um weitere Artefakte der Mesa Verde zusammenzutragen – diesmal allerdings nicht zum Verkauf, sondern für die Chicago World Columbian Exposition von 1893. Richard Wetherill, der die Exponate aus Colorado auf Bitten der Behörden betreute, lernte in Chicago zwei wohlhabende junge Männer kennen, die seine archäologischen Vorhaben zehn Jahre lang finanziell fördern sollten: den 20jährigen Talbot Hyde und seinen 18jährigen Bruder Fred, Erben des Seifenkonzerns Babbitt Soap Company. Wetherill schlug als erstes Ziel der Hyde

Exploring Expedition den ihm bekannten Klippenhaus-Komplex Grand Gulch bei Bluff City im Südosten von Utah vor und setzte sich durch.

Durch Nordenskjöld beeinflußt, war er fest entschlossen, von nun an wissenschaftlich wertvolle Arbeit zu leisten. Er entwickelte eine Art Protokoll mit säuberlich numerierten Feldern für jeden bedeutenden Fund. Sein Wunsch, ernst genommen zu werden, grenzte an Besessenheit. „Ich möchte den gesamten Südwesten gründlich erforschen", schrieb er einem Freund. „Aber zuerst muß ich mich bilden. Das ist ein Prozeß, der ziemlich langsam vorangeht." Die Zeiten, in denen er seine Funde verkauft oder als „Azteken-Zeugnisse" annonciert hatte, waren vorbei. Wie mit den Brüdern Hyde fest vereinbart, sollten sie dem American Museum of Natural History in New York überstellt werden.

Richard Wetherill, seine Brüder Al und John sowie fünf weitere Männer verbrachten vier Monate in Grand Gulch und zwei anderen Fundstätten in Utah und trugen 1216 Fundstücke zusammen – darunter 96 Skelette. Richard war begeistert und schrieb an Talbot Hyde, daß der Erfolg der Expedition „alle Erwartungen überstieg". Und Nordenskjölds Lektionen in Stratigraphie begannen sich auszuzahlen. Einen Meter unter dem Boden der Klippenhäuser von Utah stieß Richard auf Skelette „einer anderen Rasse", wie er aufgeregt berichtete: ein Volk von größerem Wuchs, das Körbe, aber keine Keramik fertigte. Während die Klippenbewohner bereits Pfeil und Bogen hatten, benutzten die Basket Maker oder Korbmacher noch eine Speerschleuder, den Atlatl.

Das konnte nicht unwidersprochen bleiben. Ein Professor bezeichnete Richards Korbmacher-Theorie sogar als raffinierten Schwindel, der „wenn schon nicht seine Glaubwürdigkeit, so doch den Verkaufswert seiner Sammlung" erhöhen sollte. 1914 erfuhr Wetherill dann eine späte Rechtfertigung. Archäologen, die Ausgrabungen im Norden Arizonas vornahmen, bestätigten, daß es sich bei der Korbmacher-Tradition um eine Vorstufe der Anasazi- oder Pueblo-Kultur handelte.

Im Sommer des Jahres 1895 trafen auf der Wetherill-Ranch Wandermusikanten ein, eine Quäkerfamilie namens Palmer, die das ganze Land bereiste. Sie erwähnten eine Ruinenstadt, die sich angeblich im Chaco Canyon von New Mexico befand, etwa 220 Kilometer von der Mesa Verde entfernt. Richard hatte bereits ähnliche Gerüchte gehört und erbot sich spontan, sie dorthin zu begleiten – ein Entschluß, der sein Leben grundlegend verändern sollte und eine der ersten Langzeitausgrabungen an einer präkolumbischen Stätte des Südwestens in die Wege leitete. Die zahlreichen Pueblo-Ruinen in dem 15 Kilometer langen Sandstein-Canyon waren erstmals ein halbes Jahrhundert zuvor von Leutnant James Simpson beschrieben worden. Der Leutnant hatte den Außenwall der gut erhaltenen, halbrunden Anlage Pueblo Bonito („Schöne Stadt") vermessen und geschätzt, daß die mehrstöckigen

DIE CHRONOLOGIE DER JAHRESRINGE: EIN SCHLÜSSEL ZUR VERGANGENHEIT

Andrew E. Douglass, der zu Beginn des 20. Jahrhunderts als Astronom an der University of Arizona tätig war, fand durch die „Tagebücher der Bäume", wie er selbst sagte, zurück in das goldene Zeitalter der Pueblo- und Klippenhaus-Kulturen. Er bezog sich mit dem Begriff auf die konzentrischen Baumringe, an denen sich das alljährliche Wachstum des Stammes ablesen läßt. Diese Ringe verrieten nämlich nicht nur das Alter der Bäume, sondern auch die klimatischen Bedingungen, die ihr Gedeihen beeinflußt hatten: Je schmaler der Jahresring, desto weniger Niederschlag war gefallen.

Douglass hatte allerdings Sonnenflecken und nicht die alten Kulturen des Südwestens im Sinn, als er seine Untersuchung begann. Er vermutete, daß der elfjährige Sonnenfleckenzyklus das Wetter auf der Erde beeinflussen und so eine direkte Einwirkung auf die Breite der Wachstumsringe haben könnte. Je mehr Daten Douglass in Arizona jedoch an lebenden Bäumen – wie der im Hintergrund gezeigten knorrigen Piñon-Kiefer – gewann, desto stärker interessierte ihn die Abfolge der Jahresringe, und er beschloß, sie über das Alter seiner Studienobjekte hinaus zurückzuverfolgen. 1923 begann er Bauhölzer und Holzkohle sowohl von verlassenen wie noch bewohnten indianischen Kulturstätten zu untersuchen. In manchen Fällen entdeckte er Übereinstimmungen zwischen den Ringen von lebendem und totem Holz. Doch obwohl seine Chronologie letztlich bis ins Jahr 1260 n. Chr. zurückreichte, hatte Douglass viele ältere Hölzer, die nicht zu den bereits datierten Stücken paßten; statt dessen zeigten sie eine eigene Abfolge mit teilweisen Überlappungen. Was ihm fehlte, war ein Bindeglied für seine beiden Chronologien – der „Stein von Rosette", wie er in Anspielung auf die Ägyptologie sagte.

Und der Wisschenschaftler hatte Glück. Als er den Querschnitt eines verkohlten Kiefernbalkens *(unten)* untersuchte, stellte er fest, daß die Jahresringe des um 1380 gefällten Baums bis ins Jahr 1237 zurückreichten. Als Douglass sie mit seinen bereits ausgearbeiteten Chronologien verband, erhielt er eine lückenlose Jahresringdatierung über mehr als 1200 Jahre. Selbst das war ihm nicht gut genug. Er sammelte weiter alte Hölzer, verglich und ordnete sie und besaß schließlich eine Sequenz, die sich über 1900 Jahre erstreckte.

Die Methode erwies sich als bahnbrechend für die Archäologie des Südwestens. Sie führte zur Entwicklung der Dendrochronologie, der Datierung von prähistorischen Stätten und Bauwerken aus den Jahresringen der darin enthaltenen Hölzer, und der Dendroklimatologie, dem Studium vergangener Klimaverhältnisse anhand der Dicke der Baumringe. Auf diese Weise läßt sich bestimmen, wann die einzelnen Pueblos und Klippenhäuser entstanden und wieder aufgegeben wurden.

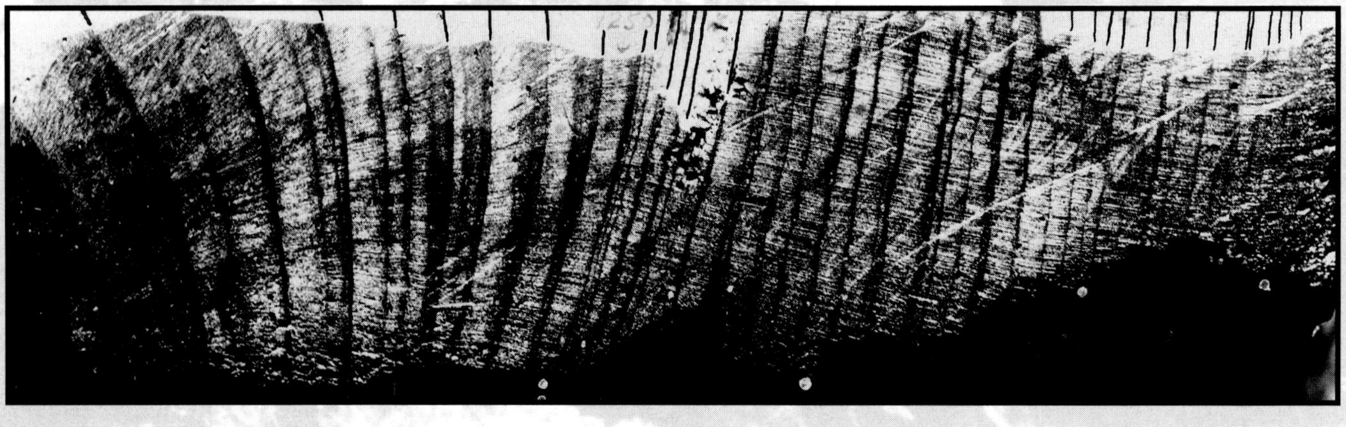

RINGVERGLEICH: EINE CHRONIK DER MAGEREN UND DER FETTEN JAHRE

Die Dendrochronologie ist ein Verfahren zur Datierung von Hölzern einer Region durch den Vergleich ihrer Jahresringe. In unserem Beispiel stammt Holz A von einem 1992 gefällten Baum. Hölzer B und C sind Exemplare unbekannten Alters. Legt man sie jedoch unter Holz A und verschiebt sie, bis die Jahresringe übereinstimmen, dann haben A und B das Jahr 1985, A, B und C das Jahr 1975 sowie B und C das Jahr 1965 gemeinsam. Das Alter eines jeden Baumstamms erhält man, wenn man die Jahresringe von außen bis zum Kern zählt.

Dendrochronologie und Dendroklimatologie haben sich als wichtige archäologische Verfahren erwiesen, so zur Datierung eines Pueblos wie Arroyo Hondo *(unten)* oder um festzustellen, wieviel Niederschlag in der Gegend zu Lebzeiten der Pueblo-Indianer niederging. Anhand dieser Daten lassen sich auch Abhängigkeiten zwischen der Zahl der Bewohner und Klimaschwankungen nachweisen.

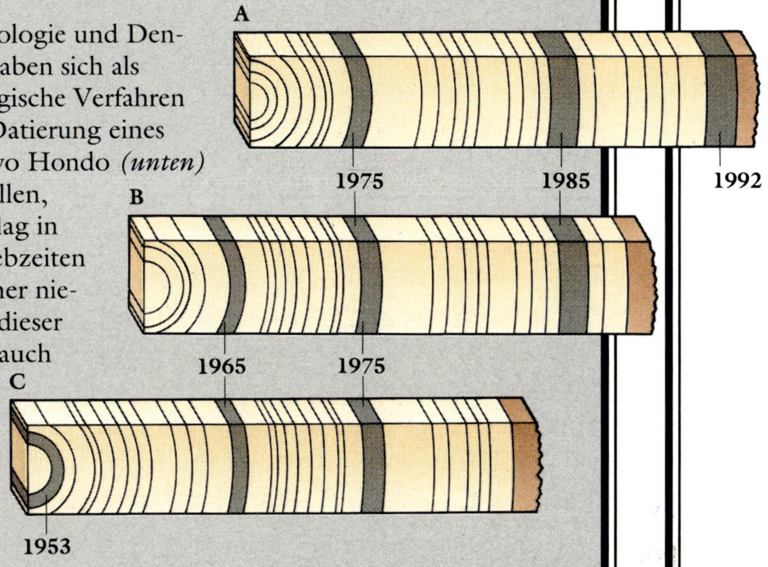

Die Ruinen von Arroyo Hondo, einem Pueblo bei Santa Fe in New Mexico, liegen an einem Berghang 2100 Meter über dem Meeresspiegel. Der um 1300 errichtete Pueblo war unterschiedlichsten Klimabedingungen ausgesetzt. Er wuchs unter günstigen Bedingungen auf das nahezu Hundertfache seiner ursprünglichen Größe, schrumpfte, als die Niederschläge nachließen, und erwachte zu neuer Blüte, sobald wieder mehr Regen fiel. Diese Schwankungen zwischen Dürre- und Feuchtigkeitsperioden spiegeln sich in der Breite der Baumringe wider, aber nur eine sorgfältige und sehr komplizierte statistische Datenauswertung könnte Rückschlüsse auf die tatsächlichen Niederschlagsmengen zulassen.

Steinhäuser an die 640 Räume umfaßten. Was Simpson besonders verblüffte, war das exakt zusammengefügte Mauerwerk der Chaco-Siedlung, das ihn an „ein großartiges Stück Mosaikarbeit" erinnerte.

Als Wetherill im Oktober mit den Palmers ankam, stand für ihn fest, daß Pueblo Bonito der Schauplatz seines nächsten Abenteuers sein sollte. Der Brief, in dem er Hyde eine Expedition vorschlug, fiel mehr als überschwenglich aus: Die Ruinen seien „fast unbekannt", er habe in dem Canyon bereits elf große Pueblos aufgespürt, und insgesamt könnten es mehr als hundert sein. Die Hydes erklärten sich einverstanden, im folgenden Sommer ein Ausgrabungsprojekt zu finanzieren, allerdings mit einem bedeutenden Unterschied zu früher: nicht Richard, sondern ein Wissenschaftler sollte die archäologischen Arbeiten überwachen. F. W. Putnam, der sowohl das Peabody Museum als auch das American Museum of Natural History leitete, empfahl den Hyde-Brüdern George Pepper, einen 23jährigen Archäologiestudenten aus Harvard.

Im Spätfrühling des Jahres 1896 begannen Pepper, Wetherill und ein Trupp von 18 Navajo (deren Sprache Wetherill beherrschte) mit der Arbeit in Pueblo Bonito. Obwohl Pepper unmißverständlich klar machte, daß er die Ausgrabungsarbeiten den anderen überlassen und sich vor allem den Aufzeichnungen widmen wollte, empfand Wetherill seine Anwesenheit als gänzlich überflüssig. Er beschwerte sich bei Talbot Hyde über Peppers angebliche Unfähigkeit und erwähnte einmal beiläufig, daß er gegen seinen jugendlichen Vorgesetzten „gemeutert" habe. Insgeheim befürchtete er wohl, daß Pepper als Wissenschaftler die Lorbeeren ernten würde, wenn sie eine große Entdeckung machten.

Art und Anzahl der Funde hielten sich im üblichen Rahmen, als sie im Laufe des Frühsommers 18 Räume und eine große Kiva ausgruben. Dann, im August, reihte sich plötzlich archäologischer Erfolg an Erfolg. Nachdem die Navajo-Helfer eine Gestrüpphecke entfernt und eine Schicht angewehten Sand beiseite geschaufelt hatten, stießen sie auf die Brüstung einer versenkten Mauer. Einen halben Meter unter der Erde fanden sie zunächst ein paar Schmuckstücke aus Türkis. Als sie tiefer gruben, entdeckten sie ein Versteck mit 20 unversehrten Gefäßen und Schalen. Nach zwei weiteren Tagen waren 12 Türkisanhänger, 114 Gefäße und 22 Schalen geborgen – einer der größten Keramikschätze, die man je im Südwesten aufgespürt hatte.

Im ersten von zwei kleinen Räumen, die an dieses Versteck grenzten, machten sie eine noch aufregendere Entdeckung – ein Grab, in dem ganz offensichtlich ein Anasazi von hohem Rang bestattet war. Ein Köcher mit 81 Pfeilen lag neben seinem Skelett, dazu Keramikgefäße, mehr als 300 Holzstäbe und eine Steintafel in Form eines Vogels mit Türkiseinlagen. Der zweite Raum enthielt ebenfalls die Gebeine einer hochgestellten Persönlichkeit. Breite Reifen mit Anhängern und

Perlen aus Türkis schmückten die Handgelenke und Knöchel. Zwei Ketten um Hals und Bauch waren aus mehr als 4000 Türkisen gefertigt. Als Wetherill einen türkisverzierten zylindrischen Korb hochhob, der neben dem Toten stand, fand er ihn erstaunlich schwer und entdeckte zu seiner Verblüffung, daß er mit mehr als 5000 Lochperlen und Anhängern aus Türkis und Perlmutt gefüllt war.

Als die Männer des Hyde-Teams im September die Arbeiten einstellten, hatten sie einen ganzen Güterwagen voller Funde für das Museum zusammengetragen. Neben Tongefäßen, Halbedelsteinen und Skeletten waren Holzflöten, Tierbildnisse aus Stein sowie eine Unmenge jener merkwürdigen Holzstäbe aufgetaucht, die vermutlich bei Gebetsritualen Verwendung fanden. Wetherill hatte außerdem eine Braut – die 20jährige Marietta Palmer aus der Musikantenfamilie, die er noch im gleichen Jahr heiratete – gefunden und einen Spitznamen erworben: Die Navajo nannten ihn Anasazi.

Die Expedition kehrte in jedem der drei darauffolgenden Jahre nach Pueblo Bonito zurück und legte insgesamt 190 Räume frei, darunter mehrere große Kivas – ein Unternehmen, das die großzügigen Hyde-Brüder im Endeffekt nicht weniger als 25 000 Dollar kostete. Und der Rancher Richard Wetherill hatte sich endlich seine archäologischen Sporen verdient: Er entdeckte unter den Töpferwaren von Pueblo Bonito Gefäße, die große Ähnlichkeit mit der Mesa-Verde-Keramik hatten, und vermutete deshalb, daß die dort ansässigen Anasazi ihre Klippenhäuser aufgegeben und nach Süden gezogen waren, um sich im Chaco Canyon niederzulassen. Darüber hinaus stieß Wetherill auf die Knochen und Federn von Papageien, die nicht weiter nördlich als in den Tropenzonen Mexikos vorkamen – ein Beweis dafür, daß die Handelsbeziehungen der Anasazi bis nach Mittelamerika gereicht hatten.

Richard Wetherills Laufbahn als Archäologe fand schließlich ein Ende, als sich besorgte Akademiker und Regierungsbeamte gegen ihn verbündeten und ihm Plünderungen und Gewinnsucht vorwarfen. Die Regierung leitete eine Untersuchung ein, die im Jahre 1900 zur Schließung des Hyde-Unternehmens führte. Wetherill, der in Chaco ein Haus und eine Handelsstation errichtet hatte, erhielt keinen Zutritt mehr zu den archäologischen Stätten im Canyon, der 1907 zum Nationalmonument erklärt wurde. Drei Jahre später kam es wegen eines gestohlenen Pferdes zu einer Schießerei zwischen den Navajo und einem seiner Cowboys, in deren Verlauf der inzwischen 52jährige Wetherill den Tod fand. Sein Konto wies ein Guthaben von 74 Dollar und 23 Cent auf. Man setzte ihn auf Anasazi-Grund bei – keine 300 Meter von Pueblo Bonito entfernt. Dabney Ford, Archäologin des Chaco Culture National

Historical Park, findet es „ganz und gar angemessen, daß Wetherill bei seinen Freunden aus der Vergangenheit ruht".

Wetherills Nachfolge traten die Archäologen Neil Judd, Frank Roberts und Gordon Vivian an. Sie verfolgten die Spuren der Besiedlung im Chaco Canyon bis zurück in die Korbmacher-Phase zwischen 500 und 850 und kamen zu dem Schluß, daß auf dem Höhepunkt dieser Kultur mehr als 5000 Menschen im Canyon gelebt hatten – eine Zahl, die durch spätere Ausgrabungen erheblich revidiert werden sollte. Judd, ein junger Wissenschaftler der Smithsonian Institution, der in den zwanziger Jahren eine siebenjährige, von der National Geographic Society finanzierte Expedition leitete, war von Pueblo Bonito ebenso verblüfft und fasziniert wie vor ihm Leutnant Simpson und Wetherill.

Judds größte Entdeckung beruhte mehr oder weniger auf einem Zufall. In einem kleinen rückwärtigen Raum, in dem man Keramik, Körbe und Skeletteile gefunden hatte, schabte er mit seiner Kelle aus einem Impuls heraus auf dem Boden einer bereits untersuchten Sektion herum – und stieß auf mehrere Perlen. Vorsichtig arbeitete er mit Ahle und Pinsel weiter und legte eine „unvergleichliche" vierreihige Türkiskette sowie zwei Paar Ohrringe „von einem wunderbaren Blau" frei.

„Mir fehlen die Worte, um das Gefühl bei dieser Entdeckung zu beschreiben", schrieb Judd. „Ein zufälliges Scharren . . ., so mechanisch wie tausend andere Bewegungen im Verlauf eines Tages, brachte den

In das blendende Licht über der Wüste von Arizona getaucht, treten die Umrisse der Ruinen der heute als Snaketown bekannten Hohokam-Stätte scharf umrissen wie auf einer Reliefkarte hervor. Ein Team des Arizona State Museum, das 1964 mit den Ausgrabungen begann, legte in sieben Monaten die Grundmauern der Siedlung frei, die auf das 1. Jahrhundert n. Chr. zurückgeht und in der zeitweise bis zu 500 Menschen lebten. Die Häuser wurden innerhalb einer Zeitspanne von mehr als tausend Jahren immer wieder umgebaut und erneuert.

Emil Haury, der die Ausgrabungen in Snaketown von 1964 bis 1965 leitete, steht hier in einem Kanal des ausgedehnten Systems, das die Hohokam anlegten, um das kostbare Naß des Gila River auf ihre Felder zu leiten. Die Hohokam waren das erste Volk in Nordamerika, das Anbau mit künstlicher Bewässerung betrieb. Schramm- und Schabespuren lassen erkennen, daß sie offenbar spitze Pfähle benutzten, um die Kanäle auszuheben.

lange verborgenen Schatz ans Licht." Die Nachricht von dem Fund machte die Runde, und seine Handlanger aus dem Volk der Zuni und Navajo eilten herbei, um den wunderbaren Schmuck zu bestaunen. Das Material, das die Kette zusammengehalten hatte, war größtenteils verrottet, aber mit einer Banjosaite, die sich Judd von einem Arbeiter lieh, gelang es ihm, die Schmuckglieder in der richtigen Reihenfolge aufzufädeln.

Eine Frage, die auch nach Judds Expedition für die National Geographic Society ungeklärt blieb, betraf den Zeitraum, in dem die Anasazi die „Großen Häuser" im Chaco Canyon bewohnt hatten. Mit Sicherheit war nur bekannt, daß er vor der Ankunft der Spanier im 16. Jahrhundert liegen mußte. Den Schlüssel für die Lösung dieses Problems lieferte ein Wissenschaftler, der sich weniger mit alten Kulturen als mit Himmelskörpern befaßte. Bei dem Versuch, eine Beziehung zwischen Sonnenflecken- und Wetterzyklen herzustellen, erfand der Astronom Andrew E. Douglass von der University of Arizona 1901 die Methode der Baumringdatierung *(S. 90)*. Sonnenflecken verändern sich in einem regelmäßigen Zyklus von elf Jahren, der im amerikanischen Südwesten eine Parallele in den Schwankungen der jährlichen Regenfälle zu finden scheint. Das wiederum brachte Douglass auf den Gedanken, daß die Jahresringe von Bäumen – deren relative Breite vor allem durch die Regenmenge bestimmt wird – mit den Sonnenfleckenperioden übereinstimmen könnten. Es gelang ihm zwar nie, diesen Zusammenhang nachzuweisen, aber seine Untersuchung von Bauhölzern, die aus Pueblo Bonito und anderen Fundstätten des Südwestens stammten, führte zu einer Revolution der archäologischen Datierungsverfahren. Mit der neuen Dendrochronologie gelang es später, die Bauzeit von Pueblo Bonito auf die Periode zwischen 919 und 1130 einzugrenzen.

Die um 800 entstandene und 1934 freigelegte ovale Vertiefung von 55 Meter Länge und 19 Meter Breite diente als einer der Ballspielplätze von Snaketown. Anlagen dieser Art kannte man vor allem bei den präkolumbischen Kulturen Mexikos, und auch das Spiel selbst hatte Ähnlichkeit mit der mexikanischen Version: Die Teilnehmer mußten einen Ball durch einen Steinring in einer Mauer werfen, durften ihn dabei aber nur mit den Hüften und Armen berühren.

Ähnlich verwirrend war für frühe Archäologen des Südwestens die Frage, wie viele prähistorische Kulturen in diesem vielgestaltigen Land mit seinen schwierigen Umweltbedingungen gelebt hatten. Mit Hilfe von 1992 entdeckten Hand- und Fingerabdrücken identifizieren Wissenschaftler die Ureinwohner der Region derzeit als ein Volk von Großwildjägern und Sammlern, das bereits vor 28 000 Jahren den Südwesten durchstreifte. Das wäre wesentlich früher als der bisher angenommene Zeitpunkt, den Archäologen durch Radiokarbondatierung von bearbeiteten Steinspitzen aus der Gegend von Clovis, New Mexico, auf etwa 9500 v. Chr. festgelegt hatten. Die Spitzen steckten zwischen den Rippen einer Mammutart, die während der letzten Eiszeit ausstarb.

Um 6000 v. Chr. – dem Beginn der Archaischen Periode – legten die Menschen nicht mehr so weite Strecken zurück wie früher und jagten vor allem kleineres Wild. Sie waren die Vorläufer der Anasazi, die um 200 n. Chr. auftauchten und mit ihren Klippenhäusern und Chaco-Fundstätten das ganze Interesse der frühen Archäologen in Anspruch nahmen. Aber schon zu Wetherills Zeiten gab es Forscher, die unterschiedliche Strömungen und Stile zu erkennen glaubten und die Vermutung äußerten, daß der Südwesten nie reines Anasazi-Land gewesen war.

Zu letzteren gehörte Frank Hamilton Cushing, ein New Yorker, den die Indianerkulturen des Südwestens so faszinierten, daß er zwischen 1880 und 1890 vier Jahre lang in einem Zuni-Pueblo lebte und arbeitete und danach 15 Monate als Anthropologe der Smithsonian Institution an den Ausgrabungen eines Mound-Komplexes im Tal des Salt River in Arizona teilnahm. Obwohl die Ergebnisse von Cushings Arbeit mit einer Verzögerung von über einem halben Jahrhundert gedruckt wurden, war er dennoch der erste, der die später als Hohokam bezeichnete Kultur erforschte – ein Wort der Pima-Indianer, das „Vorfahren" oder „verbrauchtes Volk" bedeutet.

In den Mittelpunkt der Aufmerksamkeit rückten die Hohokam, die am Gila und Salt River in der Gegend der heutigen Städte Phoenix und Tucson gelebt hatten, durch die Arbeiten von Harold Gladwin, einem Börsenmakler und Amateurarchäologen, und Emil Haury, der sich als Professor für Anthropologie und Archäologie des Südwestens an der University of Arizona einen Namen gemacht hatte. Gladwin selbst führte seine Leidenschaft für die Archäologie auf eine Studienreise mit dem bekannten Harvard-Gelehrten Alfred V. Kidder zurück, die sie an einer unerforschte Ruine vorbeiführte. Sie sammelten eine Reihe von Artefakten – und von dem Moment an kam Gladwin von der Erforschung der Vergangenheit nicht mehr los.

Cushing, Kidder und andere hatten über Jahrzehnte hinweg den Eindruck gewonnen, daß die Wüstenbewohner einer eigenen Tradition angehörten. Haury und Gladwin bestätigten diese Vermutung im Verlauf einer mehrjährigen Studie der Fundstätte Snaketown im Phoenix Basin. Die Hohokam-Keramik mit ihrer roten Bemalung auf lederfarbenem Grund unterschied sich grundlegend von den Töpferwaren der Anasazi. Die Hohokam verbrannten ihre Toten und lebten nicht in wohnblockähnlichen mehrgeschossigen Gebäuden, sondern in rechtekkigen Einzelhäusern, die jeweils aus einem großen Raum bestanden. Sie errichteten weitverzweigte Bewässerungsnetze, besaßen Ballspielplätze wie manche der mesoamerikanischen Kulturen und schufen herrlichen

Muschelschmuck, Tonfigurinen sowie Objekte aus Stein. Wissenschaftler reagierten mit Skepsis auf diese neue präkolumbische Wüstenkultur, aber um das Jahr 1931 waren die meisten Zweifel beseitigt.

Fünf Jahre später gelang es dann Haury, auch die Mogollon im Gebirgsland zwischen Arizona und New Mexico als eine eigenständige Tradition zu identifizieren. Man hatte die Mogollon zunächst für eine lokale Gruppe der Anasazi gehalten, da sich in der Bauweise der Pueblos und der Töpferkunst starke Parallelen zeigten. Genauere Studien ergaben jedoch, daß dies auf die spätere Verschmelzung zweier unabhängiger Kulturen zurückzuführen war. Haury, der die ersten Dörfer reiner Mogollon-Tradition freilegte, konnte nachweisen, daß sowohl Architektur als auch Keramik der Mogollon vor dem Jahr 1000 einen eigenen Charakter hatten und daß die im Bergland ansässigen Mogollon-Stämme der Jagd weit mehr Gewicht beimaßen als die Anasazi oder Hohokam. Andere Archäologen fanden in der faszinierenden Mimbres-Keramik, die von einem kleinen Nebenzweig der Mogollon-Tradition gefertigt wurde, eine ebenso dekorative wie einmalige Kunstform.

Manche der schwarz auf weißem Grund gemalten Mimbres-Schalen weisen großartig stilisierte Darstellungen von Menschen, Tieren oder Fabelwesen auf. Die meisten aber zeigen symmetrische, klare, geometrische Muster von höchster Präzision. Die Mogollon-Künstler lebten zwischen dem 11. und 13. Jahrhundert im Südwesten von New Mexico, in ein paar Dörfern am Flußlauf des Mimbres. In den zwanziger Jahren, noch bevor die Mogollon als eigenständige Kultur anerkannt wurden, begaben sich die Amateurarchäologen Cornelius und Harriet Cosgrove aus Silver City in New Mexico an einer Fundstätte namens Swarts Ruin erstmals systematisch auf die Suche nach Mimbres-Schalen. Unter festgestampften Lehmböden fanden sie nicht weniger als 635 Gefäße, die man Verstorbenen ins Grab mitgegeben hatte. Löcher in den Schalen deuten auf eine rituelle „Tötung" der Keramik im Rahmen der Bestattungszeremonien hin.

Wie alle Künstler des Südwestens verwendeten die Mimbres-Töpfer Pinsel aus den Fasern der Yuccapflanze, die an einem Ende zu Haaren auseinandergezogen waren. Ihr Strich war so fein, daß sich mit ihnen bis zu 15 parallele Linien an einer knapp zwei Zentimeter breiten Umrandung ziehen ließen. Bei den Figurenmotiven tauchen häufig Gestalten auf, die auch heute noch eine bedeutende Rolle in den Indianersagen des Südwestens spielen – etwa der Bucklige Flötenspieler, der als Symbol für Fruchtbarkeit und Vermehrung gilt, oder die als Erdmutter verehrte Spinnenfrau.

Nach Aussage des Archäologen Stephen Lekson hat das Dekor der Mimbres-Keramik einen über die Ästhetik hinausgehenden archäologischen Wert. Der Kunsthistoriker J. J. Brody von der University of

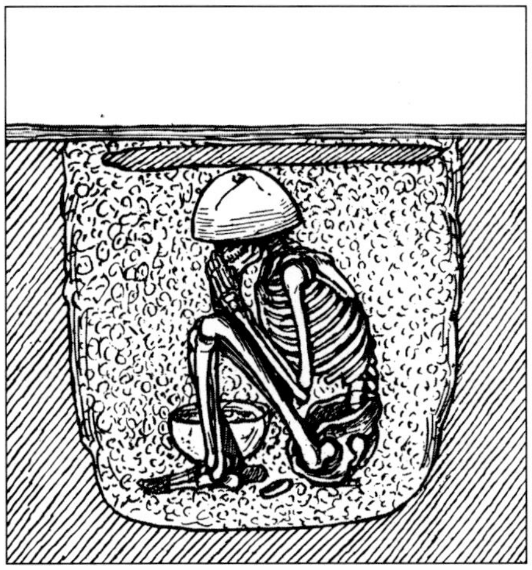

1914 untersuchte der Ethnologe Jesse Walter Fewkes Hunderte von bemalten Schalen, die man im Südwesten von New Mexico nahe dem Fluß Mimbres gefunden hatte. In seinem späteren Bericht fand sich eine Skizze (oben), aus der hervorgeht, daß manche der Schalen über die Köpfe der Toten gestülpt waren. Weitere Illustrationen von Fewkes (unten) zeigen nur einige der zahllosen geometrischen Muster der Mimbres-Keramik.

ABSTRAKT UND FIGÜRLICH: DIE MIMBRES-KERAMIK

Nach der Keramik zu urteilen, entwickelten die im Tal des Mimbres – im Südwesten von New Mexico – ansässigen präkolumbischen Stämme zunehmend Gefallen an der künstlerischen Seite des Lebens. Ihre frühen Arbeiten, die etwa aus dem 3. Jahrhundert stammen, weisen noch kein Dekor auf und dienten vorwiegend zum Kochen oder als Vorratsbehälter. Um das 11. Jahrhundert jedoch hatten sie einen großartigen neuen Stil entwickelt, dessen schönste Stücke allem Anschein nach Zeremonialzwecken vorbehalten blieben. Die Schüsseln fanden häufig Verwendung als Grabbeigaben. Manchmal wurden sie auch über die Gesichter der Toten gestülpt, die auf diese Weise ein letztes Bild aus der Welt der Lebenden mit ins Jenseits nahmen.

Die Mimbres-Töpfer bemalten ihre Gefäße mit einem Gemisch aus Lehm, Wasser und pulverisiertem Hämatit, wobei die Farben je nach Temperatur und Sauerstoffzufuhr im Brennofen variieren. Die Darstellungen selbst haben bis zum heutigen Tag nichts von ihrem Reiz verloren – und sind bei Sammlern derart begehrt, daß Plünderer mit Bulldozern anrückten, um in den einstigen Mimbres-Dörfern nach vergrabenen Schätzen zu suchen.

Die Szene auf der Mimbres-Schale oben könnte einen Mythos darstellen, der auch zum Sagengut späterer Indianerstämme gehört: Aus dem Rachen des Ungeheuers Wolkenschlucker holen die Helden-Zwillinge den Regen, um eine lange Zeit der Dürre zu beenden. Das in den Boden geschlagene Loch – eine ritueller Akt, der den Geist des Gefäßes freisetzen sollte – weist die Schale als Grabbeigabe aus.

Die Mimbres-Keramik umfaßt die ganze Palette von der abstrakten (rechts) bis zur gegenständlichen Kunst. In Gefäßen wie dem unten in Form eines Dickhornschafs wurden möglicherweise Samenkörner für die Frühjahrssaat aufbewahrt.

Insekten umkreisen die Innenfläche dieser nur 15 Zentimeter großen Schale. Die rötliche Färbung entstand durch eine hohe Sauerstoffzufuhr während des Brennens; je geringer der Sauerstoffanteil war, desto dunkler wurde die Farbe.

Die stark abstrahierten Bergschafe oben und die Eidechse links erinnern an Werke der modernen Kunst und erklären, weshalb die Mimbres-Schalen gerade bei den Sammlern des 20. Jahrhunderts so großen Anklang finden.

New Mexico beschreibt die geistige Welt, die in den Mimbres-Gefäßen zum Ausdruck kommt, als ein Universum, „das seine Harmonie durch ein exaktes, stabiles Gleichgewicht aller erkennbaren Gegensätze erhält".

In der Anfangszeit, nämlich um 200 n. Chr., bewohnten die Mogollon halb in die Erde eingelassene Grubenhäuser mit Dächern aus Astwerk und Reet. Sie ernährten sich hauptsächlich von Wild, ergänzten ihre Kost aber durch Mais, Bohnen, Gemüsekürbis, Nüsse und Samen. Ihre Dörfer, teils in den Bergen und teils entlang den Flüssen errichtet, bestanden meist aus ein paar Häusergruppen, die weder einen festen Grundriß noch ein bestimmtes Schema aufwiesen. Auch sie bauten Kivas, die jedoch im Gegensatz zu den runden Zeremonialstätten der Anasazi meist rechteckig waren.

Funde aus der Tularosa Cave in New Mexico deuten darauf hin, daß die Mogollon Festgewänder aus Fell und Federn anfertigten, Rohrflöte spielten, Tabak aus rohrförmigen Pfeifen rauchten (vermutlich nur zu besonderen Gelegenheiten) und eine Art Würfelspiel kannten – manche Keramikmalereien zeigen niedergeschlagene Verlierer. In Gebieten, in denen sich nur selten ein Stück Wild erlegen ließ, litten sie unter den Folgen der proteinarmen Kost. So zum Beispiel ließen sich an Skeletten in einer Mogollon-Ruine der Spätzeit Knochenveränderungen feststellen, die auf Anämie und Infektionen zurückzuführen waren.

In fünf Höhlen hoch über einem kleinen Fluß in den Mogollon-Bergen von New Mexico – jener Region, die den Erbauern dieses Mauerwerks aus dem späten 13. Jahrhundert ihren Namen gab – schmiegen sich die Klippenhäuser von Gila. Der gut versteckte Haupteingang (oben), den man nur nach einem schwindelerregenden Aufstieg erreichte, bot Sicherheit vor Eindringlingen. Natürliche Bogengänge im Fels (gegenüber) verbinden die drei am weitesten östlich gelegenen Höhlen.

Der Archäologe Steven LeBlanc, der in den siebziger Jahren einige Dörfer der Mogollon untersuchte, kam zu dem Schluß, daß sie ein egalitäres Gemeinwesen hatten. Zumindest fand er nirgends Anzeichen für Rangunterschiede. Die Häuser waren alle gleich groß, es gab keine Prunkbestattungen und auch keine Verstecke mit luxuriösen Grabbeigaben wie in Pueblo Bonito. Trotz der hervorragenden Qualität der Mimbres-Keramik scheinen die Mogollon keine Spezialisierung auf bestimmte Handwerke oder Kunstfertigkeiten gekannt zu haben. Auch war keine Siedlung imposanter als die andere. Nach LeBlanc „spricht kaum etwas für Handels- oder Wanderungsbewegungen", ehe das Volk unter den Einfluß der Anasazi geriet.

Manche Mogollon-Männer gehörten offenbar Sodalitäten an, Bruderschaften, die ihre Gemeinsamkeit oft durch besondere Symbole zum Ausdruck brachten. Muschelanhänger, Haarnadeln aus Knochen und Bündel von Pfeilspitzen, die man bei Skeletten einer Fundstätte auf dem Grasshopper Plateau im östlichen Arizona entdeckte, könnten drei solcher „Logen" gekennzeichnet haben, aber ihre Bedeutung ist bis heute ungeklärt. Eine Ende der siebziger Jahre durchgeführte Studie über die Bestattungsbräuche in dieser Region ergab nach Auskunft des Archäologen J. Jefferson Reid von der University of Arizona, daß Kinder bis zu neun Jahren in der Regel ohne Artefakte beigesetzt wurden,

Die Kunst der Hohokam bezeugen zwei Steinpaletten, auf denen Minerale für Gesichts- und Körperfarben gerieben und gemischt wurden. Die Muster reichten von schlichten Verzierungen wie bei dem Exemplar oben bis zu großartigen figürlichen Darstellungen wie der 15 Zentimeter langen Krötenechse unten. Da die Bemalung vor allem im Rahmen des Totenkults eine Rolle spielte, finden sich solche Paletten meist in Grabstätten.

während die Zahl der Grabbeigaben bis zum „Erwachsenen"-Alter von etwa 15 Jahren stetig zunahm.

Lange Zeit galt als gesichert, daß die Mogollon-Tradition längst nicht so hochentwickelt war wie die Kultur der Hohokam oder der Anasazi und daß sie außer ihrer Töpferkunst wenig Eigenständiges hervorgebracht hat. Insbesondere ihre Dörfer wirkten im Vergleich zu den Anasazi-Klippenhäusern der Mesa Verde primitiv und behelfsmäßig – bis in den siebziger Jahren anhand von Baumringdatierungen festgestellt wurde, daß sie überhaupt nicht aus der gleichen Zeit stammten: Die kleinen Mogollon-Weiler im Tal des Mimbres waren über hundert Jahre älter. Um das 11. Jahrhundert wichen die Grubenhäuser nach und nach mehrstöckigen Pueblo-Anlagen aus Mauerwerk und glichen sich im Aussehen immer stärker den Siedlungen der Anasazi an. Dr. Linda Cordell von der California Academy of Sciences vermutet die Gründe für diesen Wandel in einem Bevölkerungsanstieg und einer allmählichen Verschmelzung lokaler Traditionen. Ihrer Meinung nach könnte es um 1200 zu einer „lockeren Allianz" zwischen Mogollon- und Anasazi-Stämmen gekommen sein. Als sich die Siedlungen ausdehnten, mußte der Anbau intensiviert werden, und die Bauern legten Bewässerungskanäle an, um den Nahrungsbedarf der wachsenden Bevölkerung zu decken. In manchen Teilen ihres Einflußbereichs – der so groß war wie die Territorien der Anasazi und Hohokam zusammen – entwickelten sich hierarchische Strukturen, die nach LeBlanc Ähnlichkeit mit Stammestümern hatten.

Die Hohokam-Leute, die einige hundert Kilometer entfernt in der Kaktuswüste des südlichen Arizona lebten, brachten es fertig, ihr ausgedörrtes Land mit Hilfe künstlicher Bewässerungstechniken zu bebauen und auf dieser Grundlage eine Kultur zu entwickeln, die mehr als ein Jahrtausend Bestand hatte. Sie errichteten ihre Siedlungen am Rande vereinzelter Flußläufe und flacher Wasserlöcher und schufen das raffinierteste prähistorische Bewässerungssystem nördlich von Mexiko. Da es in der Region nur wenige für eine Baumringdatierung geeignete Hölzer gibt, herrscht Unsicherheit, wie lange die karge Region die Hohokam ernährte; gegenwärtig schätzt man ihre kulturelle Lebensdauer jedoch auf mehr als 1200 Jahre – von etwa 200 bis 1450.

Aus den Details ihres ausgedehnten Bewässerungsnetzes – in der Gegend um Phoenix allein hat es eine Länge von rund 650 Kilometern – wird deutlich, mit welchem Geschick und technischem Wissen die Hohokam ihre Umwelt zähmten. Die Kanäle waren tief und schmal – bis zu zwei Meter tief und nur anderthalb bis drei Meter breit – und boten der Sonne eine möglichst kleine Oberfläche, was die Verdunstung minimierte. Gräben und Verteilungsrinnen brachten Wasser vom Salt und

Zu den vollendetsten Kunstwerken der Hohokam gehören solche Muscheln, die um das Jahr 1000 entstanden. Sie sind zugleich der Beweis dafür, daß dieses Volk des Südwestens als eine der ersten Kulturen der Welt die Technik des Ätzens entwickelt hatte. Man trug die Muster mit Pech auf und legte die Muscheln dann in eine schwache Säure, vermutlich den vergorenen Saft von Saguaro-Kakteen, der die Oberfläche dort zersetzte, wo sie nicht abgedeckt war.

Gila River auf Felder mit Mais, Bohnen, Baumwolle und diversen Kürbisarten, die möglicherweise zweimal im Jahr geerntet wurden. Da die Kanäle nicht befestigt waren, wurden sie bei Überschwemmungen der lebenspendenden Flüsse vermutlich hin und wieder stark beschädigt oder gar zerstört.

Anfang der achtziger Jahre versuchten die Archäologen Paul und Suzanne Fish zu ermitteln, wieviel Arbeit es gekostet hatte, die Hohokam-Kanäle anzulegen. Sie kamen unter Annahme bestimmter Voraussetzungen zu dem folgenden Ergebnis: Hundert Menschen, die einen Monat pro Jahr arbeiteten, hätten 420 Jahre benötigt, um das Hauptkanalnetz auszuheben. Bei drei Monaten Arbeit pro Jahr verkürzte sich die Zeit auf 140 Jahre. Aber bei diesem Zahlenspiel blieb eine Reihe von Fragen ungelöst: Wie viele Arbeiter waren tatsächlich beteiligt, und wie lange hatte das gesamte Projekt gedauert? Gruben die Helfer die Kanäle freiwillig oder unter Zwang? Wer leitete die Arbeiten?

Außerdem bauten die Hohokam nicht nur Kanäle. In ihren einstigen Siedlungen fand man an die 200 Ballspielplätze – vertiefte ovale Felder, auf denen vermutlich zeremonielle Wettkämpfe ausgetragen wurden. Das Spiel selbst hatte wohl Ähnlichkeit mit einem mexikanischen Kult, dessen Teilnehmer einen Vollgummiball – ohne Einsatz von Händen und Füßen – über ein rechteckiges Feld treiben und durch einen steinernen Ring hoch in einer Mauer werfen mußten. An der Fundstätte Snaketown wurde ein Ballspielplatz von 55 Meter Länge und 19 Meter Breite entdeckt, der Erdaufschüttungen an den Längsseiten und drei Steine zur Markierung der Mitte sowie der oberen und unteren Grenze aufwies, aber keine Steinringe besaß. Ebenfalls aus Snaketown stammen Figürchen, die vermutlich Ballspieler mit Schienbeinschützern und Schulterpolstern darstellen.

Vom Golf von Kalifornien dürfte die Muschel stammen, aus der ein Hohokam-Künstler diesen schlangenförmigen Armreif fertigte. Der Archäologe Emil Haury war verblüfft von dem Geschick, mit dem solche Artefakte – die meist als Grabbeigaben auftauchten – hergestellt wurden.

Unter anderem an den Ballspielplätzen hat sich ein Streit entzündet, der die Archäologen in zwei Lager spaltet. Während die einen überzeugt sind, daß die Hohokam aus Mexiko einwanderten, glauben die anderen, daß sie ihre Wurzeln im Südwesten hatten. In Mesoamerika gefertigte Zeremonial- und Luxusgegenstände wie Kupferglocken und Mosaik-

spiegel aus Pyrit tauchten in Hohokam-Fundstätten ebenso auf wie die Knochen von tropischen Papageien. Manche Forscher (unter ihnen Gladwin, der immerhin zugab, in diesem Fall Eigensinn vor wissenschaftliche Erkenntnis zu stellen) vertreten die Ansicht, daß die Wesenszüge der Hohokam-Kultur mehr Ähnlichkeit mit den Kulturen Mexikos aufweisen als mit den archaischen Traditionen des eigenen Landes. Heute gehen die meisten Gelehrten davon aus, daß alle Indianer des Südwestens Nachfahren der Stämme aus der Archaischen Periode sind.

Ein typisches Hohokam-Dorf bestand aus flachen Grubenhäusern mit Grasdach und Wänden aus lehmbeworfenem Flechtwerk, die häufig in kleineren Gruppen – vielleicht für einzelne Clans – angeordnet waren. Die Bewohner ernährten sich von Mais, diversen Bohnensorten und Wüstenpflanzen und hin und wieder von Wild und Kaninchen. Die Steine, mit denen sie den Mais zerrieben, hinterließen im Mehl kleine Körner, die sich als äußerst schädlich für die Zähne erwiesen. Als man eine Reihe von Skeletten aus einer späten Fundstätte bei Phoenix untersuchte, stellte sich heraus, daß die Hohokam, wie die meisten ihrer Zeitgenossen, äußerst schadhafte Gebisse hatten. Viele litten an Arthritis,

Gut zehn Meter ragen die Ruinen der Hohokam-Stätte Casa Grande aus dem Sand der Sonora-Wüste von Arizona. Das um 1300 errichtete „Große Haus" hatte mehrere Stockwerke und könnte als Wohnsitz, Verwaltungszentrum, Lagerhaus oder Sternwarte gedient haben. Der Lehm, aus dem die Ziegel bestanden, war stark kalkhaltig; ein Schutzdach soll die fortgeschrittene Erosion aufhalten.

und bei älteren Frauen zeigten sich oft Anzeichen von Osteoporose. Durch eine Analyse der Knochen und entsprechende Schlußfolgerungen auf das Muskelgewebe, das sie einst umgeben hatte, gelangten die Gelehrten zu der Erkenntnis, daß die Männer – vermutlich aufgrund harter körperlicher Arbeit – meist starke Oberarme besessen hatten, während bei den Frauen – wohl vom Umgang mit den Mahlsteinen – die Hände besonders kräftig waren. Die Figurinen, die sie aus Ton formten, lassen weitere Schlüsse auf ihr Aussehen zu: Offenbar bändigten sie ihr Haar mit Stirnbändern und turbanartigen Kopfbedeckungen, trugen Ohrringe und Wangenstecker und bemalten oder tätowierten ihre Körper.

Die Hohokam fertigten eine auffallende Vielfalt von Ringen, Armreifen, Anhängern, Haarnadeln, Wangen- und Lippensteckern und sonstigem Schmuck aus Türkis, Jet und Muscheln von der Küste Kaliforniens. Und sie entwickelten eine Ätztechnik, die einmalig auf der Welt war. Zunächst skizzierte der Künstler das Muster oder Motiv mit Pech auf eine Muschelschale, die er dann in eine schwache Säure – vermutlich vergorener Kaktussaft – tauchte. Dabei wurden die nicht bedeckten Teile zerfressen, und zurück blieb das Motiv in Form eines Reliefs. Haury gelang es in Experimenten, diese alte Technik mit einem Saft des Saguaro-Kaktus nachzuvollziehen.

Bis heute haben die Archäologen keine klare Vorstellung vom Gemeinwesen der Hohokam. Haury hielt es für denkbar, daß die Stämme von Häuptlingen oder Schamanen geführt wurden. Ein besonders großes Skelett, auf das man in der Hohokam-Fundstätte Casa Buena stieß, zeigte keinerlei Spuren körperlicher Arbeit; in seiner Nähe befanden sich Knochenahlen, ein Armband sowie eine Sammlung von Steinen und Mineralien. Manche Begräbnis- und Einäscherungsstätten (die Hohokam kannten beide Formen der Totenbestattung) enthalten Muschelschmuck und andere Kostbarkeiten, die darauf hindeuten, daß die Verstorbenen hochgestellte Persönlichkeiten waren. Die Archäologin Jill Neitzel stellte außerdem fest, daß es nur in wenigen Häusern von Snaketown Material für die Herstellung von Keramik gab – es waren allem Anschein nach Werkstätten, in denen Töpfer ihrem Gewerbe nachgingen. Eine solche Spezialisierung erforderte eine hierarchische Ordnung. Wie sie im einzelnen ausgesehen und funktioniert haben könnte, können die Gelehrten allerdings bis heute nicht genau sagen.

Plattformhügel, wie man sie an wichtigen Kanälen und in manchen Hohokam-Siedlungen der Spätzeit entdeckte, wurden offenbar als Zeremonialstätten und abgegrenzte „Große Häuser" für die Elite verwendet. Das läßt den Schluß zu, daß nicht alle Hohokam gleich waren. Wie jedoch die Kanäle gebaut und in welcher Form das Ackerland zugeteilt wurde, bleibt ebenfalls eins der vielen Rätsel.

In der letzten Phase der Hohokam-Chronik scheint es zu einer

Verschmelzung mit anderen Kulturen gekommen zu sein. Verschiedene Keramikstile tauchen auf, darunter auch einige wenige Mimbres-Schalen. Gladwin vermutete, daß die Hohokam Frauen der Mogollon-Stämme entführten, aber es gibt in der langen Geschichte der Hohokam nicht einen Hinweis auf kriegerische Handlungen. Die einfachen Häuser verwandelten sich in Pueblos nach dem Vorbild der Anasazi, und man begann die Dörfer mit Schutzwällen zu umfrieden. Neben die bis dahin praktizierte Einäscherung der Toten traten Erdbestattungen.

Und noch ein Geheimnis umgibt das rätselhafte Volk der Hohokam. In einem großen Bauwerk in Casa Grande, Arizona, bildet ein Rundfenster in einem der oberen Stockwerke alljährlich zur Sommersonnenwende den perfekten Rahmen für die untergehende Sonne. Zwar wissen die Archäologen, daß alle Ackerbauern des Südwestens eine Art Kalendersystem besaßen, aber Einzelheiten über ihre astronomischen Kenntnisse – ob sie beispielsweise Casa Grande und andere Bauten als Sternwarten nutzten – sind nicht bekannt.

Die meisten Rätsel aber geben immer noch die Sinagua auf, die Leute „ohne Wasser", die mit Holz ausgekleidete Grubenhäuser bauten und in der hochgelegenen, trockenen Region östlich von Flagstaff in Arizona Mais anbauten. In ihrer Blütezeit zwischen 1125 und 1215 spielten die Sinagua möglicherweise eine Mittlerrolle beim Austausch von Waren und Ideen und bildeten so einen wahren Schmelztiegel für die verschiedenen Traditionen des Südwestens. Irgendwann im 13. Jahrhundert zogen sie südwärts ins fruchtbare Verde Valley, wo sie weitere 200 Jahre blieben. Weshalb sie diese Gegend verließen, kann bisher niemand erklären. Fest steht lediglich, daß die Hopi-Indianer die späteren Siedlungen der Sinagua als Sitz ihrer Vorfahren bezeichnen.

Die Fremont-Leute, benannt nach dem Fremont River im östlichen Utah, waren ein tüchtiges Volk, das überall in seinem zerklüfteten Territorium kleine Vorratsspeicher aus Felsgestein und Adobe anlegte. Für die Archäologen ist das Hauptproblem die Herkunft der Fremont-Tradition. Als sie 1931 erstmals identifiziert und beschrieben wurde, gingen die Wissenschaftler davon aus, daß sie sich von den Anasazi abgespaltet hatte, aber die vielen Unterschiede zwischen den beiden Kulturen lassen diese Annahme mittlerweile als zweifelhaft erscheinen. Andere Forscher glauben, daß sich die Fremont-Leute aus den archaischen Kulturen entwickelt haben – was angesichts der riesigen Zeitspanne ebenfalls eher unwahrscheinlich anmutet. Eine dritte Theorie, der zufolge sie von einer Gruppe abstammen, die von den Hochebenen nach Süden zog, hat den Nachteil, daß sie sich nicht beweisen läßt.

Die Fremont, die etwa von 700 bis 1300 im Osten von Utah

Zu den größten und am besten erhaltenen Ruinen der Region Red Rocks in Arizona gehört die Klippensiedlung Palatki – ein Hopi-Wort für „rotes Haus" –, die direkt aus der schroffen Felswand zu wachsen scheint. Zwischen 1000 und 1300 lebten hier bis zu 50 Angehörige der geheimnisvollen Sinagua-Kultur.

sowie im äußersten Nordwesten von Colorado lebten, waren Jäger und Ackerbauern. Die niedrigen Eingänge ihrer oft unter Felsvorsprüngen oder auf steilen Klippen angelegten Vorratsdepots standen wohl Pate für die Legende von einem Zwergenvolk, das einst in dieser Gegend in winzigen Steinhütten gehaust haben soll. An Standorten, die sich leicht verteidigen ließen, errichteten die Fremont aber auch größere Türme aus Stein, vermutlich ebenfalls zum Lagern ihrer Nahrung. Ihre Dörfer setzten sich aus unterschiedlichen Behausungen einschließlich Grubenhäusern mit halbrundem Boden zusammen. Daneben unterhielten sie in ihrem ganzen Territorium ein Netz von Schutzhütten oder Felshöhlen, in denen Wanderer die Nacht verbringen konnten.

Das Vermächtnis der Fremont sind herrliche Piktogramme, die Tiere, Pflanzen und Menschen mit seltsam dreieckigen oder trapezförmigen Körpern darstellen. Daneben schufen sie eigenwillige graue Keramiken von überaus großer Formenvielfalt – schlank und bauchig, rund und flach, mit und ohne Henkel, in Tierform und mit enger Öffnung.

Diese Kulturgruppen tauchten nacheinander im Südwesten auf, prägten das Land und zogen fort. Zurück blieben Pueblos und Klippenhäuser, Kanäle und Dörfer. Chaco Canyon, das großartigste Zeugnis, war um 1300 menschenleer. Ebenfalls um 1300 lag die Mesa Verde verlassen da, und etwa zur gleichen Zeit wanderten die Fremont-Leute aus ihren Dörfern ab. Die Siedlungen der Mogollon im Mimbres-Tal hatten sich bereits ein Jahrhundert zuvor in Geisterstädte verwandelt; das gleiche geschah eine Generation später mit den Sinagua-Stätten in Verde Valley. Als letzte verließen die Hohokam das Land ihrer Vorfahren. Um 1450 war ihre Kultur in den Tälern des Salt und Gila River erloschen.

Der Exodus dieser Völker ist das große Drama, das die gesamte präkolumbische Periode des Südwestens durchzieht. Dürre, Krieg, Überschwemmungen, Hungersnot, Seuchen und mehr wurden als Erklärung angeboten, debattiert, akzeptiert, kombiniert und schließlich wieder verworfen. Die Forscher tappen im dunklen.

Aus Baumringanalysen geht hervor, daß zwischen 1276 und 1299 im Anasazi-Land anhaltende Dürre herrschte. Vertrieb sie die Klippenbewohner von der Mesa Verde? Die Archäologin Linda Cordell, die alle Exodus-Theorien sorgfältig überprüft hat, ist nicht dieser Ansicht. Sie verweist auf Daten, die eindeutig belegen, daß manche der Siedlungen erst in diesen Jahren entstanden. Außerdem hatten die Anasazi schon mehrere Trockenzeiten überstanden. Auch die Kriegstheorie lehnt Linda Cordell ab, anders als Harold Gladwin. Für ihn trugen die Vorfahren der Navajo und Apachen die Schuld am Untergang der alten Kulturen. „In jedem Dorf des Südwestens wird um 1200 die gleiche Frage gestellt", schrieb er. „Wohin ausweichen? Was tun, um den ewigen Angriffen der plündernden Athapasken zu entgehen?" Dagegen stellt die Archäologin fest, daß die Athapasken erst um das Jahr 1500 auftauchten und daß sich nirgends Spuren größerer kriegerischer Auseinandersetzungen finden. Hat also eine möglicherweise aus den Tropen eingeschleppte Seuche die Stämme des Südwestens ausgerottet? Die Pueblos wiesen kurz vor dem Zusammenbruch der Kulturen ihre höchste Bevölkerungsdichte auf und waren daher besonders anfällig für die Ausbreitung von Krankheiten. Aber man fand nirgends Massengräber oder sonstige Hinweise auf eine Häufung von Todesfällen. Kenner der Hohokam-Kultur haben zwar Anhaltspunkte dafür, daß eine plötzliche Flutkatastrophe die Bewässerungskanäle gegen Ende des 14. Jahrhunderts schwer beschädigt haben könnte, doch die Wüstenbewohner verschwanden erst über 50 Jahre später aus der Region.

Manche Wissenschaftler sind der Meinung, daß der Untergang der großen präkolumbischen Kulturen im Südwesten auf einer Art „ökologischem Selbstmord" beruht. Demnach fällten die Menschen zu viele Bäume, zerstörten die Einzugsgebiete der Flüsse und vernichteten dadurch allmählich ihr Ackerland. Ein ähnliches Bild zeichnet Linda Cordell: Die Bevölkerung nahm zu, die Regenfälle ließen nach, und der Druck, in neue Lebensräume auszuweichen, wurde immer stärker. Viele Familien verließen die Region – nach und nach, langsam und stetig.

Tatsächlich sind die prähistorischen Völker gar nicht spurlos verschwunden, sondern zur Keimzelle heutiger Pueblostämme wie Zuni, Hopi, Pima und Papago geworden. Die Anasazi als untergegangene Kultur zu bezeichnen, ist nach Ansicht des Archäologen Gary Matlock „etwa das gleiche, als würde man von den in die Neue Welt ausgewanderten Engländern behaupten, sie hätten sich in Luft aufgelöst".

DIE GESCHICHTE DER MESA VERDE

Die Anasazi, die einst in den Höhlen und Klippen der Mesa Verde gelebt hatten, waren seit mehr als 450 Jahren verschwunden, als im 18. Jahrhundert die ersten spanischen Händler in diese abgelegene und unwirtliche Region des Westens kamen. Den Tagebüchern nach zu urteilen, die einer von ihnen 1765 und zwei Franziskanermönche elf Jahre später auf der Durchreise nach Kalifornien verfaßten, sind sie an der Mesa und den verschachtelten, mehrere Stockwerke umfassenden Klippenhäusern vorbeigezogen, ohne sie zu sehen.

Die Mesa Verde – im Spanischen „grünes Tafelland" – verdankte ihren Namen den dichten Piñon- und Wacholderwäldern, die sich über die Hochebene erstreckten. 1829 stieß eine spanische Expedition bis ins Mancos Valley am Rande der Mesa vor, aber auch ihr entgingen die Ruinen. Das war kein Wunder, da sie sich meist in den entlegensten Winkeln der tief in das Plateau eingeschnittenen Canyons befanden. Die Nähe kriegerischer Ute-Stämme machte die genauere Erforschung der Mesa zu einem riskanten Abenteuer, obwohl die Indianer selbst die Klippenhäuser und ihre Geister mieden.

Im Jahre 1859 erklomm Dr. John Newberry, ein Geologe der San Juan Exploring Expedition, als erster Reisender die abweisende Steilwand der Mesa. Auch ihm blieben die Klippenhäuser verborgen; sogar der Ausblick schien ihn nicht sonderlich zu beeindrucken. „Für uns wie für die gesamte zivilisierte Welt handelte es sich um Terra incognita", schrieb er, und damit war das Thema für ihn erledigt. Doch ein unbekanntes Land sollte die Mesa Verde mit ihren Wundern nicht mehr lange bleiben, obgleich noch ein paar Jahre vergingen, bis unerschrockene Männer die schroffen Felsen bezwangen *(oben)* und die Anasazi-Kultur systematisch erforschten.

Auf dem Weg zu den Klippenhäusern der Mesa Verde überließ Photograph Jackson (links) für kurze Zeit seine Kamera einem anderen Teilnehmer der Expedition, um sich ablichten zu lassen.

STREIFZÜGE DURCH DIE KLIPPEN MIT DER KAMERA

Im Sommer 1874 traf William Henry Jackson, ein anerkannter Photograph und Mitglied des Vermessungsteams zur Kartierung der Rocky Mountains, im Südwesten von Colorado einen Freund, dem Gerüchte über einzigartige Klippenhäuser in der Mesa Verde zu Ohren gekommen waren. Als Gewährsmann gab er einen Prospektor namens John Moss an, der seinen privaten Frieden mit den wilden Ute-Stämmen geschlossen hatte. Aufgeregt machte sich Jackson zusammen mit dem Reporter Ernest Ingersoll und einigen Trägern sofort auf die Suche nach Moss und den Ruinen.

Der Prospektor erklärte sich bereit, sie zu den Klippenhäusern zu führen, wenn ihm Jacksons Gruppe einen kleinen Gefallen erwiese. Moss brauchte ihre Stimmen bei der Wahl zum Leiter des Bergwerks-Camps von Parrott City, das etwa ein Dutzend Einwohner hatte und großzügigst Wohn- und Wahlrechte erteilte. Jackson und Ingersoll gaben ihr Votum ab, Moss wurde gewählt, und sie brachen zur Mesa Verde auf.

Tags darauf schleppten Jacksons Helfer seine schwere Kamera mitsamt den großformatigen Glasplatten eine 210 Meter hohe Klippe hinauf, wobei ihnen auf den letzten 15 Metern uralte, in den Stein gehauene Handgriffe und Stufen Halt boten. Die Mühe lohnte sich. Jackson machte hervorragende Aufnahmen, darunter das Hintergrundphoto, das Moss *(stehend)* und Ingersoll vor dem eben entdeckten Two-Story Cliff House zeigt. Doch obwohl er das Gelände absuchte und noch mehrere Anasazi-Stätten aufsuchte, blieben auch ihm die später vielbesuchten Klippenhäuser in den Seiten-Canyons verborgen.

Die von Jackson und Ingersoll veröffentlichte Beschreibung weckte das Interesse von Wissenschaftlern an der Mesa Verde und führte sogar zu einer Ausstellung im Rahmen der 1876 in Philadelphia stattfindenden Centennial Exposition. Aber erst eine weitere Entdeckung sollte die Öffentlichkeit aufhorchen lassen.

Zum Gruppenbild stellen sich Photograph William Henry Jackson (dritter von links) und seine Mannschaft in Parrott City. Von links nach rechts sind außerdem der Führer und Dolmetscher Harry Lee, der Träger und Packer Bob Mitchell, ein Naturforscher namens Barber, ein unbekannter Helfer und der Koch Charlie zu sehen. Der mit der Sprache der Ute vertraute Lee löste John Moss als Führer ab, als dieser nach San Francisco mußte.

AUF DER SUCHE NACH REICHTUM UND ERKENNTNIS

Richard Wetherill, der Cliff Palace im Jahre 1888 entdeckt hatte, verbrachte die Wintermonate der beiden nächsten Jahre damit, die Klippenhäuser nach gewinnbringenden Artefakten zu durchstöbern, und bald stapelten sich auf seiner Ranch neben Äxten und Sandalen aus Yuccafasern auch ganzen Kisten mit Keramiken.

Wetherill gründete eine Wanderschau und kam nach Denver, wo er neben den bisherigen Funden auch eine kurz zuvor entdeckte Kindermumie ausstellte. Seine Sammlung wurde über Nacht berühmt, und er konnte sie für 3000 Dollar an die Colorado Historical Society verkaufen.

Die Einstellung der Wetherills, möglichst viel Geld aus den Funden in den Klippenhäusern zu schlagen, änderte sich grundlegend, als der schwedische Adlige Gustav Nordenskjöld auf ihre Ranch kam. Der junge Mann, der die Ausstellung in Denver gesehen hatte, verbrachte den Sommer auf der Mesa Verde und lehrte sie die wissenschaftlichen Grundlagen der Archäologie. Er unterrichtete sie im Umgang mit Kelle, Besen und Pinsel und schärfte ihnen ein, ihre Funde zu katalogisieren.

Als Nordenskjöld in seine Heimat zurückkehren wollte, versuchten Bürger von Durango per Gerichtsbeschluß zu verhindern, daß er seine umfangreiche Sammlung von Artefakten nach Europa ausführte, aber ihre Klage wurde abgewiesen. Wieder daheim, verfaßte er das erste bedeutende Werk über die prähistorischen Kulturen der Mesa Verde, ehe er mit nur 26 Jahren an Tuberkulose starb.

Zwei der fünf Wetherill-Brüder, John (links) und Richard, unterbrechen die Durchsicht der Funde von Spruce Tree House für eine kurze Mittagspause. Das nach einer Fichte, die durch eine der Außenmauern wuchs, benannte Klippenhaus entdeckte Richard an dem gleichen Dezembertag, an dem er mit seinem Schwager Charlie Mason auf die Ruinen von Cliff Palace gestoßen war.

Gustav Nordenskjöld (links) war in den amerikanischen Südwesten gekommen, um seine Tuberkulose auszuheilen. Der junge Schwede, Sohn eines Arktisforschers und Mineralogen, hatte zwar eine naturwissenschaftliche Ausbildung, war aber kein Archäologe. Von den Ruinen fasziniert, ließ er sich seine Kamera schicken und verbrachte den ganzen Sommer auf der Mesa Verde. Im Hintergrund dieser Doppelseite ist ein Photo von Cliff Palace aus dem Jahre 1891 wiedergegeben.

Keine Sorge in bezug auf „Gefahren und Unbequemlichkeiten" brauchten sich Touristen zu machen, die hoch zu Pferde auf dem Crinkley Edge Trail – dicht am Rande des Canyons – in die Mesa Verde kamen, versprachen Richard Wetherill (dritter von rechts) und seine Brüder. Dennoch beklagte sich eine Dame auf der Ranch bitter über die Wirkung des harten Wassers auf die Haut. Zu der abgebildeten Gruppe gehörten die Sumners, eine bekannte Familie aus Washington, D.C.

VORKÄMPFERINNEN FÜR EIN SCHUTZGEBIET

Der große Touristenansturm setzte ein, nachdem zwölf Millionen Besucher die maßstabsgetreuen Modelle der Klippenhäuser auf der Chicago Columbian Exposition von 1893 gesehen hatten. Die geschäftstüchtigen Wetherills boten auf ihrer Ranch Kost und Logis für zwei Dollar pro Tag und Ausflüge zu den Klippenhäusern für fünf Dollar an. Ein Besucher erinnerte sich, daß die Führer manchmal vor Betreten der Ruinen eine kleine Dynamitladung zündeten, um Klapperschlangen zu verscheuchen. Um 1895 waren Sonntagsausflüge mit Jagd auf indianische Keramik ein beliebter Zeitvertreib.

Da es keinerlei Gesetze zum Schutz der alten Kulturstätten gab, konnten die Besucher nach Lust und Laune plündern, und viele nutzten die Gelegenheit: Sie legten regelrechte „Schatzkammern" aus Schädeln, Tonwaren und anderen Artefakten an, wie die Hintergrundaufnahme aus dem Jahre 1904 zeigt. Der bereits 1889 geäußerte Vorschlag, die Mesa Verde zum Schutzgebiet zu erklären, wurde um die Jahrhundertwende immer lauter. 1906 führte die mehr als zehnjährige Kampagne, an deren Spitze zwei außergewöhnliche Frauen *(unten)* standen, zur Errichtung des ersten Nationalparks, in dem die Leistungen einer prähistorischen Kultur den ihnen gemäßen Platz einnahmen.

Als Virginia McClurg (oben) in der Funktion einer Zeitungskorrespondentin 1882 erstmals zur Mesa Verde reiste, saß sie in einem Güterzug auf einem Essigfaß. Zwölf Jahre später stand die mittlerweile erfolgreiche Lehrerin und Dichterin an der Spitze der Bewegung, die sich für den Schutz der Klippenhäuser einsetzte. Virginia McClurg und ihre Stellvertreterin Lucy Peabody (oben rechts) hielten Diavorträge und organisierten für einflußreiche Leute Touren zu den Kulturstätten. Sie sprachen mit Politikern, handelten einen Pachtvertrag mit den Ute-Indianern aus und sicherten sich die Unterstützung der 250 000 Mitglieder starken Federation of Women's Clubs. Sie hatten es fast geschafft, als Virginia McClurg auf die Idee eines Staatsparks zurückgriff – den sie leichter unter ihre Kontrolle bekommen hätte – und so ihre Gruppe in zwei verfeindete Lager spaltete. Letztlich aber trugen Lucy Peabody und der Nationalpark den Sieg davon.

ERHALTUNG UND FACHKUNDIGE RESTAURIERUNG

Die erste Aufgabe der neuen Bundesverwaltung von Mesa Verde bestand darin, die Schäden zu beseitigen, die der Vandalismus der letzten 20 Jahre angerichtet hatte. Bei ihrer skrupellosen Jagd auf Tongefäße und andere Artefakte hatten die Sammler viele Klippenhäuser völlig leergeräumt und nichts als Geröll und Unordnung hinterlassen, wie die Aufnahme von Mug House im Hintergrund zeigt.

Zwischen 1908 und 1909 leitete der Archäologe Jesse Fewkes von der Smithsonian Institution die Restaurierung der beiden Klippenhaus-Komplexe Spruce Tree House und Cliff Palace; ein weiteres Jahrzehnt verging mit der Wiederherstellung von 14 anderen Stätten. Viele der Mauern mußten verstärkt oder gestützt werden, um den Verfall aufzuhalten. Fewkes, dem viel daran lag, „die mystische Rothaut" einer breiten Öffentlichkeit nahezubringen, organisierte die ersten Lagerfeuer-Gespräche, die je in einem Nationalpark abgehalten wurden.

1921 übernahm der Archäologe Jesse Nusbaum die Leitung des Parks. Er führte die Restaurierungsarbeiten fort und setzte sich erfolgreich gegen die Rancher zur Wehr, die ihre Rinder auf der Mesa weiden ließen. 1921 konnte Nusbaum einen illustren Besucher begrüßen – den mittlerweile 78jährigen Photographen William Henry Jackson, der fast ein halbes Jahrhundert zuvor als einer der ersten die Canyonwand erklommen hatte.

Mit Pferdegespannen (unten) werden 1916 auf der Mesa die Steinmauern von Far View House freigelegt. Archäologen sind der Ansicht, daß die Mesa-Siedlungen Vorläufer der rund hundert Jahre lang bewohnten Klippenhäuser waren. Ausgrabungen, die unter der Leitung von Jesse Fewkes (der diese Aufnahme machte) und Jesse Nusbaum durchgeführt wurden, nachdem die Mesa Verde Nationalpark geworden war, förderten Artefakte aus mehreren Schichten zutage – ein Beweis für eine mehrfache Besiedelung in präkolumbischer Zeit.

Jesse Fewkes (unten) hatte 20 Jahre lang die archäologischen Stätten des amerikanischen Südwestens erforscht, als er 1908 in die Mesa Verde kam. Das Photo, das ein Jahrzehnt später entstand, zeigt ihn vor der alten Ranger-Station, die zum ersten Museum des Nationalparks umfunktioniert wurde. In der Anfangszeit hatten Touristen noch mit allerlei Widrigkeiten zu kämpfen. So warnte ein Informationsblatt vor den scharfen Kurven und häufigen Unterspülungen der Hauptzufahrt.

MIT DEN AUGEN EINES BERÜHMTEN PHOTOGRAPHEN

Als Ansel Adams im Oktober 1941 auf der Mesa Verde eintraf, fand er einen gut funktionierenden Nationalpark vor. Die Restaurierung der historischen Stätten war abgeschlossen. Das Civilian Conservation Corps (CCC), das die Bundesregierung im Rahmen der Arbeitsbeschaffung ins Leben gerufen hatte, hatte moderne Straßen, Hütten, Wanderwege und Lagerplätze angelegt, und der im Laufe der zwanziger Jahre auf das Sechsfache angestiegene Strom der Besucher näherte sich 17 000 pro Jahr. Adams, der zwei Jahrzehnte im Yosemite Park photographiert hatte, erhielt von Innenminister Harold Ickes den Auftrag, für den Höchstsatz von 22,22 Dollar pro Tag, den Berater der Regierung erhielten, eine Serie von Großaufnahmen verschiedener Nationalparks zu schaffen, die später ein Museum im Innenministerium schmücken sollten – „eine der besten Ideen, die je aus Washington gekommen ist", wie Adams sagte.

Wie nicht anders zu erwarten, produzierte Adams hervorragende Ansichten der Mesa Verde (wie die Aufnahmen auf diesen Seiten beweisen), aber der Ausbruch des Zweiten Weltkriegs bereitete dem Projekt bald danach ein Ende – obwohl der Photograph zu bedenken gab, daß seine Bilder „auf ergreifende Weise zeigen, wofür wir kämpfen".

Ansel Adams, hier auf dem Dach seines Kombiwagens, war 39 Jahre alt und einer der bekanntesten Landschaftsphotographen, als er in die Mesa Verde kam. Die 225 Abzüge, die er nach seiner Rundreise durch die Nationalparks an das Innenministerium schickte, lagen über Jahre unbeachtet herum, nachdem die Regierung ihren Auftrag zurückgezogen hatte. Ansel Adams starb 1984.

In seinen großartigen Aufnahmen vom Watch Tower (links) und Cliff Palace (gegenüber) gelingt es Adams, die ehrfurchtgebietende und geheimnisvolle Atmosphäre einzufangen, die Generationen von Denkmalschützern veranlaßte, sich für die Erhaltung dieser unwiederbringlichen Kulturstätten einzusetzen.

V I E R

MEISTERHAFTE ARCHITEKTEN: DIE ANASAZI

Mit seiner Wißbegier und der Bereitschaft, sich auf Abenteuer einzulassen, war Adolph Bandelier ein typischer Vertreter des 19. Jahrhunderts, das eine ganze Reihe namhafter Forscher und Entdecker hervorgebracht hat. Alexander von Humboldt, Richard Burton und David Livingstone, um nur einige von ihnen zu nennen, hatten neue Ideen und Methodologien entwickelt und waren in die noch verbliebenen unbekannten Gegenden der Welt aufgebrochen, um sie auf ihre Gültigkeit zu überprüfen. Im Jahre 1880, als Bandelier, ein 40jähriger Neuamerikaner aus der Schweiz, als Angestellter in der Bank seines Vaters arbeitete, war New Mexico noch eine solche Wildnis, und sie zog ihn magisch an.

Bandelier las, was er in die Hände bekommen konnte. Besonders anregend fand er die Berichte, die von Humboldt von seiner Expedition in das undurchdringliche Amazonasgebiet geliefert hatte. Immer mehr fesselten ihn die Indianer und ihre Kulturen. Doch obwohl er im Süden von Illinois praktisch im Schatten von Cahokia aufgewachsen war, hatten die Hügelerbauer, mit denen sich andere bereits eingehend befaßten, für ihn wenig Reiz. Ihn zog es in den Südwesten Amerikas.

Ständig um weitere Informationen bemüht, beschloß Bandelier, einfach an die führenden Anthropologen und Soziologen seiner Zeit zu schreiben. Mindestens einer, der bekannte Lewis Henry Morgan, Autor des vielbeachteten Werkes *Ancient Society*, antwortete. So begann eine Beziehung, die Bandeliers Leben die entscheidende Wende geben sollte. Von Bandeliers sprachlichen Fähigkeiten, seiner Disziplin und seiner

Die Strahlen der Nachmittagssonne fallen durch Window Arch, eins der vielen von der Natur geformten Monumente im Canyon de Chelly, Arizona. Hier waren die Anasazi für mehr als tausend Jahre zu Hause.

Begeisterungsfähigkeit beeindruckt, ließ Morgan seine Beziehungen zum neugegründeten Archaeological Institute of America (AIA) spielen, um ihn zu fördern. Es gelang ihm, die Gelder für eine Expedition in den Südwesten der Vereinigten Staaten zu erhalten, auf die er Bandelier mitnehmen wollte. Letzterer schrieb aufgeregt an seinen Gönner: „Riesig, ich habe geschäftlich alles geregelt, wir können aufbrechen. Was soll ich an Kleidung mitnehmen? Was für ein Gewehr empfehlen Sie mir?" Zunächst einmal aber lernte er mit typisch schweizerischer Gründlichkeit Altspanisch, um die Berichte der Konquistadoren zu studieren.

Morgan mußte in letzter Minute absagen, so daß sich Bandelier, mit 1200 Dollar pro Jahr vom AIA ausgerüstet, allein auf den Weg machte. Im August 1880 kam er in Santa Fe, New Mexico, an, sicher, daß er seine „Lebensaufgabe endlich gefunden hatte". Er reiste sofort weiter in das verlassene Pueblo Pecos, wo er zehn arbeitsreiche Tage zwischen den Ruinen verbrachte, Messungen vornahm und Steinwerkzeuge, Keramikscherben, Steine und sogar Lehmziegelfragmente sammelte. Nach Sante Fe zurückgekehrt, packte er seine Funde ein, verfaßte einen 95seitigen Bericht und schickte das Ganze an die AIA, die seine Abhandlung über Pecos als ihre erste Publikation veröffentlichte.

Bandeliers nächstes Unterfangen – diesmal eine Exkursion in ein bewohntes Pueblo – verlief enttäuschend. In Santa Fe hatte ihm ein katholischer Priester den Rat gegeben, das nahe Santo Domingo zu bereisen. Mit den Konventionen der Pueblo-Indianer nicht vertraut, richtete Bandelier gleich bei seiner Ankunft die ersten indiskreten Fragen an die Bewohner, die sich Fremden gegenüber sehr verschlossen zeigten. Freundlich, aber bestimmt setzten sie ihrem Gast legitime Grenzen, Grenzen, die einem Mann mit dem Wissensdurst Bandeliers unverständlich waren. Als man ihn bat, einem Begräbnis fernzubleiben, beschloß er, die Feier von einem offenen Fenster aus zu beobachten. Nach mehreren ähnlichen Verstößen gegen die Tradition hatten die Bewohner des Pueblo genug von dem arroganten Fremden. Man legte ihm nahe zu gehen. Bandelier blieb. Was dann geschah, war typisch für die Menschen, die keine Gewalt kannten: Sie sorgten dafür, daß ihm die Lebensmittel ausgingen. Bandelier mußte abreisen.

Nachdem er diese erste Lektion in Anstands- und Umgangsformen gelernt hatte, kam er an seinem nächsten Ziel, Cochiti südwestlich von Santa Fe, schon wesentlich besser zurecht. Es gelang ihm offenbar, das Vertrauen der Ältesten zu gewinnen, denn sie baten ihn, bei Sitzungen des Dorfgerichts Protokoll zu führen. Für die Dauer seines Aufenthalts nahm er sich einen eingeborenen Führer, Juan José Montoya, der ihn durch die umliegenden Tafelberge und Canyons führte.

Unterwegs durch die zerklüftete Region, fragte Montoya beiläufig, ob Bandelier zu sehen wünsche, wo die Cochiti früher gelebt hätten.

Am Fuße der Nordwand des Frijoles Canyon im Bandelier National Monument (oben) liegt ein zerfallenes Pueblo, dessen Bewohner zusätzliche Räume direkt in das Vulkangestein der Steilwand schlugen. In den Rand des apart verzierten, aber gesprungenen Gefäßes rechts bohrte ein findiger Anasazi-Töpfer zwei Löcher, durch die Fasern oder eine Sehne gezogen wurde, um den Spalt abzudichten.

Bandelier wollte, und am 23. Oktober 1880 führte Montoya ihn in einen Canyon mit Namen Rito de Frijoles („Bohnenschlucht"). Die Umgebung und die weitläufige Ruinenstätte einschließlich der von Menschen geschaffenen Höhlen machten überwältigenden Eindruck auf Bandelier, der sie „das Größte, was ich je gesehen habe" nannte. Am Fuße einer der gewaltigen, senkrechten Klippen, die vor ihm aufragten, zog sich eine verlassene Siedlung hin. Bandelier fand das Vulkangestein, in die sie geschlagen war, „so weich, daß es sich vielfach mit einfachsten Werkzeugen oder sogar bloßen Händen aushöhlen und lockern läßt".

Die Nordwand des Canyons erinnerte Bandelier an „eine riesige, unregelmäßige Bienenwabe". Die Höhlen, so fuhr er fort, „gruppieren sich teilweise zu mehreren Hundert; in der Regel aber sind die Gruppen eher klein. Manchmal liegen zwei bis drei Höhlenebenen übereinander." Bei genauerer Betrachtung stellte Bandelier zahlreiche Ähnlichkeiten zwischen dieser verlassenen Stätte und dem bewohnten Pueblo Cochiti fest. „Die Objekte, die in den und um die Zellen verstreut lagen, sowie Größe und Aufteilung der letzteren zeigen, daß die Menschen, die sie in den Felsen schlugen und bewohnten, auf dem gleichen kulturellen Niveau standen wie die Pueblo-Indianer von New Mexico."

Die Siedlung, die sein Führer ehrfurchtsvoll als das Werk seines eigenen Volkes betrachtete, war in Wahrheit ein spektakuläres und bleibendes Vermächtnis der Anasazi-Kultur. Anders als Chaco Canyon, Mesa Verde und andere Zentren der Anasazi, die im Laufe des 12. und 13. Jahrhunderts infolge von ausbleibenden Niederschlägen und Umweltveränderungen verfielen, blieben die Höhlen und Pueblos im und um den Frijoles Canyon bewohnbar. Sie zogen sogar neue Siedler an.

Bandelier, der Bankierssohn mit wissenschaftlichen Ambitionen, hatte eine große Entdeckung gemacht. Er verbrachte die nächsten Tage in den Ruinen, um gemäß seinem Auftrag Zeichnungen anzufertigen und Vermessungen vorzunehmen. Von einer systematischen Freilegung hingegen sah er ab. Bandelier war ein unruhiger Mann. Zum Frijoles Canyon kehrte er lediglich viermal zurück, und in den insgesamt 18 Monaten, die er in New Mexico verbrachte, besuchte er 166 andere Ruinenstätten. Dann brach er nach Südamerika auf, wo er elf Jahre blieb. In all der Zeit hielt er sich nie länger als zwei Wochen an einem Ort auf. Dessenungeachtet sollte sein Name mit dem Fund, den er an diesem Oktobertag machte, in die Geschichte eingehen. Zwei

Bei Ausgrabungen in Pueblos kommen solche Flöten aus bearbeiteten Tierknochen zutage. Felsmalereien im Südwesten der Vereinigten Staaten zeigen teilweise den legendären Flötenspieler, den die heutigen Bewohner der Region, die Hopi, Kokopelli nennen. Er ist oft als Buckliger oder mit einer Last dargestellt.

Jahre nach seinem Tod im März 1914 unterzeichnete der damalige amerikanische Präsident Woodrow Wilson ein Gesetz zum Schutz der Ruinen im Gebiet des Frijoles Canyon. Heute trägt das 10 800 Hektar große Areal den Namen Bandelier National Monument.

Was die Bedingungen betrifft, die die genügsamen Anasazi generell in ihrem Lebensraum gewöhnt waren, hatten sie in der Siedlung, die Bandelier entdeckte, ein wahres Paradies gefunden. Mit den Flußläufen des Frijoles Creek und des nahen Rio Grande, mit den Wäldern in den angrenzenden Jemez Mountains und mit reichlich mineralhaltigem, vulkanischem Boden bildet dieses Territorium eine krasse Ausnahme im Vierländereck, in dem die meisten Anasazi lebten. Das Vierländereck ist im großen und ganzen eine Hochwüste. Selbst die Talsenken liegen in der Regel mehr als 1500 Meter über dem Wasserspiegel, und die Temperaturen bewegen sich zwischen 40 Grad Celsius im Sommer und minus 30 Grad Celsius im Winter. In den von Steilwänden gesäumten Schluchten wachsen Salbei, Kakteen und einige Gräser, die sich an die Dürre und die kurze Vegetationszeit angepaßt haben. Die wenigsten Flüsse führen das ganze Jahr über Wasser, und auf die Niederschläge, die in Tälern maximal 250, auf den Höhen 380 Millimeter jährlich betragen, ist kein Verlaß. Außerdem wirken sich Regenfälle nicht immer segensreich aus. Bei sommerlichen Unwettern ergießen sich Sturzbäche durch die Canyons, die den dünnen, lockeren Mutterboden abtragen. Selbst mit modernsten landwirtschaftlichen Technologien sind bestenfalls magere Erträge zu erzielen.

Vor 800 Jahren war das Klima keineswegs angenehmer. Dennoch hatten die Anasazi um 1100 nicht nur genügend ökologische Nischen in ihrer schwierigen Umwelt gefunden, in denen sie relativ komfortabel leben konnten, sondern sie hatten auch eine der fortschrittlichsten Kulturen Amerikas nördlich von Mexiko entwickelt. Neben den großen Pueblos, in denen Hunderte von Familien lebten, und den

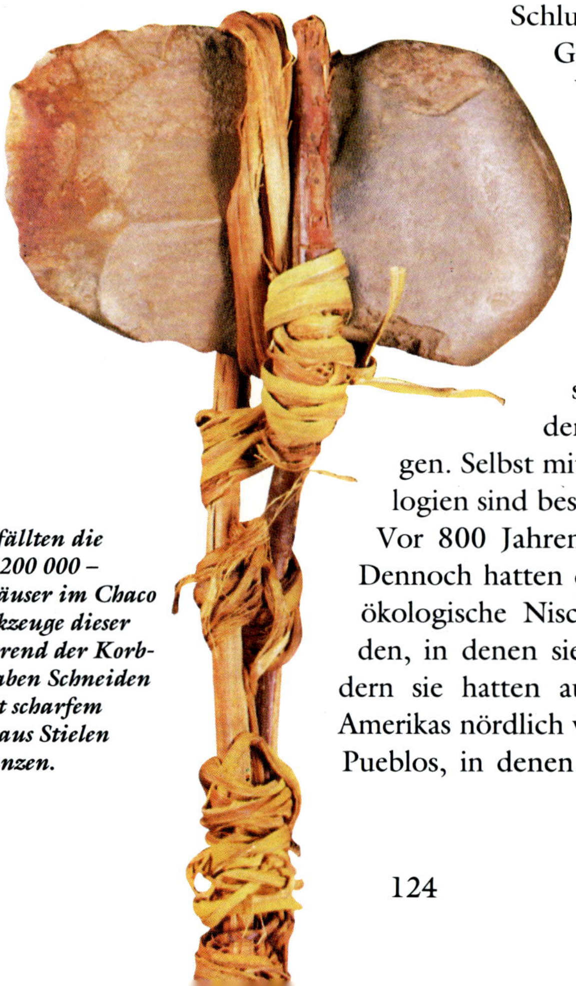

Mit Steinäxten wie dieser fällten die Anasazi – insgesamt über 200 000 – Bäume, um die Großen Häuser im Chaco Canyon zu errichten. Werkzeuge dieser Art tauchten erstmals während der Korbmacher-Periode auf. Sie haben Schneiden aus behauenen Steinen mit scharfem Rand. Der Schaft bestand aus Stielen und Fasern von Yuccapflanzen.

Klippenhäuser genannten, riesigen Wohnwaben, die in Höhlen hoch an den Steilwänden der Canyons untergebracht waren, hatten sie über ihr Territorium verteilt kleinere Dörfer errichtet, teils mit Dutzenden, teils mit nur zwei oder drei Steinhäusern. Im Sommer 1992 waren allein in New Mexico 22 000 Siedlungen der Anasazi bekannt, wobei Archäologen davon ausgingen, daß sich die Gesamtzahl in der Größenordnung von 100 000 bewegen dürfte. Eine ganze Reihe dieser Siedlungen besteht aus massiven Steinbauten, die von ferne gesehen intakt erscheinen. Von anderen ist nur noch ein flacher Hügel zu sehen, auf dem als einziger Hinweis eine ausdauernde Strauchpflanze wächst, die auf umgegrabenem Boden gedeiht. Die bis heute registrierten Siedlungen im Vierländereck verteilen sich über ein rund 65 000 Quadratkilometer großes Areal. Neuere Erkenntnisse legen den Schluß nahe, daß sich das Anasazi-Land – womit ein durch eine vorherrschende Kultur definiertes Gebiet, nicht eine politische Einheit gemeint ist – sogar noch weiter ausgedehnt haben dürfte. Man unterscheidet drei Zweige: Chaco Canyon in New Mexico, Mesa Verde in Colorado und Kayenta im nordöstlichen Arizona. Alle drei gehören derselben Kultur an, unterscheiden sich jedoch in bezug sowohl auf den Stil der Keramik als auch die Architektur. Töpferwaren, Schmuck und andere Artefakte, die man in diesem Gebiet gefunden hat, weisen auf intensive Handelsbeziehungen zwischen weit entfernten Anasazi-Gemeinwesen und mit den Kulturen Mexikos hin. Mit modernen archäologischen Verfahren – zu denen auch die Lufterkundung mit speziellen Sensoren *(S. 133)* und die elektronische Auswertung von Luftaufnahmen gehört, hat man ein Straßennetz von 650 Kilometer Länge ausgemacht, das sich in Nord-Süd-Richtung von den Rocky Mountains zu den Mogollon-Bergen und über eine nicht ganz so große Entfernung in Ost-West-Richtung erstreckt – angelegt von einem Volk, das weder Lasttiere noch das Rad zur Verfügung hatte.

Um die Mitte des 8. Jahrhunderts gingen die Anasazi dazu über, anders als ihre Vorgänger in der Korbmacher-Periode, ihre Kinder in ungepolsterte Tragen zu schnallen. Unbekannt ist, warum es zu dieser Praxis kam, die zu einer bleibenden Verformung des Hinterkopfs führte.

Außerdem besitzt die Nachwelt, nicht zuletzt dank des trockenen Höhenklimas im Südwesten, von den Anasazi einen fast vollständigen Katalog ihrer materiellen Existenz. Von 1400 Jahre alten Körben und Sandalen bis zu den sterblichen Überresten der Menschen sowie den Fellen und Textilien, mit denen man sie bestattete, ist alles weitaus besser erhalten als ähnlich vergängliche Vermächtnisse der zeitgleichen Hügelerbauer-Kulturen im amerikanischen Osten, wo die Feuchtigkeit ihren nicht unerheblichen Tribut forderte.

Im Canyon de Chelly im Nordosten von Arizona entdeckten Archäologen eine besonders aufschlußreiche Grabstätte. Sie lag am Fuße der Steilwand und beher-

Yuccapflanzen oder das Hanfartige Hundsgift lieferten die Fasern für die Sandalen, die zu den wichtigsten Kleidungsstücken der Anasazi gehörten. Seit Beginn der Korbmacher-Periode schützten sie ihre Füße so vor scharfen Steinen, Kakteen und Insekten.

DIE FARBE DES GELDES?

Das regenarme, rauhe Land, in dem die Anasazi lebten, und die zunehmende Abhängigkeit von den Erträgen des Ackerbaus zwangen die wachsende Bevölkerung, nach neuen Möglichkeiten zu suchen, die ihre Ernährung in schlechten Zeiten sicherten. Nach Ansicht einiger Archäologen gelang ihnen dies, indem sie mit anderen Gruppen innerhalb ihres Territoriums, aber auch aus fernen Regionen wie Zentralmexiko und dem Golf von Kalifornien intensiven Handel trieben.

Lange haben sich Forscher über die große Anzahl Türkise gewundert, die man im Chaco Canyon im heutigen New Mexico gefunden hat. Es waren über 500 000 größtenteils zu Perlen und Anhängern geschliffene Stücke, und das war mehr als die ansässige Bevölkerung zu ihrem Schmuck brauchte. Dazu kam, daß es nicht so einfach gewesen sein dürfte, die Steine zu beschaffen, denn die nächste Mine lag über 150 Kilometer entfernt in der Nähe des heutigen Santa Fe. Inzwischen geht man davon aus, daß die Türkise als Tauschmittel galten, als eine Art Geld, mit dem die Anasazi vieles erwerben konnten, was ihnen sonst gefehlt hätte.

Papageienfedern, Glöckchen aus Kupfer, Muscheln von der Pazifikküste und viele andere exotische

Bunt leuchtet dieser Lendenschurz aus Papageienfedern und Kaninchenfell, der auf weitreichende Handelsverbindungen der Anasazi schließen läßt. Er entstand vermutlich im 12. Jahrhundert in der Werkstatt eines Kunsthandwerkers, der die aus Mittelamerika, der Heimat des Keilschwanzsittichs, eingeführten Federn verarbeitete.

In New Mexico gefunden wurden die auf das Jahr 1000 datierten Kupferglocken aus Mexiko, die bei den metallurgieunerfahrenen Anasazi sicher beliebt waren.

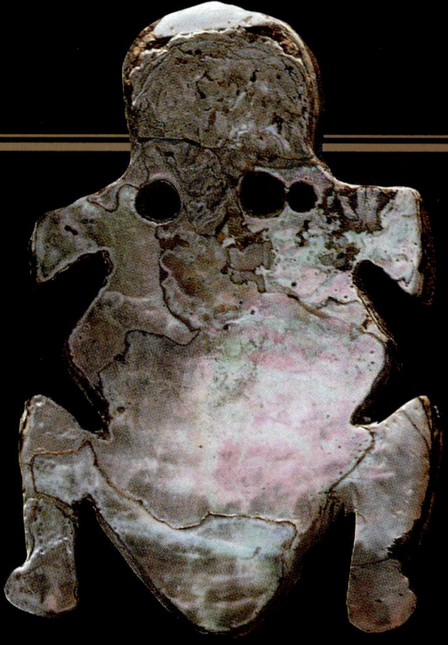

In Mesa Verde gefunden, belegt dieser Anhänger die Handelsbeziehungen der Anasazi zur Pazifikküste. Der Frosch entstand im 12. Jahrhundert aus der perlmutterreichen Schale einer Abalone.

Objekte deuten darauf hin, daß die Anasazi tatsächlich Handelsbeziehungen zu weit entfernten Gruppen unterhielten. Im Vordergrund ihres Interesses aber dürften Nahrungsmittel und Gegenstände des täglichen Gebrauchs gestanden haben. Diese Annahme wird durch Scherben von Keramiken gestützt, die nachweislich außerhalb der Grenzen des Anasazi-Gebietes entstanden sind. Im Chaco Canyon überstieg zudem die Zahl der Räume, die offenbar als Speicher genutzt wurden, beträchtlich die der Wohnräume.

Es ist immer wieder behauptet worden, daß sich einige Aspekte der Anasazi-Kultur direkt aus den höher entwickelten Kulturen Mexikos herleiteten. Die Leistungen der Anasazi aber und der lange Zeitraum ihrer kontinuierlichen Entwicklung veranlassen die Fachwelt heute zu der Annahme, daß es sich nicht um eine importierte, sondern eine eigenständig gewachsene Kultur handelte.

Man weiß nicht, wofür die Anasazi dieses ungewöhnliche Kästchen, das bei Ausgrabungen im Chaco Canyon gefunden wurde, benutzt haben. Der Schwenkdeckel schloß sich über einer von Hand gehauenen Steinvertiefung, in der sich 146 Türkisperlen befanden.

Hunderte von Türkisen schmücken einen rohrförmigen Korb, der zu den vielen Luxusgegenständen gehört, die 1896 von der Hyde Exploring Expedition in Pueblo Bonito im Chaco Canyon ausgegraben wurden. Die Kunstwerke füllten einen ganzen Lastwagen.

bergte den Leichnam eines alten Mannes, dessen angegrautes Haar zu einem Pferdeschwanz gebunden war. Die in fetaler Haltung liegende Gestalt trug einen Umhang aus Adlerdaunen und zwei Baumwolltücher, davon eins so gut wie neuwertig. Ein Maiskolben lag auf seiner Brust. Die Vielzahl der Grabbeigaben veranlaßte Experten zu der Annahme, daß er ein angesehenes Mitglied der Gesellschaft gewesen sein mußte. Neben einem großen, kräftigen Bogen und einem einzigen Pfeil mit hölzerner Spitze säumten fünf Keramikkrüge und vier gewobene Körbe sein Grab. Sie enthielten Piñon-Nüsse, Bohnen, Salz und Mais in allen Verwendungsformen – geschälte Kolben, in Form von Körnern und zu Mehl gemahlen. Ein unmißverständliches Indiz seines Berufs waren dicke Stränge Baumwollgarn von insgesamt über 3000 Meter Länge und eine hölzerne Spindel zum Drehen der Baumwolle zu Fäden. Archäologen gaben dem Fund die Bezeichnung „Grab des Webers".

Die Fülle der Funde im Canyon de Chelly und an anderen Stätten ist nicht minder beeindruckend als ihre Aussagekraft. So erbrachte eine einzige Grabung, die nicht einmal zehn Prozent einer 8000 Quadratmeter großen Stätte im Chaco Canyon erfaßte, in zwei Jahren 200 000 Artefakte, deren für die Datierung hilfreiches Spektrum von kleinen Keramikscherben bis zu verbranntem Bauholz reichte.

Nicht nur die geographische Ausbreitung der Anasazi ist beeindruckend, sondern auch die Zeitspanne, die ihre Kultur überlebte. Archäologen haben sie bis ins 1. nachchristliche Jahrhundert zurückverfolgt, als sich die Vorfahren der Anasazi als erkennbare Gruppe, die feste Siedlungen baute, von den nomadisierenden Jägern abspaltete, die über Jahrtausende durch den amerikanischen Südwesten gezogen waren. Diese ersten Angehörigen der Anasazi-Kultur bauten ihre einfachen Hütten, von denen in 2000 Jahren wenig übriggeblieben ist, in der Weite des Landes. Aber sie nutzten auch schon einige der natürlichen Höhlen der Region als Speicher und Grabstätten, vielleicht sogar um darin zu wohnen. Eine solche Höhle in einem Canyon in Utah war es, in der Richard Wetherill die Skelette der Korbmacher-Periode fand.

Die Entwicklung von den ersten festen Siedlungen über die fortschreitende Korbmacher-Kultur bis zu den Pueblo-Erbauern dauerte Jahrhunderte – ähnlich langwierig war die Aufgabe, die verschiedenen Meilensteine der entstehenden Anasazi-Kultur zu identifizieren. In dem Jahrhundert, das vergangen ist, seit Wetherill sowohl die Öffentlichkeit als auch die Wissenschaft auf die Anasazi aufmerksam machte, haben Generationen amerikanischer Archäologen – von Autodidakten wie Bandelier bis zu den Wissenschaftlern von heute – die Kultur der Anasazi systematisch zu ergründen versucht, und die Forschung hält an.

Parallel dazu befassen sich Anthropologen eingehend mit den Kulturen der heutigen Indianer der Region, insbesondere der Zuni und der Hopi. Ihre Art zu leben, ihre Kunst und ihre Architektur spiegeln wieder, was archäologische Forschungen über die Anasazi ans Licht gebracht hatten. Trotz der einschneidenden Eingriffe in ihr Leben in den letzten fünf Jahrhunderten – erst der aggressive Einfall der Spanier, dann das Vordringen der amerikanischen Siedler in ihre Territorien mit den damit verbundenen Vernichtungsaktionen, schließlich die von den Europäern eingeschleppten Krankheiten und die intensiven missionarischen Bemühungen, die ihren eigenen Traditionen zuwiderliefen – hatten die Pueblo-Indianer ihre kulturelle Identität soweit bewahrt, daß Wissenschaftler sie als direkte Abkömmlinge der Anasazi identifizieren konnten. Die Kultur des Südwestens ließ sich über annähernd zwei Jahrtausende zurückverfolgen.

Dreißig Meter über einem alten, von Steinen übersäten Pfad liegt Mummy Cave, die Höhle, in der eine Expedition im 19. Jahrhundert mumifizierte Leichname fand. Diese archäologische Stätte im Canyon de Chelly umfaßt eine große Klippensiedlung der Anasazi, zu der der abgebildete Bau mit seinen 15 Räumen und dem dreistöckigen Turm gehört.

Um 1920 verfügten die Archäologen über mehr Rohmaterial, als sie verarbeiten konnten. Was ihnen fehlte, war ein Rahmen, eine kulturelle Sequenz, die es ihnen gestattete, ihre Entdeckungen korrekt zuzuordnen. Im Jahre 1927 fand in Pecos, New Mexico, erstmals eine Jahreskonferenz der Südwestamerika-Ärchäologen statt, die zu einer regelmäßigen Einrichtung werden sollte. Weit oben auf der Tagesordnung stand eine einheitliche Terminologie, die die Völker, auf deren Spuren sie sich befanden, zeitlich definierte.

Man einigte sich auf Korbmacher I als Bezeichnung für die Menschen der hypothetischen vorlandwirtschaftlichen Phase. Sie waren Vorläufer der Korbmacher-II-Periode, in der bereits Landwirtschaft betrieben wurde. Die in Pecos vereinbarte Klassifizierung führte weiter über die Korbmacher-III-Periode, die Erbauer der Grubenhäuser und Schöpfer erster Keramiken, und die Pueblo-I-Periode, die ersten Menschen mit oberirdischen Siedlungen, bis zur Pueblo-III-Periode, der Zeit, in der die Anasazi ihre Siedlungen im Vierländereck verließen. Pueblo IV setzte die Reihe mit dem Aufblühen der Anasazi-Kultur im Becken des Rio Grande fort. Unter der Bezeichnung Pueblo V schließlich faßte man alle Indianerkulturen von 1600 bis heute zusammen.

Im Jahre 1936 schlug Alfred V. Kidder den Namen Anasazi vor, der die ganze die Korbmacher und die Pueblo betreffende kulturelle Entwicklung beschreiben sollte. Auf diese Weise sollten die Hohokam und die Mogollon sowie andere Traditionen des Südwestens ausgeklammert werden. Es war, wie moderne Archäologen zugeben, keine ideale Wahl. Der Oberbegriff Anasazi unterstrich zwar die Idee einer gemeinsamen Kultur, vermittelte aber auch den Eindruck einer engen Bindung unter allen Anasazi-Gruppen, indem er sie zu einem einzigen, homogenen – und ausgestorbenen – Volk zusammenfaßte. Da keine schriftlichen Dokumente aus der Zeit vorliegen, kann man nicht wissen, ob sich die über das Anasazi-Land verstreuten Gruppen einem einzigen Stamm zugehörig fühlten oder mehreren oder ob sie dieselbe Sprache sprachen; ebensowenig ist bekannt, wie sie sich nannten. Und da ihre Nachkommen noch in derselben Region leben, kann man schon gar nicht von „ausgestorben" sprechen. Dennoch hat sich der Begriff eingebürgert, und bis heute hat niemand eine sinnvolle Alternative gefunden.

Die Korbmacher intensivierten den Anbau von Pflanzen, um zu überleben; man kann davon ausgehen, daß sich die wachsenden Gruppen als Wildbeuter in ihrem relativ wildarmen und ariden Territorium nicht ernähren konnten. Die Abhängigkeit von den Ernten führte zu grundlegenden Änderungen in der Lebensweise der Anasazi, wozu auch gehörte, daß sie wesentlich länger an ein und demselben Ort verweilten.

In der Mesa Verde fanden Archäologen diese Anlage mit Grubenhäusern der Korbmacher-Periode. Im frühen 7. Jahrhundert entstanden, lagen sie unter den Ruinen von Klippenhäusern begraben, die 600 Jahre später errichtet wurden. Das Grubenhaus oben rechts wurde teilweise rekonstruiert. Von den Körben, nach denen man die frühen Anasazi benannte, sind nur wenige übrig geblieben. Das Exemplar rechts entstand zwischen 500 und 700.

An die Stelle der Hütten aus der Korbmacher-II-Periode trat das Grubenhaus. Die Anasazi, die sich um 500 im Chaco Canyon niederließen, schufen einfache Behausungen auf den Hochebenen der Mesas, und zwar genau dort, wo vier Jahrzehnte später die riesigen Wohnkomplexe entstehen sollten. Durch Ausgrabungen hat man die Bauweise der Grubenhäuser ermitteln können. Zuerst wurde eine Mulde ausgehoben, die man seitlich mit flachen, aufrechten Steinen oder Lehm befestigte. Für die Wände rammte man Baumstämme in den Boden, auf die Holzpfosten als Dachträger gelegt wurden. Das Ganze bewarf man mit Lehm. Die meisten Grubenhäuser hatten eine beckenartige Feuerstelle im Boden, in der geheizt und gekocht wurde.

Der Fluß im Canyon de Chelly, einem sehr frühen Korbmacher-Zentrum, führte das ganze Jahr über Wasser, der Boden war fruchtbar, und die hochliegenden, trockenen Höhlen in den Sandsteinwänden des Canyons boten ideale Winterquartiere. Bessere Witterungsbedingungen konnten sich auch die Archäologen nicht wünschen, denn in den Höhlen fanden sie mehr Hinweise auf die vorzüglichen Webtechniken der Anasazi als in irgendeinem anderen Siedlungsgebiet. Ein Pfosten aus einer Nische, dessen Alter man mittels der Baumringdatierung bestimmt hat, liefert als gesichertes Siedlungsdatum das Jahr 306. Höchstwahrscheinlich aber ist die Stätte schon drei Jahrhunderte davor bewohnt gewesen, wie sich aus Zivilisationsresten und Asche entnehmen läßt.

Der Übergang zum Ackerbau veranlaßte die Träger der Korbmacher-Kultur nicht, die Wildbeuterlebensweise ihrer nomadisierenden Vorfahren gänzlich aufzugeben. In einer Region, die durchweg knappe und wechselnde Ernährungsgrundlagen bot, konnten sie es sich nicht leisten, irgendeine potentiell verfügbare Nahrungsquelle ungenutzt zu lassen. In Gruben, die als Speicher genutzt wurden, hat man Piñon-Nüsse und Wasserhafer gefunden. Die Männer gingen darüber hinaus weiter auf die Jagd. Mit einer Schleuder aus Holz, die Archäologen analog zu dem Gerät der Azteken *atlatl* nennen, brauchten sie sich nur auf 30 Meter an einen Hirsch, eine Antilope oder ein Dickhornschaf heranzupirschen, um das Wild zu erlegen. Dennoch dürften sie ihren Fleischbedarf in erster Linie durch die Jagd auf Kaninchen gedeckt haben.

Fundorte aus der Korbmacher-Periode bergen manchmal auch Spielsteine aus Knochen. Dieses Spiel mit dem dazugehörigen Lederbeutel befand sich in einer Höhle in Utah. Einige der Steine sind graviert, andere haben Löcher. Sie wurden wie Würfel geworfen und ergaben 44 mögliche Kombinationen.

Die Luftaufnahme rechts, die mit einem Infrarot-Multispektral-Scanner gemacht wurde, zeigt deutlich ein Straßennetz aus prähistorischer Zeit, das, unter Sand begraben, mit bloßem Auge nicht zu erkennen ist. Einer der Gründe, warum die Wege auf dem Bild so deutlich hervortreten, besteht darin, daß die festgetretene Erde der Straßenzüge mehr Wärme speichert als die angrenzende, lockere Erde und daher vom Scanner als Bereiche höherer Temperatur erfaßt und in Blau wiedergegeben werden. Ein relativ neues Datenbanksystem mit der Bezeichnung Geographic Information Systems (GIS) kombiniert die mittels Luftbild gewonnenen Daten mit weiteren Informationen, zum Beispiel einer topographischen Karte. Auf diese Weise entsteht ein dreidimensionales Bild der Region (unten), das Archäologen auf dem Bildschirm bearbeiten und analysieren können.

SPÄHER AUS DER LUFT IM DIENSTE DER ARCHÄOLOGIE

Viele Spuren der präkolumbischen Kulturen der heutigen Vereinigten Staaten liegen unter dicken Sandschichten verborgen. Erst die Technologie des Raumfahrtzeitalters machte sie wieder sichtbar, so daß Wissenschaftler einen immer genaueren Überblick über Erdarbeiten, Straßen, Mauern und Gebäude gewonnen haben, die ihnen zuvor entgangen waren.

Seit dem Beginn des 20. Jahrhunderts arbeitet die Archäologie mit Luftaufnahmen, um Fundorte aus der Vogelperspektive zu erkunden. Zunächst ließ man Ballons und Drachen mit Kameras an Bord aufsteigen. 1929 unternahm Alfred V. Kidder mit Charles Lindbergh eine Reihe von Flügen, die sie auch über den Chaco Canyon in New Mexico führten. Eine Luftaufnahme von Poverty Point, Louisiana, aus dem Jahre 1934 blieb fast fünf Jahrzehnte lang die beste Karte der ältesten Mounds, die im Gebiet des Südwestens Nordamerikas liegen.

Mit diesen photographischen Verfahren erhielten Archäologen zwar wertvolle Gesamtansichten der Stätten, die sie interessierten, doch die herkömmliche Photographie hatte auch ihre Grenzen, denn sie erfaßte lediglich den schmalen Bereich des sichtbaren Lichts innerhalb des elektromagnetischen Spektrums. Neue Sensoren dagegen sind in der Lage, zusätzliche Wellenlängen abzubilden. An Bord von Flugzeugen und Satelliten bieten sie die Möglichkeit, verborgene Einzelheiten am Boden wiederzugeben.

Von Ablagerungen bedeckte prähistorische Bauten können dazu führen, daß der Boden über ihnen eine andere Temperatur hat als das Umfeld. Steinmauern oder festgetretene Wege zum Beispiel absorbieren mehr Sonnenwärme und weisen eine entsprechend höhere Oberflächentemperatur auf. Umgekehrt hält der gelockerte Boden in künstlichen Hügeln oder verschütteten Kanälen mehr Feuchtigkeit zurück, was in einer niedrigeren Oberflächentemperatur resultiert.

Infrarotsensoren sprechen auf diese Temperaturunterschiede an. Wie hier abgebildet, werden sie dreidimensional als sogenannte Fehlfarbenphotographien wiedergegeben, wobei die Farben Wärmeabstrahlungen von unterschiedlicher Wellenlänge kennzeichnen. In der Archäologie macht die moderne Technik einen Großteil der Feldforschung und vor allem der Grabungen überflüssig, die sich letzten Endes als unergiebig erweisen können.

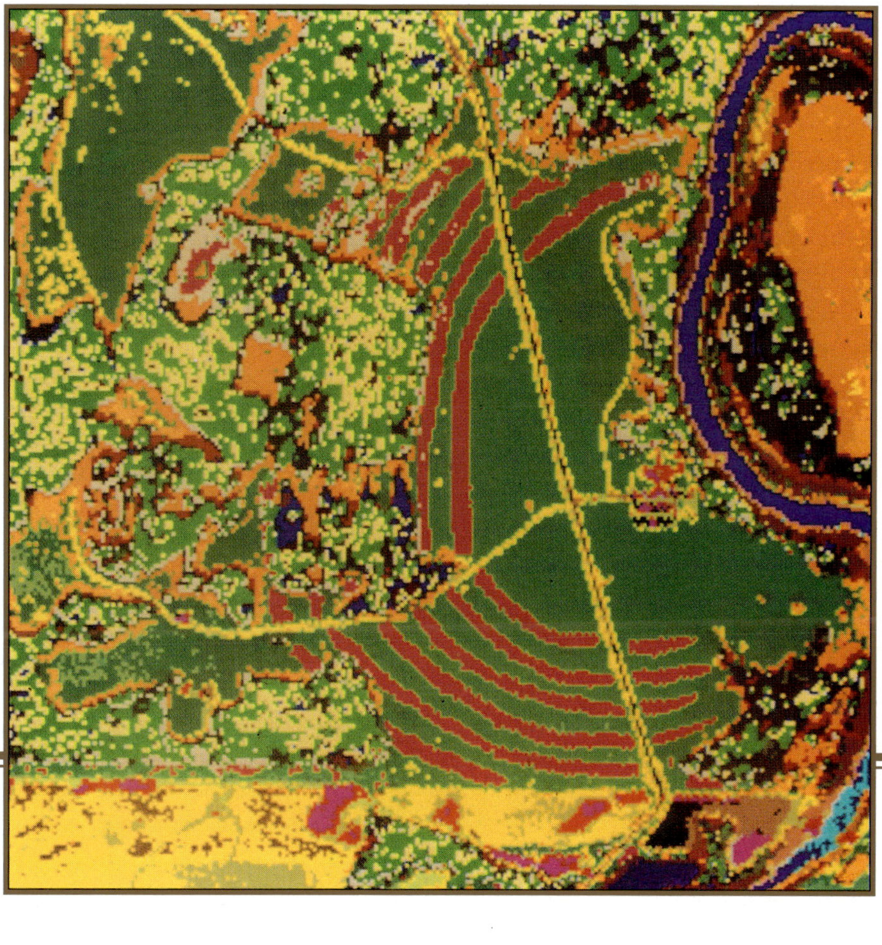

Sechs konzentrische Erdwälle (rot) zeigt diese Infrarot-Aufnahme, die ein Aufklärer der NASA 1984 machte. Sie säumen eine 1200 Meter lange Einfriedung (grün) bei Poverty Point, einer 3500 Jahre alten Stätte auf einem Plateau über dem Bayou Macon (lila, am rechten Bildrand) im Nordosten von Louisiana. Die Erdwälle, mittlerweile weitgehend erodiert, enthalten von Menschenhand bearbeitete Gegenstände, die mehr Wärme absorbieren beziehungsweise abstrahlen als ihr Umfeld und deshalb aus großer Höhe erfaßbar sind.

Schlingen und Netze aus Menschenhaar hat man in Felsquartieren gefunden. Eine ganz besonders aufwendige Falle befand sich im White Dog Cave bei Kayenta im nordöstlichen Arizona. Einem Tennisnetz nicht unähnlich, ist es 73 Meter lang und 90 Zentimeter hoch. Verknüpft wurden zirka sechseinhalb Kilometer Menschenhaar und Fasern des Hanfartigen Hundsgifts. Wie viele Stunden Männer oder Frauen arbeiten mußten, um dieses Netz zu knüpfen, kann man nur vermuten; an den Treibjagden jedenfalls, bei denen das Netz wahrscheinlich quer über den Zugang zum Canyon gespannt wurde, dürften viele Menschen aus vermutlich mehreren Siedlungen beteiligt gewesen sein.

Bis zum Ende der Korbmacher-Periode waren die Siedlungen in der Regel klein; sie bestanden meistens aus sechs bis zehn Grubenhäusern mit den dazugehörigen Speichern, die teilweise unter überhängenden Felsen gebaut worden waren. Nicht selten wurde eine Siedlung nach ein oder zwei Generationen zugunsten einer neuen in der Nähe aufgegeben, da sich Verwitterungsschäden in den Lehmhäusern nicht ausbessern ließen. Es war auch nicht ungewöhnlich, daß verlassene Wohnregionen wieder bezogen wurden. Solchen Umzügen gingen mit Sicherheit geringfügige Veränderungen des Mikroklimas oder der Fähigkeit des Bodens, Feuchtigkeit zu speichern, voraus. Zehn oder zwanzig Millimeter Niederschlag mehr pro Jahr oder Boden, der weniger schnell austrocknete, konnten über Tod oder Leben entscheiden.

Dieses Steingrab in einer Höhle in Utah könnte einen oder mehrere Leichname mit Kleidung, Körben und anderen persönlichen Gegenständen geborgen haben. Die Anasazi kannten mehrere Formen der Beerdigung – in Höhlen, Steingräbern oder Abfallstätten –, wobei die Toten aber grundsätzlich in der gleichen Haltung mit zum Körper hin angewinkelten Armen und Beinen und dem Gesicht nach Osten bestattet wurden.

Das Grundnahrungsmittel der Anasazi war Mais, der aus Mexiko gekommen war. In der Korbmacher-I-Periode ernteten die Anasazi aufgrund von Selektionsverfahren, die sie selbst entwickelt hatten, und dem Import verbesserter Samen aus Mittelamerika bereits Maiskolben, die annähernd die Größe der heutigen hatten. In fast allen Jahren konnte ein genügend großer Vorrat angelegt werden, so daß Kapazitäten für die Weiterentwicklung der Kultur freiblieben.

Gut erhaltene Grabstätten wie das des Webers im Canyon de Chelly haben einen Eindruck davon vermittelt, wie diese ersten Anasazi ausgesehen haben. Von verhältnismäßig kleiner Statur – der Durchschnittsmann maß 1,50 Meter –, glichen sie weitgehend, wenn nicht vollkommen den heutigen Südwest-Indianern. Sie hatten braune Haut und glattes oder gewelltes schwarzes Haar. Die Männer ließen das Haar in der Regel wachsen und faßten es am Hinterkopf zusammen. Die Frauen schnitten es ab und fertigten daraus Seile und Netze an.

An Bekleidung trugen die Angehörigen der Korbmacher-Kultur gerade das Nötigste: Die Männer gingen nackt bis auf ein Paar geflochtene Sandalen aus den Fasern

der Yuccapflanze, während die Frauen zusätzlich einen Gürtel oder Lendenschurz trugen. Im Winter schützten sie sich vor der bitteren Kälte mit Fellumhängen und Hemden sowie Decken aus Kaninchenfell. Den Mangel an Kleidung glichen sie durch Schmuck aus. Perlen aus Jet, Tonschiefer, Muschelschalen, Knochen und polierten Samen wurden zu Ketten aufgezogen und täglich getragen. Federn verarbeitete man zu Haarschmuck, Ohranhängern und manchmal als Besatz an Fellen. Im weiteren Verlauf ihrer Geschichte – die in weiten Teilen des Territoriums mehr als 500 Jahre andauerte – wurde die Bekleidung mit geflochtenen Gürteln und feingewobenen Lendenschurzen immer aufwendiger. In der Korbmacher-III-Periode trug man Sandalen mit Zehenschutz aus Muscheln, verziert mit bunten Figuren und Schmuckknoten.

Um das Jahr 600 kam es offenbar zu einem starken Anwachsen der Bevölkerung, sei es, weil die Anasazi eine höhere Technologie entwickelt hatten (und beispielsweise mit Pfeil und Bogen auf die Jagd gingen), sei es, daß sich das Klima zu ihren Gunsten verändert hatte. Auf jeden Fall wurden Korbmacher-Dörfer im wahrsten Sinne des Wortes aus dem Boden gestampft. Im ausgehenden 8. und im 9. Jahrhundert errichteten sie über ihren kleinen überirdischen Speicherbauten größere Wohnquartiere aus Stein und Lehmziegeln, ein Prozeß der architektonischen Aufstockung, der letztlich zu Komplexen um einer Unzahl von Räumen führte. Diese gruppierten sich im Halbkreis um zwei oder drei Seiten eines offenen Arbeitsplatzes, der Plaza. Die Flachdächer, die über Holzleitern zugänglich waren, fungierten als zusätzliche Nutzflächen, auf denen gekocht, Speisen getrocknet und Keramiken bemalt wurden.

Diese Entwicklung stellte einen wesentlichen Fortschritt dar, nämlich den Übergang von den Korbmacher III zu den Pueblo I. Es war ein abrupter und nicht zu übersehender Schritt. Für Archäologen des 20. Jahrhunderts, die die Kulturen klassifizieren mußten, war der Wandel jedoch nicht nur unverkennbar, sondern auch so tiefgreifend, daß sie einem schwerwiegenden Irrtum erlagen.

„Metates" genannte Mulden, in denen Frauen mit kleineren Steinen, „Manos" genannt, Mais und Korn mahlten, liegen nebeneinander in einem Felsen; das Arrangement zeigt, daß diese Tätigkeit gemeinschaftlich ausgeführt wurde (oben). Das Mehl wurde für die Zubereitung von Suppen, Soßen oder Brotfladen verwendet. In Getreidespeichern (ganz oben, rechts) lagerten Nahrungsmittel geschützt vor Feuchtigkeit und Schädlingen.

Die Klippenhäuser von Betatakin aus dem 13. Jahrhundert, die sich in eine spektakuläre, ein gewaltiges Halbrund von gut 150 Meter Höhe bildende Höhle schmiegen, haben viele ihrer Geheimnisse bewahrt. Die Stätte in Arizona, die 135 Räume umfaßt, wurde errichtet, erweitert und verlassen – und zwar in der kurzen Spanne von zwei Generationen.

Auf dem Weg zurück in die Vergangenheit traf man auf die Spuren der Korbmacher nämlich erst, nachdem man die spektakuläreren Ruinen ihrer Nachfolger freigelegt hatte. Viele Jahre lang dachten deshalb Forscher wie Wetherill, daß es sich bei den Bewohnern der Pueblos um ein absolut separates Volk gehandelt hatte. Ihre Architektur war ungleich fortschrittlicher, sie verfügten über Keramik im Überfluß, und sie kannten den Gebrauch von Pfeil und Bogen. Alles schien darauf hinzuweisen, daß sie einer gänzlich anderen Kultur angehört hatten, die von irgendwoher gekommen und die rückständigeren Korbmacher verdrängt hatte.

Diese Annahme schien ein unübersehbarer anatomischer Unterschied zwischen den frühen Pueblo-Leuten und den Korbmachern, an deren Stelle sie offenbar getreten waren, zu erhärten: die breite, flache anstelle der langen, schmalen Form des Kopfes, die ein eindeutiges Merkmal ihrer Vorgänger gewesen war. Spätere Skelettanalysen sollten beweisen, daß die Veränderung nicht genetisch, sondern durch eine Mode bedingt war. Die Korbmacher trugen ihre Kleinkinder in weichen, ausgepolsterten Tragen; die Pueblo hingegen zogen harte Tragen aus Rohrgeflecht ohne Polster vor. Dadurch daß der Kopf ständig an der harten Unterlage lehnte, kam zu Verformungen. Ob die Deformation des Schädels einem Schönheitsideal entsprach und deshalb bewußt herbeigeführt wurde, weiß man nicht. Vielleicht hatten die Anasazi mit flachköpfigen Fremden Kontakt, die sie respektierten. Vielleicht orientierten sie sich auch an ihren Führern, die von Natur aus einen flachen Hinterkopf hatten. Auf jeden Fall setzte sich die neue Kopfform bald im ganzen Anasazi-Gebiet durch und hielt sich bis ans Ende ihrer Tage.

Eine weitere grundlegende Veränderung während der Pueblo-I-

Periode betraf die Rolle des Grubenhauses, das die Anasazi zwar nicht als Wohnquartier nutzten, aber auch nicht aus ihren Siedlungen verbannten. Ganz im Gegenteil: Sie übernahmen die Idee und verwirklichten sie in ihrem ganzen Territorium. Die halb unter der Erde liegenden Kammern, die sie in der Regel kleiner gestalteten und tiefer legten als die Korbmacher, wurden auf der Plaza des Pueblo ausgehoben und bekamen eine kultische Funktion. Tatsächlich weisen sie starke Ähnlichkeit mit Bauten auf, in denen die Hopi, die Zuni und andere moderne Pueblo-Stämme ihre religiösen Riten abhalten und heilige Feste feiern. Der Sprache der Hopi haben Archäologen deshalb auch die Bezeichnung Kiva entnommen und auf das alte Anasazi-Äquivalent übertragen.

Die Mehrzahl der Experten geht davon aus, daß die Kiva in der Gesellschaft der Anasazi die gleiche Rolle spielte wie bei den Hopi und Zuni von heute. Fast ausschließlich initiierten Männern vorbehalten (Frauen dürfen sie nur bei besonderen Anlässen betreten), sind sie religiöse Zentren und Treffpunkte für die zahlreichen „Geheimbünde" der Dörfer zugleich, wobei es für verschiedene Aspekte des täglichen beziehungsweise religiösen Lebens – beide gehen untrennbar ineinander über – eine besondere Kiva gibt. Von Anfang an bis heute hat die Kiva einen unverkennbaren kulturellen Indikator dargestellt, denn sie steht als klarer Markstein einer Siedlung. Im 12. Jahrhundert, der Pueblo-III-Periode, verfügte jedes Dorf über eine oder mehrere Kivas mit einem Abzugsloch im Dach und einer Leiter als einzigem Zugang zu einer gemauerten Kammer. In die Wände eingefügt waren eine Bank und Nischen, während sich im Boden nicht selten ein mit Sand gefülltes Loch befand. Es könnte vielleicht die Rolle gespielt haben, die das *sipapu* in der Vorstellung der heutigen Pueblo-Indianer hat. Der Archäologe Bill Sweetland vom Bandelier National Monument nennt die Kiva die „Mittlerebene zwischen den Lebenden und den Geistern ihrer Vorfahren", wobei das *sipapu* den „Zugang" zu letzteren öffnet. Anders als ihre Zeitgenossen am Mississippi scheinen die Anasazi keine Furcht vor der Unterwelt gehabt zu haben, sondern betrachteten sie als Gegenstück zum Himmel, als Wohnort für die Seelen der Toten.

Keramikgefäße auf einer Mauer vermitteln dem Betrachter den Eindruck, als hätten die Bewohner dieses Domizil in Kiet Siel, Arizona, gerade erst verlassen. Den Eindruck verstärken die Scherben und Maiskolben, die verstreut auf dem Boden liegen. Doch wie Betatakin, der Nachbarort im Kayenta-Territorium, ist Kiet Siel seit 700 Jahren unbewohnt.

Die Großen Häuser im Chaco Canyon, die Komplexe, die den außergewöhnlichen Kern der Anasazi-Kultur bildeten, haben zahlreiche Kivas – in Pueblo Bonito allein sind es mindestens 32. Erstmals 1849 von Leutnant Simpson beschrieben, haben die Chaco-Komplexe Laien wie Wissenschaftler gleichermaßen fasziniert. Eine ganze Reihe neuer Erkenntnisse wurden im 20. Jahrhundert dank moderner archäologischer Methoden gewonnen, was bedeutete, daß viele alte Fehlurteile korrigiert werden mußten. Zum Beispiel ließ sich mit Hilfe der in den zwanziger Jahren von Douglass entwickelten Baumringdatierung genau bestimmen, wann die Bauten entstanden und wie lange sie bewohnt gewesen waren. Eine große Hilfe war außerdem ein Verfahren, mit dem

Die Große Kiva von Aztec Ruins, einem Fundort in New Mexico, die als einzige im Inneren vollständig restauriert wurde, strahlt eine Kühle und Stille aus, die dem religiösen Zweck dieses heiligen Baus entspricht. Die Einwohner von Aztec Ruins errichteten die Kiva und den 500räumigen Wohnkomplex im 12. Jahrhundert im Stil der Chaco-Anasazi.

man die Ausrichtung der magnetischen Teilchen in gebranntem Ton mißt. Da man weiß, wie sich die magnetischen Pole der Erde im Laufe der Zeit verschoben haben, kann man genau ermitteln, wann ein Objekt zum letztenmal erhitzt wurde. Forscher können so erfahren, wann zum Beispiel das letzte Feuer in einer Feuerstelle gebrannt hat.

Ursprünglich gingen Archäologen davon aus, daß es sich bei den Großen Häusern um prähistorische Wohnsiedlungen handelte, und zwar für eine Bevölkerung, deren Zahl sich insgesamt auf 10 000 belief. Diese Auffassung bedeutete, daß Chaco Canyon ein urbanes Zentrum gewesen wäre, das seine empfindliche Umwelt aufs äußerste belastet hätte – auch wenn die Anasazi die unregelmäßigen Niederschläge optimal zu nutzen verstanden. Wie die Region so viele Menschen ernähren konnte, blieb unklar. 1976 nahmen Archäologen in Pueblo Alto am Nordrand des Chaco Canyon erste Grabungen vor, die unerwartete Daten zutage förderten. An der Zahl der funktionstüchtigen Feuerstellen gemessen, die im Winter im Chaco unentbehrlich waren, konnte von 20 Räumen im Pueblo kaum einer als Wohnstatt gedient haben, und die meisten derer, die als solche erkennbar waren, stammten aus der ersten Bauphase. Die Zahl der ständigen Bewohner aller Großen Häuser ging demnach nicht in die Tausende, sondern nur in die Hunderte.

Es gab aber noch weitere Ungereimtheiten. Ein einziger Schnitt durch einen Abfallhaufen von Pueblo Alto brachte nicht weniger als 70 000 Artefakte ans Tageslicht, bei denen es sich vornehmlich um zerbrochene Keramiken handelte. Archäologen errechneten, daß im Laufe von 60 Jahren die Teile von 150 000 Tongefäßen auf die Halde geworfen waren – eine ungeheure Verschwendung, gemessen an den rund hundert ständigen Bewohnern der Stätte. Hinzu kam, daß die Scherben klar voneinander getrennte Schichten bildeten. Dies ließ darauf schließen, daß in Pueblo Alto von Zeit zu Zeit irgendeine Art von Zeremonie stattgefunden hatte, bei der Keramiken zerschlagen wurden. Daraus wiederum ergab sich als eine mögliche Folgerung, daß die Großen Häuser des Chaco Canyon Orte gewesen waren, an denen sich Anasazi aus dem ganzen San Juan Basin regelmäßig versammelt hatten, sei es um religiöse Festtage zu begehen oder um Handel zu treiben.

Die Bauten im Chaco Canyon könnten auch eine astronomische Funktion gehabt haben. Wie man weiß, orientieren sich Hopi und Zuni von heute am Sonnenstand, um die Zeit der Aussaat oder den Termin ritueller Feiertage festzulegen. Die Archäologen sind sich sicher, daß deren Vorfahren ähnliche Kenntnisse hatten. Einige Forscher weisen auf die ungewöhnliche Zahl der Ecktüren und -fenster in Pueblo Bonito hin, von denen zwei nachweislich die Position der Sonne zur Wintersonnenwende markieren. Nicht ganz so eindeutig läßt sich dies für andere Stätten im und im Umkreis des Canyons feststellen. Dessenungeachtet

kann man mit den Archäologen Robert und Florence Lister feststellen: „Wir sind uns dahingehend einig, daß astronomische Beobachtungen die Chaco-Bewohner befähigten, die religiösen Festtage im voraus festzulegen und die Jahreszeitenwechsel zu bestimmen, die Einfluß hatten auf die Reinigung und Instandsetzung der Bewässerungsanlagen, die Vorbereitung der Felder und die Aussaat."

Von der Astronomie einmal abgesehen, war der Chaco Canyon auf jeden Fall ein florierendes Zentrum des Handels. Ein Großteil der zerschlagenen Keramiken kam von weit her, insbesondere aus dem rund 65 Kilometer entfernten Gebiet um Chuska im Westen. Das wichtigste Handelsobjekt jedoch waren Türkise, die alle Anasazi-Gruppen besonders hoch schätzten: Über den ganzen Canyon verteilt hat man Hunderte von Artefakten aus Türkis und Tausende von kleinen Stückchen dieses blaugrünen Steins gefunden. Manche Archäologen haben daraus den Schluß gezogen, daß Türkise eine besondere rituelle Funktion hatten; die regelmäßigen Reisen in den Chaco Canyon hätten demnach dazu gedient, die Steine zu erwerben, und wären ein wesentliches Element des religiösen Lebens der Anasazi gewesen.

Gegen Ende der Korbmacher-Periode – lange bevor das Leben im Chaco seinem Höhepunkt zustrebte – hatten die Anasazi eine bedeutsame Entdeckung gemacht. Bis zu diesem Zeitpunkt hatte es keine feuerfesten Kochgefäße gegeben, die man direkt in die Glut stellen konnte. Aus diesem Grund hatten die Anasazi heiße Steine in Körbe geschichtet, die man mit Wasser oder Fleischsaft füllte. Die Körbe wurden teilweise mit Pech bestrichen, um sie undurchlässig zu machen; in der Regel aber dehnten sich die feuchten Fasern derart aus, daß sich das Gewebe von allein zusammenzog. Irgendwann vor dem Jahr 500 lernten die Anasazi den Brennvorgang besser zu beherrschen und reduzierende Brennverfahren unter Ausschluß von Sauerstoff anzuwenden. So entstanden Tonwaren von charakteristischer grauweißer Farbe. Speisen, die

Das gut erhaltene Klippenhaus in einem Canyon in Utah ist nur eins von vielen, die noch nicht eingehend untersucht sind. Über den gesamten Südwesten der heutigen Vereinigten Staaten verteilt liegen Tausende solcher Ruinen mit Artefakten wie dem rillenartig gemusterten Gefäß rechts. Besuchern der Stätte ist es verboten, Scherben aufzuheben oder etwas mitzunehmen, denn jede noch so kleine Veränderung würde die Authentizität und damit archäologische Bemühungen um Erkenntnisse zunichte machen.

auf heißen Steinen kaum oder überhaupt nicht garten, ließen sich nun relativ schnell vor- und zubereiten. Bohnen zum Beispiel mußten eingeweicht und gekocht werden; interessanterweise tauchen sie unter den von den Anasazi angebauten Pflanzen gleichzeitig mit der Töpferei auf.

Im Zuge der Pueblo-I-Phase entwickelte sich die Keramik weiter. An die Stelle des schlichten Grau oder Schwarz-auf-Grau traten Schwarz-auf-Weiß-Malereien, sogar bei alltäglichen Gegenständen. Kochgefäße wurden oft aus mehreren Tonwülsten – keine präkolumbische Kultur hat die Töpferscheibe erfunden – angefertigt, so daß ein wellenartiges Muster entstand, optisch attraktiv und griffig, das die Wärme des Feuers besser nach innen leitete.

Mit modernen wissenschaftlichen Verfahren – darunter auch der Neutronenaktivierungsanalyse, mit der ein unverwechselbarer Fingerabdruck der radioaktiven Spurenelemente ermittelt wird, um eine Keramik einem bestimmten Tonerdevorkommen zuzuordnen – ließ sich nachweisen, daß der Ursprungsort von Keramiken nicht selten weit von dem Fundort entfernt lag. Das gilt insbesondere für den Chaco Canyon und seine Tonwaren, die in der Mehrzahl aus anderen Teilen des Lebensraums der Anasazi stammten. Ob eingehandelt oder selbstgefertigt, die Stücke wurden in jedem Fall aufwendig verziert. Auf schlichte graue Gefäße wurde weißer (in seltenen Fällen auch roter) Ton und anschließend schwarze Farbe aufgetragen. Das Dekor zeigt in der Regel geometrische Muster und nur in Ausnahmefällen menschliche Gestalten. Ähnliche Motive hat man auf Felsen und Mauern, insbesondere der Kivas, gefunden, die allerdings großenteils verwittert oder abgeblättert sind.

Es fehlt nicht an Hinweisen auf Handelsverbindungen mit der zeitgleichen Kultur des Südens, des heutigen Mexiko. Da sind zum einen gewisse Keramikmotive, die offenbar mexikanischen entlehnt sind, doch gibt es auch greifbarere Objekte, die auf Kontakte schließen lassen: Kupferglöckchen zum Beispiel und Papageienskelette. In den Ritualen sowohl der Maya als auch der Tolteken hatten die bunten Federn des Keilschwanzsittichs eine wesentliche Rolle gespielt; die Anasazi könnten sie zu entsprechenden Zwecken benutzt haben.

Der Kontakt zu den mexikanischen Indios mag sporadisch gewesen sein, doch stellt sich immer klarer heraus, wie weit die Handelsbeziehungen der Chaco-Anasazi reichten. Mit Luftaufnahmen hat man festgestellt, daß Reste der Großen Häuser, von denen vielfach nur Geröll übriggeblieben ist, in einem wesentlich weiteren Umkreis zu finden sind als ursprünglich angenommen. Inzwischen geht man davon aus, daß sich der Einfluß der Chaco-Anasazi über das ganze 650 000

DIE ASTRONOMEN DER ANASAZI: GEÜBTE BEOBACHTER DER PHÄNOMENE AM HIMMEL

Am 14. Juli 1054 entstand eine Supernova, ein Lichtausbruch ungeheuren Ausmaßes, der auf der ganzen Welt tagsüber drei Wochen und nachts fast zwei Jahre lang sichtbar war. Dieses seltene Phänomen trat während einer der Phasen auf, in denen die Anasazi im Chaco Canyon eine besonders aktive Bautätigkeit entfalteten, und zweifellos haben sie den Vorgang beobachtet.

Astronomen und Archäologen, die sich mit den Kulturen des amerikanischen Südwestens befassen, sind seit langem überzeugt, daß die prähistorischen Indianer die Erscheinungen am Himmel aufmerksam verfolgten. Anfang der siebziger Jahre stieß ein archäologisches Vermessungsteam auf eine Felsmalerei, die die Supernova abbilden und vielleicht deutlich machen könnte, wie dieses Ereignis auf die Bewohner des Anasazi-Landes wirkte.

Das Piktogramm ist in rötlichem Braun gehalten und befindet sich auf einem überhängenden Sandsteinfelsen unterhalb der Ruinen von Penasco Blanco, einem Pueblo im Chaco Canyon. Es zeigt eine Hand, die den Ort vielleicht als heilig ausweist, einen Stern und einen Halbmond. Unter diesen Symbolen sieht man drei konzentrische Ringe mit einem Punkt in der Mitte, der vermutlich die Sonne darstellt. Wie der Archäologe Ray A. Williamson feststellt, spiegelt die Malerei ziemlich genau „die astronomischen Bedingungen am 4. Juli 1054" wieder – einen Stern, also die Supernova selbst, die südlich eines Halbmonds erschien, während die Sonne schon unter dem Horizont stand.

Da sich das Piktogramm kaum noch genau datieren lassen wird, wird es Williamson schwer haben, sich mit seiner Auffassung durchzusetzen. Davon abgesehen ist sich die Fachwelt jedoch einig, daß die Astronomie, die viele wichtige Termine und sogar die Ausrichtung der Häuser beeinflußte, im Leben der Anasazi eine große Rolle spielte.

Dieses Fenster in Casa Rinconada in New Mexico, hinter dem die Sonne aufgeht, kennzeichnete den Tag der Sommersonnenwende (oben). Dieselbe Funktion dürfte der „Sonnendolch", ein Spalt im Fajada Butte in New Mexico gehabt haben (links). Hier fielen die Strahlen der Sonne genau auf eine Petroglyphe, die eine Spirale darstellte. Beobachtungen des jährlichen Laufs der Sonne haben die Anasazi vermutlich in die Lage versetzt, die Sonnenwendtage vorherzusagen.

Diese Petroglyphe zeigt sternförmig den durch die Supernova von 1054 gebildeten Crab-Nebel südlich des Halbmonds, dessen Spitzen nach Westen zeigen: Dies ist die Konstellation, in der die beiden Objekte am Morgen des 4. Juli zueinander gestanden haben dürften. Die Mondphase konnte mittels Computerberechnungen für diesen Tag bestätigt werden.

Quadratkilometer große San Juan Basin erstreckt haben dürfte, wenn nicht gar darüber hinaus.

Zwischen 1075 und 1115, als der Bau der Großen Häuser in seine letzte Phase ging, hatte die Chaco-Tradition ihren Höhepunkt erreicht. Das „Chaco-Phenomenon", wie die Archäologen diese Phase nennen, überdauerte, wenngleich mit gewaltigen Anstrengungen verbunden, nur eine kurze Spanne. Mit der Methode der Baumringdatierung hat man festgestellt, daß eine Dürre einsetzte, die jahrelang anhielt. Der ehemalige Leiter des vom U.S. National Park Service initiierten Chaco Project, W. James Judge, hält es für denkbar, daß der Chaco Canyon infolge der ungünstigen Bedingungen seine Rolle als Zentrum sowohl des Handels als auch der Religion eingebüßt und sich zum reinen Wohngebiet entwickelt haben könnte.

Ein Sandsteinvorsprung schützt Cliff Palace vor den schlimmsten Unbilden des Winters. Der Hauptanteil der jährlichen Niederschläge in der Mesa Verde geht im Winter in Form von 200 bis 250 Zentimetern Schnee nieder. Da es kaum Flüsse gibt, die das ganze Jahr über Wasser führen, war die Schneeschmelze im Frühjahr für den Anbau ein willkommener Segen.

Es war keineswegs die erste Dürreperiode im Chaco Canyon: Schon während der letzten Bauphase waren die Erträge der Felder infolge vorübergehender Niederschlagsausfälle im Sommer deutlich zurückgegangen. Damals waren die Speicher gut gefüllt gewesen, so daß die ansässige Bevölkerung ein paar Hungerjahre überleben konnte. Diesmal aber hielt die Trockenheit länger an. Ein halbes Jahrhundert hindurch blieben die Niederschläge weit hinter dem Jahresdurchschnitt zurück. Die Klimaveränderung ging letztlich über das erträgliche Maß hinaus, und die Menschen des Chaco Canyon wanderten nach und nach ab.

Zwei weitere große Anasazi-Zentren, das im San Juan Basin und das bei Kayenta, entstanden zwar später als das im Chaco Canyon, entwickelten aber ganz eigene Charakteristiken, so zum Beispiel auf dem Gebiet der Keramik (obgleich überwiegend im herkömmlichen Schwarz-auf-Weiß gehalten) wie auch dem der Architektur.

Anders als im baumlosen, relativ flachen Tal des Chaco Canyon fanden die Anasazi im nördlichen San Juan Basin Kiefern- und Piñonwälder vor, die sich auf weiten Hochebenen oder in hochgelegenen breiten Tälern erstreckten. Ihre spektakulärste Hinterlassenschaft waren und sind die riesigen Klippenhäuser von Mesa Verde, 225 Kilometer nördlich des Chaco Canyon gelegen. Über die Region verstreut liegen aber mindestens acht große Siedlungen aus der Pueblo-III-Phase, in

denen jeweils mehr als 1000 Menschen lebten. Auf dem Höhepunkt der Pueblo-III-Phase dürfte das Gebiet 30 000 bis 40 000 Menschen ernährt haben – doppelt so viele wie heute der Südwesten von Colorado. Die größte Konzentration befand sich in Yellow Jacket, von dem nur eine Ruinenstätte übrig geblieben ist. Die Großsiedlung in Yellow Jacket umfaßt 1826 Räume, die sich um vier Plazas gruppieren, 166 Kivas und eine Große Kiva, die mit der geräumigsten im Chaco vergleichbar ist.

Für den Ackerbau waren die klimatischen Verhältnisse insgesamt günstiger als im Chaco Canyon. Auf den Höhen der Mesas gediehen Pflanzen ohne künstliche Bewässerung. Dessenungeachtet mußten die Anasazi mit Wasser sparsam umgehen, wenn es für die dichte Bevölkerung reichen sollte. In Yellow Jacket gab es ein Reservoir und einen Überlaufdamm; in Mesa Verde hat man über tausend Rückhaltedämme aus Stein entdeckt. Im Prinzip dazu da, das Ablaufen des Wassers bei sommerlichen Niederschlägen oder winterlichen Schneeschmelzen zu verzögern, dienten sie einem weiteren Zweck: Sie hielten Schwemmboden zurück, der von den Fluten mitgeführt wurde und sich zu kleinen, fruchtbaren Parzellen aufschichten ließ.

Die Region um San Juan war mindestens so lange besiedelt wie andere Anasazi-Territorien, und ihre Bewohner machten dieselben Phasen der Entwicklung durch. Die Klippenhäuser, von denen frühe Besucher begeistert berichtet hatten, entstanden in der letzten Phase, bevor die Anasazi-Kultur in diesem Gebiet unterging. In Mesa Verde begann die Bautätigkeit um das Jahr 1070: Zwischen dieser frühen Phase und den ersten Jahren nach 1200 wurden viele Siedlungen von der weiten Mesa in die einzigartigen neuen Quartiere verlegt, die sich wie Schwalbennester an die Canyonwände schmiegten.

Wer nach Gründen für diesen Umzug sucht, denkt als erstes an die Verteidigung, doch gibt es während der gesamten Anasazi-Periode nur ganz wenige Zeichen für Kriege oder die Vorbereitung auf kriegerische Auseinandersetzungen. Der Zwang, eine wachsende Bevölkerung zu ernähren, könnte eine bessere Erklärung darstellen. Indem die Anasazi ihren Wohnraum von den potentiell fruchtbaren Hochebenen und Talböden an die Hänge der Canyons verlegten, gewannen sie dringend benötigte Anbauflächen. Die zusätzlichen Erträge mögen unerheblich scheinen, doch selbst im relativ fruchtbaren San Juan Basin lebten die Anasazi immer knapp am Rande des Existenzminimums.

Die dritte größere Gruppe siedelte weiter westlich in Kayenta, etwa 200 Kilometer nordöstlich von Flagstaff in Arizona. Die Kayenta-Anasazi begannen etwas später mit dem Pueblo-Bau als die anderen. Nach Ansicht von Gary Matlock, einem Archäologen im Dienst des U.S. Forest Service, läßt sich die Verteilung wie folgt beschreiben: „Wenn man die Region im nördlichen San Juan als Speisekammer und den

Chaco als großes Handelszentrum betrachtet, handelte es sich bei der Region um Kayenta um das Künstlerquartier der Anasazi." Sie waren begnadete Töpfer und Kunsthandwerker, aber weniger gute Architekten als ihre Verwandten. Während andere Anasazi große Siedlungen bauten, konzentrierten sich die Kayenta-Gruppe darauf, nach Westen zu expandieren und zwischen 1000 und 1100 neue Gebiete zu erschließen.

Um 1150 endete die Expansion, wie man annimmt, aufgrund ausbleibenden Regens oder anderer Umweltprobleme. Viele im Westen gelegene Siedlungen wurden aufgegeben. Die Pueblos im Kernland der Kayenta wuchsen, um die Vertriebenen aufzunehmen, und die Landwirtschaft sowie der Wasserbau wurden intensiviert. Gegen Ende des 13. Jahrhunderts wurde der Druck schließlich zu groß. Wie Baumringdatierungen beweisen, zogen die Kayenta-Anasazi zwischen 1286 und 1300 mit fast ihrer gesamten Habe fort. Einige Familien verschlossen sogar ihre Türen, vielleicht in der Hoffnung, eines Tages zurückzukehren. Das taten sie zwar nicht, doch ihr Weg führte sie nicht weit. „Wichtig

Die Anasazi in der regenarmen Region um Hovenweep bauten ihre Dörfer in der Nähe von Quellen auf nackten Sandsteinfelsen. Über die Funktion der ungewöhnlichen, gemauerten Türme von Hovenweep gibt es keine gesicherten Erkenntnisse: Es könnten Verteidigungsanlagen, aber auch Observatorien gewesen sein.

ist, daß das Kayenta-Gebiet als Ganzes eigentlich nicht aufgegeben wurde", sagt Matlock. „Von allen Anasazi-Gruppen kommen die Kayenta modernen Pueblo-Indianern am nächsten. Bei den Hopi lassen sich noch heute fast alle kulturellen Charakteristiken der Anasazi feststellen."

Auch anderswo im Vierländereck konnte das Land die Bewohner nicht länger ernähren, zumindest nicht in der Zahl, die sie am Ende des 13. Jahrhunderts erreicht hatten. Die Anasazi selbst dürften zu den Umweltproblemen, wie heutige Ökologen sagen würden, beigetragen haben, indem sie die Landwirtschaft intensivierten, um die wachsende Bevölkerung zu ernähren. Zusätzliche Probleme schuf die Abholzung der Hochebenen, die die Anasazi betrieben. Solange natürlich gewachsener Wald den Boden ständig erneuerte, hielt sich die Erosion durch Regen in einem erträglichen Rahmen. Aber die Anasazi sahen sich gezwungen, Bäume zu fällen, denn sie brauchten die Hochebenen für den Anbau. Und sie brauchten das Holz als Bau- und als Brennmaterial, sei es zum Kochen, zum Brennen der Keramiken oder zum Heizen.

Dürre, sinkende Ernteerträge, der Mangel an Bau- und Brennholz – all dies führte das Ende der Anasazi-Tradition herbei. Der Zusammenbruch erfolgte sanft, denn bei aller Ausbeutung der Natur hatte sich die Zahl der Anasazi doch immer in Grenzen gehalten, und auch ihre Technologie hatte nie einen hohen Stand erreicht. Der langsame Raubbau an der Natur führte nicht zur Katastrophe, auch wenn der Hungertod manchen ereilte. Kinder starben, die zu besseren Zeiten das Erwachsenenalter erreicht hätten. Viele Erwachsene litten unter Folgeschäden der mangelnden Ernährung in der Jugend. Doch es gab kein plötzliches Drama, keinen Untergang. Der Chaco Canyon, der zu keiner Zeit ein Paradies gewesen war, wurde als erster verlassen. In seinen Bauten scheinen sich vorübergehend Auswanderer von der Mesa Verde niedergelassen zu haben, bevor die anhaltende Dürre sie zwang weiterzuziehen. Familie für Familie, Clan für Clan machten sich die Menschen schließlich auf die Suche nach besseren Lebensbedingungen. Die Kayenta wanderten nach Süden, wo sie bis heute geblieben sind. Was genau aus den Bewohnern des San Juan Basin und des Chaco Canyon wurde, weiß man nicht, aber man kann davon ausgehen, daß sie ins Gebiet um Bandelier und in die Pueblos des Rio Grande Valley zogen. Als Anasazi, die Ahnen der Fremden, verschwanden sie vom Erdboden. In den Stämmen der Hopi, Zuni und anderer Pueblo-Indianer lebten sie weiter.

Im Gebiet des heutigen Bandelier National Monument, wo sie bessere Bedingungen und Bodenverhältnisse vorfanden, überlebten die Anasazi wesentlich länger. Über eine Million Jahre zuvor war ein Vulkan in den Jemez Mountains westlich von Bandelier ausgebrochen und hatte eine Caldera von 45 Kilometern Durchmesser geschaffen. Auf der 1150 Quadratkilometer großen Fläche lagerte die Asche, die er ausgespien hatte, in einer 180 bis 300 Meter dicken Schicht und verdichtete sich in Jahrhunderten zu vulkanischem Tuff, dem weichen Gestein, in das die Anasazi ihre Höhlen schlugen. Auf den ebenen Tafelbergen und am Boden der Schluchten hatte sich infolge der Regenfälle und der Erosion Boden gebildet, der die Feuchtigkeit hielt. Einige Stellen sind mit hellem Bimskies bedeckt, der die Sonne reflektiert. Auf diese Weise isoliert, bleibt der Boden unter dieser Schicht selbst an heißesten Tagen kühl und feucht. „Hier könnten wir heute noch Mais anbauen", meint der Archäologe Bill Sweetland mit Bezug auf einen Sattel zwischen zwei Tafelbergen, der zahlreiche Anasazi-Höhlen beherbergt.

In der Kunst der Anasazi sehr selten sind Wiedergaben des menschlichen Antlitzes; dieses Keramikfragment von einem Bildnis-Gefäß stellt eine der wenigen Ausnahmen dar. Es stammt aus der Zeit um 1100 und ist 15 Zentimeter hoch.

Nach Auskunft Sweetlands pflanzten die Anasazi an genau dieser Stelle Mais, Bohnen und Kürbis an. Die Kürbissaat ging als erste auf und breitet einen grünen Teppich über dem Boden aus. Wenig später sproß der Mais, dessen Stengel durch die Kürbisblätter brachen und eine praktische Stütze für die anschließend keimenden Bohnen bildeten. Nach der Ernte verwendete man die getrockneten Maisstengel als Brennmaterial. Das vegetarische Trio bildete eine gesunde Nahrungsgrundlage: Ein Enzym in den Bohnen brach das Protein im Mais auf und machte es für den menschlichen Körper verwertbar. Der Kürbis lieferte die nötigen Mineralstoffe und Vitamine.

Das Areal um Bandelier ernährte die Anasazi, bis der Boden erschöpft war, und zurückgehende Ernteerträge die Menschen zwangen, die Wohnhöhlen zu verlassen. Nicht lange vor Ankunft der ersten Spanier dürfte der Auszug der Anasazi und der Treck ins Tal des Rio Grande stattgefunden haben.

Cochiti, Santo Domingo und andere indianische Pueblos im Bandelier National Monument haben die Zeit intakt überlebt, während im Frijoles Canyon und auf den umliegenden Mesas nur noch vage Erinnerungen an die Anasazi und ihr tägliches Leben geblieben sind. Doch schon ein scheinbar unerhebliches Relikt kann die Erinnerung an diese wunderbare, aber noch

Der im Mesa-Verde-Stil dekorierte Becher wurde im Chaco Canyon gefunden. Manchmal helfen chemische und Strukturanalysen bei der Bestimmung des Ursprungsorts einer Keramik. Generell aber ist das Dekor ein zuverlässiger Indikator.

immer von Rätseln umgebene Kultur neu beleben. An einer relativ ebenen, abgelegenen Stelle unterhalb einer Reihe von Wohnhöhlen hat ein indianischer Vater vor sechs Jahrhunderten ein kleines Pueblo in einen Tuffstein gemeißelt, eine Art Puppenhaus. Obwohl die Erosion die Kanten abgerundet hat, sind die Treppen und Bauten bis zum heutigen Tag gut zu erkennen. Man kann sich die Freude der Kinder an dieser kleinen Welt vorstellen, ihr Gelächter beim Spiel fast noch hören.

Nach dem Auszug der Anasazi standen die Höhlen verlassen da. Nur noch die Indianer wußten von ihnen, bis ein wissensdurstiger Schweizer Immigrant sie der Öffentlichkeit ins Gedächtnis zurückrief. Bevor er New Mexico verließ, verfaßte Adolph Bandelier einen historischen Roman über die Pueblo-Indianer vor der Zeit der europäischen Invasion, den er *The Delight Makers* nannte. Wie er im Vorwort ausführt, hatte er die ersten drei Kapitel während seines Aufenthaltes im Pueblo Cochiti geschrieben. Schon die ersten Seiten zeigen, daß er sich von seiner Exkursion in den Frijoles Canyon und die Ruinen, die er dort entdeckte, inspirieren ließ. Bandelier wollte die Faszination weitergeben, die für ihn von der Kultur der Anasazi ausging, und wählte die Form des Romans, weil der wußte, daß ein trockenes wissenschaftliches Werk „nur einen begrenzten Einfluß auf die Allgemeinheit hatte". Sein edles Ziel bestand, wie er formulierte, darin, „die Wahrheit über die Pueblo-Indianer näherzubringen". Ein Jahrhundert ist seitdem vergangen, doch die Wahrheit und die Anasazi sind uns so fern wie eh und je.

Ein Anasazi-Künstler aus Kayenta in Arizona schnitzte und bemalte diesen Vogel und die Sonnenblumen aus Holz, die in einem verschlossenen Tongefäß in einem Klippenhaus vergraben wurden. Das trockene Klima trug dazu bei, daß die Werke nach über 700 Jahren noch so lebendig wirken.

DIE WUNDER DES CHACO CANYON

In der Eintönigkeit des südwestlichen New Mexico liegt der Chaco Canyon, ein breiter, nicht besonders tiefer Einschnitt, der in der ebenen Landschaft rundherum auf den ersten Blick kaum auffällt. Ausgerechnet hier gelangte vor tausend Jahren jedoch eine Kultur zur vollen Blüte, die in den Vereinigten Staaten nördlich von Mexiko nicht ihresgleichen hat. Warum die Anasazi diese trostlose, baumlose Wüste als Zentrum ihrer Gemeinschaft wählten, vermag niemand zu sagen.

Frühe Forscher mochten ihren Augen kaum trauen, als sie die steinerne Hinterlassenschaft der Anasazi sahen, die gewaltigen Pueblos, die sich mit teilweise Hunderten von Räumen auf rund 15 Kilometer Länge den Canyon entlangziehen. Bei späteren Ausgrabungen dieser sogenannten „Großen Häuser" stieß man auf eine Fülle von Artefakten, darunter auch die Türkise oben, aber nur auf wenige Gräber. Wie eine Studie aus jüngerer Zeit ergab, waren die wenigsten der Räume je bewohnt. Die Bevölkerung, die man ursprünglich auf 10 000 geschätzt hatte, scheint sich demnach nur auf einige hundert belaufen zu haben. Ob es sich dabei um eine Elite oder Verwalter der Monumente beziehungsweise beides handelte, bleibt ungeklärt.

Denkbar ist, daß der Chaco Canyon als ein Ort für zeitweilige Zusammenkünfte der Anasazi aus Siedlungen im ganzen San Juan Basin gedient hat. Vielleicht wurden auf den Plazas der Komplexe bei bestimmten Anlässen Feiern begangen und Rituale abgehalten, Waren getauscht und alte Freundschaften erneuert, während in den Kivas gleichzeitig überlieferte Legenden erzählt und den Jüngeren nahegebracht wurden. Vor allem aber dürften die Anasazi die karge Szenerie als stärkendes Element ihres Zusammengehörigkeitsgefühls empfunden haben.

Viele Gesellschaften haben sich selbst, ihren Siegen und ihren Errungenschaften Denkmäler gesetzt. Dasselbe taten die Anasazi, auch wenn ihnen nur beschränkte Mittel und rudimentäre Techniken zur Verfügung standen. Im Chaco Canyon hinterließen sie ein architektonisches Werk, nicht minder eindrucksvoll als Machu Picchu, Angkor Wat, die Pyramiden, Versailles oder der Kölner Dom, ein Erbe, das ihre Kultur wahrhaft repräsentiert.

Der gewundene Chaco Wash grub den breiten Canyon, der seinen Namen trägt, in den weichen Sandstein der Region. Die ersten Anasazi, die sich hier niederließen, bauten zwischen 500 und 750 zunächst Grubenhäuser an beiden Seiten des Flusses, der nur zeitweise Wasser führt. Zwischen 900 und 1115, als die Kultur im Chaco Canyon die höchste Blüte erreichte, entstanden die Großen Häuser im Canyon und an seinen Flanken – Komplexe, deren Funktion bis heute von Geheimnissen umgeben ist.

VERBINDUNGEN FÜR MENSCHEN UND GEISTER

Das weitläufige Netz der Straßen, das im Chaco Canyon zusammenlief, verband die über das ganze San Juan Basin verstreuten Siedlungen der Anasazi mit dem Mittelpunkt ihres Universums. Aber auch wenn man in Betracht zieht, daß diese Verbindungen die lebenswichtigen Adern des Handels bildeten, scheinen sie überdimensioniert. Warum sollten die Anasazi in zahllosen Mannstunden neun Meter breite Flußbetten geebnet haben, wenn ihnen weder Zugtiere noch das Rad zur Verfügung standen? Warum sollten sie die Straßen schnurgerade durch ein Gelände führen, das Höhen, Tiefen und Hindernisse aufwies, statt den Weg des geringsten Widerstandes zu wählen und einfach den landschaftlichen Gegebenheiten zu folgen?

Dabney Ford, Archäologin des U.S. Park Service im Chaco Canyon, zeigt Parallelen mit der Welt der heutigen Pueblo-Indianer auf, in der es keine Trennung von staatlicher Autorität, Handel und Religion gibt. Die Forscherin geht davon aus, daß sich die Anasazi ebenso verhielten wie ihre direkten Nachfolger: Nie hätten sie ein größeres Projekt, das wie der Straßenbau der Allgemeinheit diente, zu einem Zweck allein verwirklicht.

Fest steht, daß die Straßen die zentrale Verwaltung der weit verstreuten Siedlungen und den Handel erleichterten. Folgt man Dabney Ford, wurden diese Verbindungen aber auch für die unsichtbaren Gestalten des Geistes geschaffen.

Kaum sichtbare Gräben des Straßennetzes der Chaco-Anasazi gehen sternförmig von Pueblo Alto auf der Mesa nördlich des Canyons aus. Mitten hindurch führt eine moderne Straße.

Pilger und Händler – oder die Seelen der Verstorbenen, wenn man der Archäologin Dabney Ford folgt – zogen auf diesem breiten Weg von Pueblo Alto nach Süden in Richtung auf die Nordseite des Canyons, wo Pueblo Bonito lag. An der Stelle, an der die Straße in den Abgrund zu stürzen scheint, befand sich eine Treppe, die zum Fuß der zerklüfteten Steinwand führte. Das kleine Bild links zeigt die Treppe einer anderen, nahen Route.

An die Nordwand des Canyons schmiegt sich Chetro Ketl (rechts), eine Anlage, die in 15 Bauphasen in einer Zeitspanne von mehr als 100 Jahren entstand. Schätzungsweise 50 Millionen Sandsteine, jeder einzeln behauen, wurden verbaut. Die kleinen Kivas (oben) sind integraler Bestandteil des Pueblo. Auf dem großen Photo sieht man die Plaza, einen weiten, freien Platz zwischen dem Hauptkomplex und der Großen Kiva (unten links), die einen Durchmesser von 18,30 Metern hat.

STÄTTEN DES GLAUBENS UND DER BERATUNG

Die große Zahl der Kivas, die innerhalb und außerhalb de Großen Häuser im Chaco Canyon liegen, stärken die Annahme, daß sie zu zeremoniellen Zwecken genutzt wurden. Chetro Ketl, eins der größten Pueblos dieser Region beherbergt mehrere kleine Kivas in seinen Mauern, wobe die Anasazi, als sie das Pueblo auf dem Höhepunkt ihre Blüte umbauten und erweiterten, einige der ursprüngliche Kivas mit Erde auffüllten.

In den zwanziger und dreißiger Jahren leitete der Archäologe Edgar L. Hewett eine Grabung in Chetro Ketl Nachdem er und seine Männer einen Teil des Pueblo selbs freigelegt hatten, nahmen sie sich die Plaza vor der Fassad vor und stießen auf eine Kiva nach der anderen, die „sich aneinanderschmiegten, überschnitten und überlagerten" Alle waren kreisrund und hatten gemauerte Wände, doch „glich keine der anderen in jeder Beziehung", wie Hewet schrieb. „Irgend etwas gibt es immer, das dem Archäologen Kopfzerbrechen macht." Eine große Mulde in den Sandboden der Plaza barg „eine der Überraschungen, au die wir im Chaco Canyon hoffen", berichtete Hewett weiter, „einen gewaltigen runden Zeremonialbau". In diese unterirdischen Kammer, der Großen Kiva, fanden Versammlungen statt, bei denen sowohl über weltliche Fragen diskutiert als auch heilige Rituale begangen wurden.

Eine der größten Kivas im Chaco Canyon, die Große Kiva von Chetro Ketl, umschließt vier runde Löcher, in denen einst massive Dachpfosten aus Holz standen. In den Löchern hat man die Sandsteinscheiben gefunden, die als Fundamente dienten. Das quadratische Mauerwerk in der Mitte ist eine Feuerstelle.

Baumstämme bildeten Träger, auf denen Decken und Dächer der mehrstöckigen Pueblos auflagen. Man glaubt, daß für den Bau der Großen Häuser 215 000 Bäume gefällt und aus Entfernungen von bis zu 80 Kilometer herangeschafft wurden.

STEINERNE ALTÄRE ERBAUT FÜR DIE EWIGKEIT

Im Verlauf der 200 Jahre anhaltenden Bautätigkeit im Chaco Canyon, die den Großen Häusern Gestalt verlieh, verwendeten die Baumeister der Anasazi mehrere verschiedene Techniken. Ihre schönsten Steinarbeiten sind typisch und unverwechselbar. Die Mauern bestehen innen aus Geröllsteinen unterschiedlichster Form, die mit Lehm als Mörtel zusammengefügt wurden. Dieser Kern, der sich von außen nach innen verjüngt, ist am Fuß der Mauer bis zu einem Meter dick und beidseitig mit einem Mauerwerk aus Sandsteinen verkleidet.

Bei den älteren Bauten dieser Art sind die Sandsteine des Mauerwerks grob behauen und nicht präzise aneinander angepaßt. Später zeigt sich, welche Meisterschaft die Steinmetze der Anasazi entwickelten, denn nun wurden die Steine mit Steinwerkzeugen passend gemacht und je nach Größe zu Lagen unterschiedlicher Höhe aufgeschichtet. Die Arbeitszeit und Sorgfalt, die in diesen Bauten stecken, machen nur allzu deutlich, daß sich die Anasazi durch den gewaltigen Aufwand nicht an der Verwirklichung ihrer ästhetischen Vorstellungen hindern ließen.

Die Anasazi verbargen ihr perfektes Mauerwerk unter einer Schicht aus Lehm, und zwar innen wie außen. Vielleicht wollten sie verhindern, daß sich der Lehmmörtel unter dem Einfluß der Elemente zersetzte. Nur noch in wenigen geschützten Innenräumen ist der Verputz erhalten geblieben. Die Mauern hingegen, wunderbar wie eh und je, stehen noch zum großen Teil und bezeugen eindrucksvoll die Kunst und das Können ihrer Erbauer.

Im Nordostbogen von Pueblo Bonito sind bis heute vierstöckige Bauten erhalten. Durch rechteckige Fensteröffnungen gelangten Licht und Luft in die unteren Ebenen. In den drei runden Aussparungen lagerten Holzbalken, die inzwischen verrottet sind.

Ungewöhnlich für die Architektur im Chaco Canyon sind einige Türen. Der Holzbalken unter der Ecktür oben ist eingebrochen. Den T-förmigen Durchgang unten verschloß im Winter vielleicht eine Matte, während er im Sommer offen für Durchzug und frische Luft sorgte.

Die Planer von Pueblo Bonito kannten offenbar die Gesetze der natürlichen Wärmespeicherung und Kühlung. Die dikken Mauern, die nur von wenigen kleinen Fenstern und Türen durchbrochen waren, schirmen die Räume gegen die extremen Temperaturschwankungen ab. So bleiben die Räume selbst bei sengender Sommerhitze angenehm kühl. Der nach Süden ausgerichtete mehrstöckige Komplex fällt nach vorn ab, so daß Dachterrassen entstehen und jede Ebene im Winter in den vollen Genuß der Sonne kommt.

Trotz des altersbedingten Verfalls und der Schäden, die ein Felssturz im 20. Jahrhundert an der Rückseite des Komplexes anrichtete, bleibt Pueblo Bonito das Kronjuwel der Architektur im Chaco Canyon.

EINE CHRONOLOGIE NORDAMERIKANISCHER KULTUREN

Die ersten Bewohner der westlichen Hemisphäre kamen während der letzten Eiszeit über eine zeitweilige Landbrücke von Asien nach Alaska. Diese von Archäologen als Paläo-Indianer bezeichneten Nomadenjäger machten Jagd auf Großwild, das ihre Hauptnahrung darstellte, und folgten den Herden auf ihren ausgedehnten Wanderungen durch das Land. Um 11 000 v. Chr. hatten sie sich über den gesamten nordamerikanischen Kontinent ausgebreitet.

In den riesigen Wäldern, die während des Archaikums zwischen 8000 und 1000 v. Chr. entstanden waren und sich von den Great Plains bis zum Atlantik und von der Hudson Bay bis zum Golf von Mexiko erstreckten, vollzog sich ein allmählicher Wandel zur seßhafteren Lebensweise der Wildbeuter.

Die Region war so reich an eßbaren Wildpflanzen, Fisch, Geflügel und Waldtieren, daß sich die archaischen Indianer von diesem Überfluß ernähren konnten, ohne ständig umherziehen zu müssen, wie es ihre Nomaden-Vorfahren getan hatten.

Gegen 1000 v. Chr. nahm die sogenannte Waldland-Tradition Gestalt an. Sie zeichnete sich durch drei Neuerungen aus, die einen wesentlichen Einfluß auf die Entstehung der späteren Hügelerbauer-Kulturen haben sollten: Die Indianer begannen bestimmte Pflanzen zu kultivieren, sie fertigten erstmals Tongefäße an, und sie gingen dazu über, ihre Toten mit großer Sorgfalt und komplexen Zeremonien zu bestatten.

ADENA
500 v. Chr.–1 n. Chr.

SANDSTEINTAFEL

Als erste große Hügelerbauer-Tradition entstand im fruchtbaren Stromtal des Ohio die Adena-Kultur, die bald den gesamten Flußlauf und seine Nebenarme beherrschte. Mit der Verbreitung dieser Kultur wurden Bestattungsrituale – und Grabbeigaben wie die oben gezeigte Steintafel – immer aufwendiger. Die zunächst schlichten Gräber in Form von flachen Gruben überbaute man später mit Gewölben aus Baumstämmen und Lehm, bevor man wie zuvor Erde über ihnen aufschüttete. Auf so entstandenen Hügeln legten die Adena neue Gräber an und vergrößerten sie Schicht um Schicht, so daß Archäologen oft mit einem Schnitt durch einen einzigen Grabhügel ein lückenloses Bild über mehrere Jahrhunderte hinweg gewinnen. Man schätzt die Zahl der Begräbnishügel im Adena-Kernland auf 300 bis 500. Die Adena-Kultur hatte ihre Blütezeit um 100 v. Chr., begann dann aber aus unbekannten Gründen zu zerfallen und brach im 1. Jahrhundert n. Chr. ab.

HOPEWELL
100 v. Chr.–400 n. Chr.

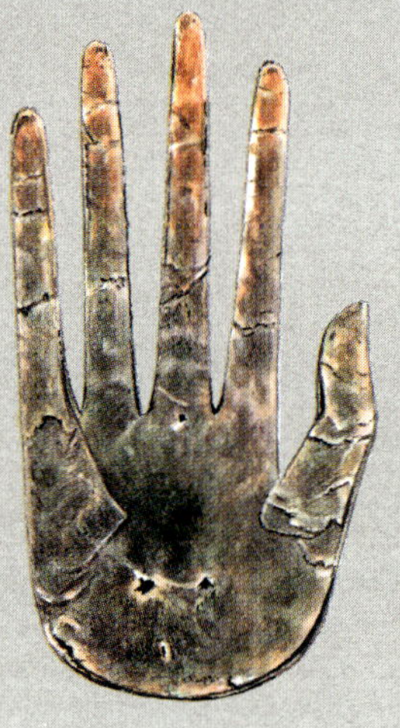

GLIMMER-HAND

Im letzten vorchristlichen Jahrhundert tauchte nach den Erkenntnissen der Archäologen in Ohio eine neue Kultur auf. Die Hopewell übernahmen viele Grundzüge der Adena-Tradition und führten sie zu neuen Höhen. Sie errichteten imposantere Grabhügel und statteten ihre Toten mit einer Fülle von erlesenen Gegenständen für die Reise ins Jenseits aus. Die Grabbeigaben der Hopewell zeigen, daß sie ein Handelsnetz unterhielten, das wesentlich weiter reichte als der Einflußbereich ihrer Kultur. So entdeckte man an ihnen zugeordneten Fundstätten Muscheln von der Golfküste, Kupfer von den Great Lakes und Glimmer *(oben)* aus den südlichen Appalachen. Auch ihre Erdbauten übertrafen die vorausgegangenen einfachen Begräbnishügel. Überall im Süden von Ohio stößt man auf riesige Areale aus gestampftem Erdreich mit geometrisch exakten Grenzen. Manche Gelehrte sind der Ansicht, daß sie Zeremonialkomplexe darstellen, in denen sich die Ackerbauern des Umlands zu kultischen Zwecken versammelten. Zwischen 300 und 400 kam es zu einem Verfall der Hopewell-Kultur. Für die Archäologen blieben zahlreiche Artefakte, einige Theorien und viele ungelöste Fragen.

MISSISSIPPI
800–1500

SYMBOLGEFÄSS

In den vier Jahrhunderten nach dem Niedergang der Hopewell-Kultur erlebte das Östliche Waldland eine Epoche der Neuorientierung, in deren Verlauf der Bevölkerungsdruck beträchtlich zunahm. Erst um das Jahr 800 tauchte eine neue Kultur auf, die sich deutlich von den früheren Traditionen abhob. Die Mississippi-Kultur ist geprägt von der Entwicklung ausgedehnter Gemeinwesen, die eine relativ straffe Organisation vorausgesetzt haben dürfte – einen Häuptling und eine in mehrere Stände gegliederte Hierarchie. Die Mississippi-Kultur umfaßte schließlich fast den gesamten Osten der heutigen Vereinigten Staaten und drückte der Landschaft für immer ihren Stempel auf. Im Zentrum großer Siedlungen entstanden gewaltige Erdpyramiden mit abgeflachter Spitze, die als Fundamente für Tempel und Häuptlingsresidenzen dienten. Daneben brachte die Mississippi-Kultur Kunstwerke von ungewöhnlicher Ausdruckskraft hervor. In Gräbern fand man auffallend viele und kostbare Artefakte: Becher aus gravierten Muschelschalen, Halsschmuck, Lochperlen, Kupfergegenstände, Steinskulpturen und Keramiken wie das Symbolgefäß oben, das vermutlich einen Trophäenkopf darstellt.

Der Südwesten gliedert sich in eine Reihe von grandiosen Landschaften, die einen gemeinsamem Nenner haben – ihre relative Trockenheit, in der so wenig gedeiht, daß Menschen hier allenfalls in kleineren Gruppen existieren können. Als die Indianer dieser Region den Übergang vom Nomadentum der Jäger und Sammler zu einer seßhafteren Lebensweise vollzogen, hingen sie wesentlich stärker vom Ackerbau ab als ihre Brüder im Östlichen Waldland. Während des Archaikums sahen sich die Menschen des Südwestens durch steigende Bevölkerungszahlen und gleichzeitig versiegende oberirdische Wasservorkommen gezwungen, die vorhandenen Rohstoffe optimal zu nutzen, um nicht zu verhungern. Etwa zur gleichen Zeit tauchten drei Haupt- und mehrere Nebentraditionen auf, und sie alle machten das Beste aus ihren jeweiligen Umweltbedingungen. Je nach Jahreszeit legten sie Nahrungsvorräte an, pflegten das Gemeinschaftsleben oder befaßten sich mit der Herstellung von Kunstwerken. Ironischerweise bewirkte das gleiche Klima, das die präkolumbischen Menschen in ihrer Existenz bedrohte, daß die Zeugnisse ihrer Kulturen nahezu unversehrt für die Archäologen der Gegenwart erhalten blieben.

HOHOKAM
200–1450

BILDKRUG

Das Zentrum der Hohokam-Kultur lag an den Ufern der Flüsse Gila und Snake im Süden der Wüste von Arizona. Die Hohokam rangen dem ausgedörrten Land mit Hilfe künstlicher Bewässerung erstaunlich ertragreiche Ernten ab. Ein Hunderte von Kilometern langes Kanalnetz – mit Stein- und Holzwerkzeugen in den harten Wüstenboden gegraben – durchzog einst ihr Siedlungsgebiet. Ähnlich beeindruckend sind die künstlerischen Leistungen der Hohokam. Sie schnitten Steinpaletten in Form von Schlangen, Wüstenechsen und Vögeln, formten Bildkrüge aus Ton *(oben)* und schufen Keramik mit roter Bemalung auf lederfarbenem Grund. Außerdem erfanden sie das Ätzen von Ornamenten und Bildern – auf Muscheln, die aus dem Golf von Kalifornien stammten – Jahrhunderte vor den Europäern, bei denen diese Technik erstmals in der Renaissance auftauchte. Die Gründe für den Untergang der Kultur sind nicht bekannt, obwohl jüngere Forschungsergebnisse den Schluß nahelegen, daß heftige Regenfälle und daraus resultierende Überschwemmungen die unbefestigten Bewässerungskanäle zerstörten und somit zum Zusammenbruch des Anbausystems führten.

MOGOLLON
200–1450

MIMBRES-SCHALE

Die Mogollon-Kultur erstreckte sich von den gleichnamigen Bergen entlang der Grenze von Arizona und New Mexico bis in den Norden von Mexiko, eine Region mit einer weit üppigeren Flora und Fauna als das Wüstenreich der Hohokam. Bereits um 200 war der Feldbau eingeführt, und allmählich nahmen die Charakteristiken der Kultur Gestalt an. Die Mogollon verließen ihre halb unterirdischen Grubenhäuser und begannen Pueblos zu errichten, mehrstöckige Behausungen mit vielen Räumen. Daneben entstanden Kivas – rechteckige Anlagen, die als Zeremonialstätten dienten. Ein Zweig der Mogollon-Tradition, die Mimbres-Kultur, ist heute wegen ihrer Töpferkunst weltberühmt. Die Keramik *(oben)* zeichnet sich durch hohe Qualität und modern wirkende Dekors aus. Es gibt bis heute keine Funde, die auf eine Hierarchie schließen lassen, weder Gräber von hochgestellten Persönlichkeiten noch irgendwelche Verstecke mit Luxusgegenständen. Um 1200 begann der allmähliche Zerfall der Mogollon-Tradition, und um 1450 war sie als eigenständige Kultur völlig verschwunden. Die heutigen Pueblo-Indianer des Westens werden allgemein als Nachfahren der Mogollon betrachtet.

ANASAZI
200–1450

CHACO-KERAMIK-KRUG

Die Anasazi bewohnten das größte Gebiet, ein schroffes, zerklüftetes Tafelland mit extremen Klimaverhältnissen. Die ersten Träger dieser Kultur, die um das Jahr 200 auftauchte, lebten in Grubenhäusern und werden aufgrund ihrer kunstvoll gefertigten Vorratskörbe als Korbmacher oder Korbflechter (Basket Maker) bezeichnet. Später entwickelten sie ihre eigene Keramik und verlegten ihre Wohnungen über die Erde. Ihre Nachfahren schufen die mehrstöckigen Pueblos und Klippenhäuser, die sich bis heute als Zeugnisse ihres architektonischen Könnens erhalten haben. Zwischen 1000 und 1300 erreichte die Kultur ihre Blütezeit. Schlicht geformte und bemalte Tonwaren wichen Kunstwerken wie dem oben gezeigten Krug. Dann begann die Welt der Anasazi zu schrumpfen – sei es aufgrund von Klimaveränderungen, verschlechterten Umweltbedingungen oder auch sozialen Spannungen. Die Anasazi verließen die Heimat der Vorfahren, zogen in andere Gebiete und errichteten im Laufe des 14. und 15. Jahrhunderts neue Pueblos. Aber wie alle hier beschriebenen Kulturen gerieten auch sie bald in den Bannkreis der neuen Kultur, die von Europa herüberkam – und der sie nicht gewachsen waren.

DANKSAGUNG

Für ihre Hilfe bei der Vorbereitung dieses Bandes danken die Herausgeber folgenden Personen und Institutionen: Dirk Bakker, Detroit Institute of Arts, Detroit; Kathleen Baxter, National Museum of Natural History, Smithsonian Institution, Washington, D.C.; Robert E. Bell, Norman, Oklahoma; Joseph Bisselle, Oxon Hill, Maryland; T. Bundy, Arizona State Museum, Tucson; Chester Cowlin, Oklahoma Historical Society, Oklahoma City; Warren Cremer, Time Expeditions, Sedona, Arizona; Nina Cummings, Field Museum of Natural History, Chicago; Rinita A. Dalan, Southern Illinois University, Edwardsville; Mary Kay Davies, Anthropological Branch Library, Smithsonian Institution, Washington, D.C.; Jeffrey Dean, University of Arizona, Tucson; Rod Dresser, Ansel Adams Publishing Rights Trust, Carmel, California; Julie Droke, Oklahoma Museum of Natural History, Norman; Tom Durant, Harpers Ferry Center, Harpers Ferry, West Virginia; Linda Farnsworth, Coconino National Forest, Flagstaff, Arizona; Sylvia Flowers, Ocmulgee National Monument, Macon, Georgia; Dabney Ford, Chaco Culture National Historical Park, Bloomfield, New Mexico; Melvin Fowler, University of Wisconsin, Milwaukee; Judith Franke, Dickson Mounds Museum, Lewistown, Illinois; Jon Gibson, University of Southwestern Louisiana, Lafayette; Tauni Graham, Ohio Historical Society, Columbus; Alan Harn, Dickson Mounds Museum, Lewistown, Illinois; Robert C. Heyder, Mesa Verde National Park, Colorado; George R. Holley, Southern Illinois University, Edwardsville; Charles Hudson, University of Georgia, Athens; Ramona Hutchinson, Mesa Verde National Park, Colorado; William Iseminger, Cahokia Mounds Historic Site, Collinsville, Illinois; Marvin Jeter, Arkansas Archaeological Survey, Fayetteville; Krisztina Kosse, University of New Mexico, Albuquerque; Martha Labell, Harvard University, Cambridge, Massachusetts; Clark Larsen, Purdue University, West Lafayette, Indiana; Diana Leonard, University of Colorado Museum, Boulder; Ed Lyon, Metairie, Louisiana; Robert Mainfort, Memphis State University, Memphis, Tennessee; Jerald T. Milanich, Florida State Museum of Natural History, Gainesville; Phil Newkumet, Norman, Oklahoma; Arthur Olivas, Museum of New Mexico, Santa Fe; Nicholas J. Parella, Smithsonian Institution, Washington, D.C.; Peter Pilles, Coconino National Forest, Flagstaff, Arizona; Mary Lucas Powell, University of Kentucky, Lexington; Mason Rumney III, West Sedona, Arizona; Mary Elizabeth Ruwell, National Anthropological Archives, Smithsonian Institution, Washington, D.C.; Polly und Curtis Schaafsma, Santa Fe, New Mexico; Douglas Schwartz, Santa Fe, New Mexico; Thomas Sever, National Space Technology Laboratory, NSTL Station, Mississippi; Duane Smith, Fort Lewis College, Durango, Colorado; Judy Steiner, Colorado History Museum, Denver; Andrea Stillman, Ansel Adams Publishing Rights Trust, Carmel, California; William Sweetland, Bandelier National Monument, Los Alamos, New Mexico; Scott Travis, Canyon de Chelly National Monument, Chinle, Arizona; Sharron G. Uhler, Colorado Springs Pioneers Museum, Colorado Springs; Ray A. Williamson, Annapolis, Maryland; Pamela Wintle, Museum of Natural History, Smithsonian Institution, Washington, D.C.; Miles Wright, University of Tennessee, Knoxville.

QUELLENNACHWEIS

Die Nachweise sind bei Abbildungen von links nach rechts durch Semikolon, von oben nach unten durch Gedankenstrich getrennt. Einband: Frank H. McClung Museum, University of Tennessee, Knoxville/ © Dirk Bakker, Photograph. Hintergrund © Tom Danielsen, Phoenix, AZ. Vorsatzblätter: Karte von Malcolm Chandler. 6: Corson Hirschfeld. 8, 9: Andy R. Seagle, Phoenix, AZ; Coconino National Forest, Photo Laurie Robinson Smith. 11: Illustration Stephen R. Wagner. 12, 13: © Marilyn Bridges 1983. 14: Aus *Ancient Monuments of the Mississippi Valley* von E. G. Squier, A.M., und E. H. Davis, M.D., Smithsonian Institution, 1847, mit frdl. Gen. Dr. Bruce Smith, Reproduktion Evan Sheppard. 15: Ohio Historical Society. 19: National Portrait Gallery, Smithsonian Institution, Washington, D.C./Art Resource, New York. 21: Photographie D. Baston, mit frdl. Gen. Center for American Archeology, Kampsville, Ill. 22: Photo C. E. Snow, University of Kentucky, Lexington, Department of Anthropology and Archaeology. 23-27: Ohio Historical Society. 28, 29: © Richard Alexander Cooke III. 30: Field Museum of Natural History, Chicago, Neg.-Nr. A110130 – A110026c; A110012c. 31: Field Museum of Natural History, Chicago, Neg.-Nr. A110016c – © Richard Alexander Cooke III. 33: Aus *Edward Palmer's Arkansaw Mounds,* Hrsg. Marvin D. Jeter, Copyright 1990. Nachdruck mit frdl. Gen. University of Arkansas Press. 34, 35: Hintergrund aus *Ancient Monuments of the Mississippi Valley* von E. G. Squier, A.M., und E. H. Davis, M.D., Smithsonian Institution, 1847, mit frdl. Gen. Dr. Bruce Smith, Reproduktion Evan Sheppard. Ohio Historical Society; aus *Ancient Monuments of the Mississippi Valley* von E. G. Squier, A.M., und E. H. Davis, M.D., Smithsonian Institution, 1847, mit frdl. Gen. Dr. Bruce Smith, Reproduktion Evan Sheppard; Cahokia Mounds State Historic Site; aus *Records of Ancient Races in the Mississippi Valley* von William McAdams, C. R. Barns Publishing, St. Louis, 1887. 36, 37: Hintergrund aus *Ancient Monuments of the Mississippi Valley* von E. G. Squier, A.M., und E. H. Davis, M.D., Smithsonian Institution, 1847, mit frdl. Gen. Dr. Bruce Smith, Reproduktion Evan Sheppard. Aus *Report on the Mound Explorations of the Bureau of Ethnology* von Cyrus Thomas, Smithsonian Institution, 1894, mit frdl. Gen. Dr. Bruce Smith, Reproduktion Evan Sheppard (2); Illustration Stephen R. Wagner. 38, 39: Aus *Ancient Monuments of the Mississippi Valley* von E. G. Squier, A.M., und E. H. Davis, M.D., Smithsonian Institution, 1847, mit frdl. Gen. Dr. Bruce Smith, Reproduktion Evan Sheppard, oben rechts © Richard Alexander Cooke III. 40, 41: Hintergrund aus *Report on the Mound Explorations of the Bureau of Ethnology* von Cyrus Thomas, Smithsonian Institution, 1894, mit frdl. Gen. Dr. Bruce Smith, Reproduktion Evan Sheppard. Aus „Moundville Revisited" von Clarence B. Moore, *Journal of the Academy of Natural Science of Philadelphia,* Bd. 13, S. 3, 1907 – © Richard Alexander Cooke III. 42: Peabody Museum, Harvard University, Photo Hillel Burger. 45: Archives & Manuscripts Division der Oklahoma Historical Society; Nachdruck mit frdl. Gen. Kansas City Star Co., Reproduktion aus den Sammlungen der Library of Congress, Neg.-Nr. 209923. 50: National Museum of Natural History, Smithsonian Institution. 52, 53: National Park Service, Ocmulgee National Monument, Macon, Ga. 54: © Richard Alexander Cooke III. 55: Aus der Sammlung des Gilcrease Museum, Tulsa/ © Dirk Bakker, Photograph. 56: Mit frdl.

Gen. National Museum of the American Indian, Smithsonian Institution, Photo-Nr. 1538. 57: Mit frdl. Gen. National Museum of the American Indian, Smithsonian Institution, Photo-Nrn. 4428 – 21090. 58: Mike Pattisall – Photo Mark C. Griffin, mit frdl. Gen. Clark Spencer Larsen – Mike Pattisall. 59: Photos Mark C. Griffin, mit frdl. Gen. Clark Spencer Larsen. 60: © Richard Alexander Cooke III. 61: Cahokia Mounds State Historic Site, Gemälde William R. Iseminger. 62, 63: Photo University of Wisconsin-Milwaukee, mit frdl. Gen. Cahokia Mounds State Historic Site. 64: Ohio Historical Society. 65: Field Museum of Natural History, Chicago, Neg.-Nr. A110058c – Oklahoma Museum of Natural History, University of Oklahoma. 66: Aus *American Anthropologist* NS 15, 1913, Reproduktion aus der Sammlung der Library of Congress, Neg.-Nr. 210747. 67: Mit frdl. Gen. Frank H. McClung Museum, University of Tennessee, Knoxville/W. Miles Wright, Photograph. 69: Hintergrund-Illustration Time-Life Books. Mit frdl. Gen. National Museum of the American Indian, Smithsonian Institution, Photo-Nr. 2190. 70, 71: Hintergrund-Illustration Time-Life Books. National Museum of Natural History, Smithsonian Institution, Photo-Nr. 135202; mit frdl. Gen. National Museum of the American Indian, Smithsonian Institution, Neg.-Nr. 25318; National Museum of Natural History, Smithsonian Institution, Photo-Nr. 135227 – National Museum of Natural History, Smithsonian Institution, Photo-Nr. 396365; Washington University Gallery of Art, St. Louis, Geschenk J. Max Wulfing, 1937/© Dirk Bakker, Photograph. 72, 73: Hintergrund-Illustration Time-Life Books. Mit frdl. Gen. Illinois Archaeological Survey, Thomas E. Emerson (2); National Museum of Natural History, Smithsonian Institution; The University Museum, University of Arkansas, Fayetteville, Kat.-Nr. 37-1-39/© Dirk Bakker, Photographer – The University Museum, University of Arkansas, Fayetteville, Kat.-Nr. 47-36-40 /© Dirk Bakker, Photograph. 74, 75: Hintergrund-Illustration Time-Life Books. Mit frdl. Gen. National Museum of the American Indian, Smithsonian Institution, Photo-Nr. 2366; Alabama Museum of Natural History, Moundville Archaeological Park, University of Alabama/ © Dirk Bakker, Photograph; mit frdl. Gen. National Museum of the American Indian, Smithsonian Institution, Photo-Nr. 1508; National Museum of Natural History, Smithsonian Institution. 76, 77: Hintergrund-Illustration Time-Life Books. Aus der Sammlung des Gilcrease Museum, Tulsa/© Dirk Bakker, Photograph; Alabama Museum of Natural History, Moundville Archaeological Park, University of Alabama/© Dirk Bakker, Photograph; Frank H. McClung Museum, University of Tennessee, Knoxville/© Dirk Bakker, Photograph – The University Museum, University of Arkansas, Fayetteville, Kat.-Nr. 47-2-1/© Dirk Bakker, Photograph. 78: © 1991 Bruce Hucko, Santa Fe, NM. 80: Neg.-Nr. 411912, mit frdl. Gen. Department Library Services, American Museum of Natural History, New York – Trans.-Nr. 3508(2), Photo P. Hollembeak/J. Beckett, mit frdl. Gen. Department Library Services, American Museum of Natural History, New York. 82: Illustration Stephen R. Wagner. 84: David Noble, Santa Fe, NM. 85: Jeff Foott, Jackson, Wyoming – David Noble, Santa Fe, NM. 86: © 1991 Bruce Hucko, Santa Fe, NM. 87: Jeff Foott, Jackson, WY – © Tom Danielsen, Phoenix, AZ. 90, 91: Hintergrund George H. H. Huey, Prescott, AZ. A. E. Douglass, mit frdl. Gen. Laboratory of Tree-Ring Research, University of Arizona, Tucson; Illustration Stephen R. Wagner – School of American Research, Santa Fe, NM. 94, 95: Helga Teiwes/Arizona State Museum, University of Arizona. 97: Aus *The Mimbres: Art and Archaeology* von J. Walter Fewkes, Avanyu Publishing, Albuquerque, NM, 1989. 98: Ken Abbott/University of Colorado Museum – Peabody Museum, Harvard University, Photo Hillel Burger (2). 99: Ken Abbott/University of Colorado Museum; University of New Mexico, Albuquerque/ Maxwell Museum of Anthropology – Peabody Museum, Harvard University, Photo Hillel Burger. 100: © 1991 Bruce Hucko, Santa Fe, NM. 101: © Tom Danielsen, Phoenix, AZ. 102, 103: Helga Teiwes/ Arizona State Museum, University of Arizona. 104-107: © Tom Danielsen, Phoenix, AZ. 109: Hintergrund National Park Service, Mesa Verde National Park, CO, Neg.-Nr. 7029. National Park Service, Mesa Verde National Park, CO, Neg.-Nr. 11167. 110, 111: Hintergrund National Park Service, Mesa Verde National Park, CO. Mit frdl. Gen. Colorado Historical Society, Neg.-Nr. 6376; National Park Service, Mesa Verde National Park, CO, Neg.-Nr. 4069. 112, 113: Hintergrund National Park Service, Mesa Verde National Park, CO. National Park Service, Mesa Verde National Park, CO – National Park Service, Mesa Verde National Park, CO, Neg.-Nr. 20384. 114, 115: Hintergrund Mesa Verde Museum Association, Inc., Photo George Beam. NAA, Smithsonian Institution, Photo-Nr. 92-5784; Starsmore Center for Local History, Colorado Springs Pioneers Museum; mit frdl. Gen. Colorado Historical Society. 116, 117: Hintergrund National Park Service, Harpers Ferry Center, Photo George A. Grant, MEVE, Neg.-Nr. 73. National Park Service, Mesa Verde National Park, CO, Neg.-Nr. 6083; 4068. 118: Photo Ansel Adams. Copyright © 1992 Trustees of The Ansel Adams Publishing Rights Trust. All Rights Reserved; Photo Cedric Wright. 119: Photo Ansel Adams. Copyright © 1992 Trustees of The Ansel Adams Publishing Rights Trust, All Rights Reserved. 120: © David Muench 1992. 122, 123: George H. H. Huey, Prescott, AZ. 124: © 1991 Bruce Hucko, Santa Fe, NM. 125: © 1991 Bruce Hucko, Santa Fe, NM – © David Muench 1992. 126: Dewitt Jones, Bolinas, CA. 127: Kat.-Nr. 41947, 27125, 27126, 27130: Copper Bells. Prehistoric Southwest, Rod Hood, Photograph. Museum of Indian Arts and Culture/Laboratory of Anthropology, Santa Fe, NM; Dewitt Jones, Bolinas, CA – Trans.-Nr. 2757(2), Photo Deborah Flynn, mit frdl. Gen. Department Library Services, American Museum of Natural History, New York; © 1982 David L. Brill. 129: Dewitt Jones, Bolinas, CA. 130: © David Muench 1992; Trans.-Nr. 4482(2), Photo Denis Finnin, mit frdl. Gen. Department of Library Services, American Museum of Natural History, New York. 131: Kat.-Nr. NA7523, Museum of Northern Arizona, Photo Marc Gaede. 132, 133: NASA. 134: © Bruce Hucko, Santa Fe, NM. 135: © Bruce Hucko, Santa Fe, NM; Scott S. Warren, Durango, CO. 136: © Tom Danielsen, Phoenix, AZ. 137: © Les Manevitz, Phoenix, AZ. 138, 139: © David Muench 1992. 140, 141: Scott S. Warren, Durango, CO. 142: Les Manevitz, Phoenix, AZ. 143: Ray A. Williamson, Annapolis, MD. 144, 145: © David Muench 1992. 146: Steve Mulligan. 148: Trans.-Nr. 3513(2), Photo P. Hollembeak/J. Beckett, mit frdl. Gen. Department Library Services, American Museum of Natural History, New York. 149: Trans.-Nr. 2757(2), Photo Deborah Flynn, mit frdl. Gen. Department Library Services, American Museum of Natural History, New York– Peabody Museum, Harvard University, Photo Hillel Burger. 150: Dewitt Jones, Bolinas, CA. 151: © 1982 David L. Brill. 152, 153: Paul Logsdon, Santa Fe, NM (kl.Bild); William M. Ferguson, Durango, CO (kl. Bild); Douglas B. Anderson. 154, 155: Douglas B. Anderson; © Tom Danielsen, Phoenix, AZ; William M. Ferguson, Durango, CO. 156, 157: Dewitt Jones, Bolinas, CA (2); © 1991 Bruce Hucko, Santa Fe – Scott S. Warren, Durango, CO. 158, 159: Henry Groskinsky. 160, 161: Illustration Paul Breeden.

BIBLIOGRAPHIE

BÜCHER

Adams, Ansel, und Alinder, Mary Street: *Ansel Adams.* Boston: Little, Brown, 1985

Ambler, J. Richard: *The Anasazi.* Flagstaff: Museum of Northern Arizona Press, 1989

Amsden, Charles Avery: *Prehistoric Southwesterners from Basketmaker to Pueblo.* Los Angeles: Southwest Museum, 1949

Anderson, Douglas, und Anderson, Barbara: *Chaco Canyon.* Tucson: Southwest Parks and Monuments Association, 1981

Bandelier, Adolf F.: *The Delight Makers.* San Diego: Harcourt Brace Jovanovich, 1971

Barnes, F. A., und Pendleton, Michaelene: *Canyon Country Prehistoric Indians.* Salt Lake City: Wasatch Publishers, 1979

Barnett, Franklin: *Dictionary of Prehistoric Indian Artifacts of the American Southwest.* Flagstaff, AZ: Northland Publishing, 1973

Barry, Patricia: *Bandelier National Monument.* Tucson: Southwest Parks and Monuments Association, 1990

Brody, J. J.:
The Anasazi. New York: Rizzoli, 1990
Anasazi and Pueblo Painting. Albuquerque: University of New Mexico Press, 1991

Brody, J. J., Scott, Catherine J., und LeBlanc, Steven A.: *Mimbres Pottery.* New York: Hudson Hills Press, 1983

Brose, David S., Brown, James A., und Penney, David W.: *Ancient Art of the American Woodland Indians.* New York: Harry N. Abrams, 1985

Brose, David S., und Greber, N'omi (Hrsg.): *Hopewell Archaeology.* Kent, OH: Kent State University Press, 1979

Caldwell, Joseph R., und Hall, Robert L. (Hrsg.): *Hopewellian Studies* (Scientific Papers, Bd. 12). Springfield: Illinois State Museum, 1977

Ceram, C. W.: *Der erste Amerikaner. Die Entdeckung der indianischen Kulturen in Nordamerika.* München: Artemis, 1992

Coe, Michael D. (Hrsg.), Snow, Dean, und Benson, Elizabeth: *Amerika vor Kolumbus. Weltatlas der Alten Kulturen.* München: Christian, 1991

Cohen, Mark Nathan, und Armelagos, George J. (Hrsg.): *Paleopathology at the Origins of Agriculture.* Orlando, FL: Academic Press, 1984

Contributions from the Museum of the American Indian, Heye Foundation (Bd. 14). New York: Museum of the American Indian, Heye Foundation, 1945

Cordell, Linda S.: *Prehistory of the Southwest.* San Diego: Academic Press, 1984

Cordell, Linda S., und Gumerman, George J. (Hrsg.): *Dynamics of Southwest Prehistory.* Washington, D.C.: Smithsonian Institution Press, 1989

Dragoo, Don W.: *Mounds for the Dead.* Pittsburgh: Carnegie Museum of Natural History, 1989

Fagan, Brian M.:
Ancient North America. London: Thames and Hudson, 1991
Die ersten Indianer. Das Abenteuer der Besiedlung Amerikas. München, Beck, 1990

Ferguson, William M., und Rohn, Arthur H.: *Anasazi Ruins of the Southwest in Color.* Albuquerque: University of New Mexico Press, 1990

Fewkes, Jesse Walter: *The Mimbres: Art and Archaeology.* Albuquerque: Avanyu Publishing, 1990

Fish, Paul R., und Fish, Suzanne K.: „Hohokam Political and Social Organization." In *Exploring the Hohokam.* Albuquerque: University of New Mexico Press, 1991

Flint, Richard, und Cushing Flint, Shirley: *A Pocket Guide to Chaco Canyon Architecture.* Villanueva, NM: Richard and Shirley Flint, 1987

Fowler, Melvin L.: *The Cahokia Atlas.* Springfield: Illinois Historic Preservation Agency, 1989

Frazier, Kendrick: *People of Chaco.* New York: W. W. Norton, 1986

Fundaburk, Emma Lila, and Douglass Fundaburk Foreman, Mary (Hrsg): *Sun Circles and Human Hands.* Luverne, AL: Emma Lila Fundaburk, 1957

Gilbert, Robert I., und Mielke, James H. (Hrsg.): *The Analysis of Prehistoric Diets.* Orlando, FL: Academic Press, 1985

Griffin, James B.: „Changing Concepts of the Prehistoric Mississippian Cultures of the Eastern United States." In *Alabama and the Borderlands,* Kap 2, Teil 1. University, AL: University of Alabama Press, 1985

Gumerman, George J. (Hrsg.): *Exploring the Hohokam.* Albuquerque: University of New Mexico Press, 1991

Hudson, Charles: *The Southeastern Indians.* Knoxville: University of Tennessee Press, 1976

Jackson, Clarence S.: *Picture Maker of the Old West: William H. Jackson.* New York: Charles Scribner's Sons, 1947

Jackson, William Henry: *Time Exposure.* New York: G. P. Putnam's Sons, 1940

Jennings, Jesse D.: *Prehistory of North America.* Mountain View, CA: Mayfield Publishing, 1989

Jones, William C., und Jones, Elizabeth B. (ausgew. von.): *William Henry Jackson's Colorado.* Boulder, CO: Pruett Publishing, 1975

Kopper, Philip, und die Herausgeber der Smithsonian Books: *The Smithsonian Book of North American Indians: Before the Coming of the Europeans.* Washington, D.C.: Smithsonian Books, 1986

Lange, Frederick W.: *Cortez Crossroads.* Boulder, CO: Johnson Books, 1989

Lekson, Stephen H.: *Great Pueblo Architecture of Chaco Canyon, New Mexico.* Albuquerque: University of New Mexico Press, 1989

Lister, Robert H., und Lister, Florence:
Archaeology and Archaeologists: Chaco Canyon. Albuquerque: University of New Mexico Press, 1981
Mesa Verde National Park. Mancos, CO.: ARA Mesa Verde, 1987
Those Who Came Before. Globe, AZ: Southwest Parks and Monuments Association, 1983

McAdams, William: *Records of Ancient Races in the Mississippi Valley.* St. Louis: C. R. Barns Publishing, 1887

McNitt, Frank: *Richard Wetherill Anasazi.* Albuquerque: University of New Mexico Press, 1966

Matlock, Gary: *Enemy Ancestors.* Flagstaff, AZ: Northland Publishing, 1988

Mays, Buddy: *Ancient Cities of the Southwest.* San Francisco: Chronicle Books, 1990

Michael, Henry N., und Ralph, Elizabeth K. (Hrsg.): *Dating Techniques for the Archaeologist.* Cambridge: MIT Press, 1971

Morgan, William N.: *Prehistoric Architecture in the Eastern United States.* Cambridge: MIT Press, 1980

The Mural Project: Photography by Ansel Adams. Ausgew. von Peter Wright and John Armor. Santa Barbara, CA: Reverie Press, 1989

Noble, David Grant: *Ancient Ruins of the Southwest.* Flagstaff, AZ: Northland Publishing, 1981

Noble, David Grant (Hrsg.):
The Hohokam. Santa Fe, NM: School of American Research Press, 1991
New Light on Chaco Canyon. Santa Fe, NM: School of American Research Press, 1984

Nordenskiöld, Gustav: *The Cliff Dwellers of the Mesa Verde.* Chicago: P. A. Norstedt & Söner, 1893

Palmer, Edward: *Edward Palmer's Arkansaw Mounds.* Fayetteville: University of Arkansas Press, 1990

Phillips, Philip, und Brown, James A.: *Pre-Columbian Shell Engravings.* Cambridge, MA: Peabody Museum

Press, 1978
Renfrew, Colin, und Bahn. Paul: *Archaeology.* New York: Thames and Hudson, 1991
Rose, Martin R., Dean, Jeffrey S., und Robinson, William J.: *The Past Climate of Arroyo Hondo, New Mexico, Reconstructed from Tree Rings.* Santa Fe, NM: School of American Research Press, 1981
Schaafsma, Polly: *Indian Rock Art of the Southwest.* Albuquerque: University of New Mexico Press, 1990
Schroeter, Willy: *Calumet. Der heilige Rauch. Pfeifen und Pfeifenkulte der nordamerikansichen Indianer.* Wyk: Verlag für Amerikanistik, 1989
Sever, Thomas L.: „Remote Sensing." In *Benchmarks in Time and Culture* (Kap. 14). Atlanta: Scholars Press, 1988
Silverberg, Robert: *Mound Builders of Ancient America.* Greenwich, CT: New York Graphic Society, 1968
Smith, Bruce D.:
„Agricultural Chiefdoms of the Eastern Woodlands." In *The Cambridge History of the Native Peoples of the Americas, North America* (Bd. 1, Kap. 5). (im Druck bef.)
„Mississippian Elites and Solar Alignments: A Reflection of Managerial Necessity, or Levers of Social Inequality?" In *Lords of the Southeast.* Washington, D.C.: American Anthropological Society, 1991
„Mississippian Patterns of Subsistence and Settlement." In *Alabama and the Borderlands* (Kap.3). Tuscaloosa: University of Alabama Press, 1985
„The Temple Mound Builders." In *The American Land.* New York: W. W. Norton, 1979
Smith, Duane A.: *Mesa Verde National Park.* Lawrence: University Press of Kansas, 1988
Squier, E. G., und Davis, E. H.: *Ancient Monuments of the Mississippi Valley: Comprising the Results of Extensive Original Surveys and Explorations.* New York: AMS Press, 1973
Steponaitis, Vincas P.: „Location Theory and Complex Chiefdoms: A Mississippian Example." In *Mississippian Settlement Patterns* (Kap. 14). New York: Academic Press, 1978
Stuart, Gene S.: *America's Ancient Cities.* Washington, D.C.: National Geographic Society, 1988
Supplee, Charles, Anderson, Douglas, und Anderson, Barbara: *Canyon de Chelly.* Las Vegas, NV: KC Publications, 1990
Thomas, Cyrus: *Report on the Mound Explorations of the Bureau of Ethnology.* Washington, D.C.: Smithsonian Institution Press, 1985
Viele, Catherine W.: *Voices in the Canyon.* Globe, AZ: Southwest Parks and Monuments Association, 1980
Watson, Don: *Indians of the Mesa Verde.* Mesa Verde National Park, CO: Mesa Verde Museum Association, o.D.
Webb, William S., und Snow, Charles E.: *The Adena People.* Knoxville: University of Tennessee Press, 1974
Wenger, Gilbert R.: *The Story of Mesa Verde National Park.* Mesa Verde National Park, CO: Mesa Verde Museum Association, 1991
Williamson, Ray A.: *Living the Sky.* Boston: Houghton Mifflin, 1984
Woodward, Susan L., und McDonald, Jerry N.: *Indian Mounds of the Middle Ohio Valley.* Blacksburg, VA: McDonald & Woodward Publishing, 1986

ZEITSCHRIFTEN

Beans, Bruce E.: „Why? Chaco Fever." *Philadelphia Inquirer Magazine,* 9. Juni 1991
Canby, Thomas Y.: „The Anasazi." *National Geographic,* November 1982
Cordell, Linda S.: „Why Did They Leave and Where Did They Go?" *Exploration* (Jahresbericht der School of American Research), 1985
Dexter, Ralph W.: „F. W. Putnam at the Serpent Mound in Adams County, Ohio." *Journal of the Steward Anthropological Society,* Herbst/Frühjahr 1988–89
Douglass, Andrew Ellicott: „The Secret of the Southwest Solved by Talkative Tree Rings." *National Geographic,* Dezember 1929
Fish, Paul R.: „Prehistoric Land Use in the Perkinsville Valley." *Arizona Archaeologist,* Januar 1974
Gibson, Jon L.: „Earth Sitting: Architectural Masses at Poverty Point, Northeastern Louisiana." *Louisiana Archaeology,* 13. November 1986
Haury, Emil W., und Teiwes, Helga: „First Masters of the American Desert." *National Geographic,* Mai 1967
Hayes, Alden C.: „Mesa Verde: A Century of Research." *Exploration* (Jahresbericht der School of American Research), 1985
Ina, Lauren: „Indian Burial Site Focus of Controversy." *Washington Post,* 10. November 1991
Joyce, Christopher: „Archaeology Takes to the Skies." *New Scientist,* 25. Januar 1992
Larsen, Clark Spencer:
„Bioarchaeological Interpretations of Subsistence Economy and Behavior from Human Skeletal Remains." *Advances in Archaeological Method and Theory,* 1987, Bd. 10.
„Telltale Bones." *Archaeology,* März/April 1992
Lekson, Stephen H., et al.: „The Chaco Canyon Community." *Scientific American,* July 1988
Pilles, Peter J.: „The Southern Sinagua." *Plateau,* 1981, Bd. 53, Nr. 1.
Rensberger, Boyce: „Placing Man in America 28,000 Years Ago." *Washington Post,* 10. Februar 1992
Rohn, Arthur H.: „Prehistoric Developments in the Mesa Verde Region." *Exploration* (Jahresbericht der School of American Research), 1985
Wilford, John Noble: „Lofty Instruments Discern Traces of Ancient Peoples." *New York Times,* 10. März 1992

ANDERE PUBLIKATIONEN

Bradley, Zorro A.: „Canyon de Chelly." Prospekt. Washington, D.C.: U.S. National Park Service, 1973
Chapman, Jefferson: „Tellico Archaeology: 12,000 Years of Native American History." Publications in Anthropology Nr. 41. Tennessee Valley Authority, 1985
„Coconino National Forest." Reiseführer. Washington, D.C.: U.S. National Park Service
„The Dickson Mounds Controversy." Video von James Green mit WILL TV/Channel 12, Oktober 1991
„Dickson Mounds Museum." Prospekt. Illinois State Museum
Galloway, Patrician (Hrsg.): „The Southeastern Ceremonial Complex." Katalog von David H. Dye und Camille Wharey. Lincoln: University of Nebraska Press, 1989.
Griffin, James B.: „Cahokia Interaction with Southeastern and Eastern Contemporary Societies." Text eines Vortrags beim Symposium *Exploring and Exploding Myths about Cahokia,* 24.–28. April 1991, New Orleans, LA
Holley, George R., Dalan, Rinita A., und Smith, Philip A.: „Investigations in the Cahokia Site Grand Plaza." Manuskript. Edwardsville: Southern Illinois University, 3. Mai 1991
Jones, Dewitt, und Cordell, Linda S.: „Anasazi World." Katalog. Portland: Graphic Arts Center Publishing, 1985
Murphy, Dan: „Bandelier, the Man." Text einer Rede vom 16. Oktober 1990 zum 100. Jahrestag der ersten Reise Bandeliers in den Frijoles Canyon
Wymer, Dee Anne: „The Paleoethnobotanical Record of Central Ohio – 100 B.C. to A.D. 800: Subsistence Continuity amid Cultural Change." Dissertation. Columbus: Ohio State University, 1987

REGISTER

Kursiv gedruckte Seitenzahlen verweisen auf eine Abbildung zu dem betreffenden Stichwort.

ROCKY MOUNTAINS
Great Salt Lake
PIKTOGRAMME
Arkansas
Grand Gulch
Mesa Verde
TÜRKISKORB
Chaco Canyon
Little Colorado
Colorado
STEIN-
PALETTE
PAZIFISCHER OZEAN
Snaketown
Gila
MIMBRES-TAL
MIMBRES-
KERAMIK
Casas Grandes
Rio Grande
BILDKRUG